甘蔗和糖的SWEET那些事

阙友雄 等 / 著

中国农业出版社
北 京

图书在版编目（CIP）数据

甘蔗和糖的那些事／阙友雄等著．—北京：中国农业出版社，2023.10

ISBN 978-7-109-31209-8

Ⅰ.①甘…　Ⅱ.①阙…　Ⅲ.①甘蔗制糖－制糖工业－中国　Ⅳ.①F426.81

中国国家版本馆CIP数据核字（2023）第194404号

GANZHE HE TANG DE NAXIESHI

中国农业出版社出版

地址：北京市朝阳区麦子店街18号楼

邮编：100125

责任编辑：郭　科

版式设计：杨　婧　　责任校对：吴丽婷　　责任印制：王　宏

印刷：北京通州皇家印刷厂

版次：2023年10月第1版

印次：2023年10月北京第1次印刷

发行：新华书店北京发行所

开本：700mm × 1000mm　1/16

印张：15.5

字数：295千字

定价：88.00元

著者名单

阙友雄　吴期滨　许莉萍　苏亚春
罗　俊　郭晋隆　尤垂淮　高世武
李大妹　杨颖颖　凌　辉　周定港
黄　宁　黄廷辰

序言

中国甜蜜事业的奋斗史，是蔗农一步一个脚印的血汗史，是科研工作者一朝一夕的钻研史，更是千千万万糖业工作者历尽风雨谱写的瑰丽史诗！

回想1987年底刚完成博士研究生学业时，我国的科研教育才刚起步，而我也有幸成为我国第一个从事甘蔗科学研究的博士，并于1989年赴美国深造，积累了丰富的理论知识，见识了甘蔗科学研究的最前沿，从那时起，我便默默下定决心，一定要将这份“甜蜜”带回祖国！

在老百姓的回忆中，糖是甜到心里头的。我国自古有小年供灶糖的习俗，为的是灶王爷能够上天多说几句好话，保佑来年平平安安，这朴素的愿望伴随着一颗颗灶糖构成了老百姓对生活的美好愿景。我们的老祖宗，早在公元前300年就开始熬糖，可在过去，糖却并不是每个普通家庭都能在日常生活中享用的，而这个问题怎么也绕不开甘蔗品种不佳和榨糖技术落后的局限。

中国的甘蔗育种之路，已经走过了辉煌的30年。曾经，中国大陆没有拿得出手的甘蔗品种，蔗农的田里种的都是引进品种，甚至中国台湾的台糖系列品种尤其新台糖22长期占据主栽品种榜首，这让我们这些甘蔗育种专家惭愧不已。抱着这份不甘，我们广西甘蔗育种团队痛定思痛，不断创新“桂糖”系列甘蔗品种，如今桂糖42号已经成为我国种植面积最大的糖料蔗品种，一举打破了引进品种的垄断地位，得到

了蔗农们的肯定。

我国甘蔗育种一路走来的风风雨雨都已成为过去，未来还需要广大科研工作者更进一步，坚持创新，服务蔗农。我从事甘蔗科学研究已经40多年了，获得的个人荣誉不胜枚举，可还有很多同样值得赞扬的人们正在默默付出。这些故事，实在不该被时间的尘埃所封印，迫切地需要有人去诉说，有人去传播，让我们有机会去了解甘蔗与糖的相关知识，认识到那些在背后默默为百姓甜蜜生活所奉献的可爱的人们。幸运的是，这项工作正有人在做，也让我有这个机会去向大家推荐这本与我们所从事的甜蜜事业密切相关的书——《甘蔗和糖的那些事》。

这本由一名甜蜜战线的同志——中国热带农业科学院/福建农林大学阙友雄团队所主导撰写的科普图书，是甘蔗行业的第一本科普读物，颇有开天辟地之势，旨在告诉社会大众更多有关“蔗与糖”的小知识，拓宽知识面，提高科学素养，同时也引导更多能人志士加入我们的甜蜜事业，共同为中国糖业的发展贡献一份力量！

全书行文风趣又不失科研工作者的严谨，字里行间透露着年轻朋友们的蓬勃朝气，再附上幽默的短篇漫画，着实令人眼前一亮，是一本值得细细品味的好书。有这样愿意为蔗糖产业科普工作倾心奉献的团队是我们行业的幸运，在这本书即将出版之际，我发自内心地祝愿这些年轻朋友们能在日后的科研工作中更进一步，为中国糖业添上浓墨重彩的一笔！

李杨瑞

中国农业科学院甘蔗研究中心主任/中国第一位甘蔗博士

2023年10月

3 000年前，释迦牟尼佛在讲《楞严经》时，曾对他的弟子阿难说："一切众生食甘故生，食毒故死。"顾名思义，世间一切众生，只要吃了甘香甜美的食物，生命就能够延长，而一旦吃了有毒的东西，就会走向死亡。因此众生皆喜甜，而甘蔗含糖量高，浆汁香醇甜美，又称"糖水仓库"，不仅能够给食用者带来甜蜜的味蕾享受，还可以给人体提供充足的热量和营养，是芸芸众生平凡生活的一剂良药。甘蔗脆甜、多节、易分蘖，在我国闽南等地区的婚礼和除夕夜，常被用作顶门杆，寓意甜甜蜜蜜、节节高升、多子多孙……提及甘蔗，大家最常想到的是市面上常见的黑皮果蔗，皮薄，汁多，纤维短，清甜，脆嫩爽口，润津止渴，是理想的生吃佳品。殊不知，甘蔗按用途可分为果蔗和糖蔗，其中果蔗作为果品，用于鲜食，而糖蔗含糖量高，皮硬纤维粗，多作为工业原料，用于制糖，如红糖和白糖。红糖和白糖这一对双胞胎姐妹只是制作工艺不同，红糖是甘蔗的粗制品，却比白糖营养成分丰富，其中保留着诸多有益微生物和微量元素，如铁、锌、锰、铬等，深受广大养生爱好者的青睐；而白糖则是精制糖，没有额外的营养成分，但添了一份惹人喜爱的洁白。甘蔗通体能用，浑身是宝，将其"吃干榨尽"毫不为过。除用于榨糖和鲜食外，甘蔗的副产品应用广泛，大有可为，比如蔗梢、蔗叶、蔗根、蔗渣、滤泥和糖蜜等均可用于工业生产或二次加工成具有更高附加值的产品。

粮棉油糖，糖是国家战略性物资之一，而蔗糖占我国食糖总产量的85%左右。隐藏在甘蔗背后的文化底蕴是什么？甘蔗该如何科

学种植？甘蔗有哪些广泛的用途？蔗糖有什么益处？人们该如何选用甘蔗和蔗糖？糖尿病患者能吃甘蔗或蔗糖么？甘蔗和蔗糖该如何健康食用？甘蔗产业的发展前景在哪里？本书从大众关注和专业上重要的甘蔗和糖业问题入手，以系列科普为蓝本，每篇文章一个主题，便于选择性阅读，同时又提供全面了解的机会。

本书是首次由甘蔗专业科研团队领衔开展的对甘蔗和糖业领域的系统性全面科普，内容兼顾科普性和专业性。我们坚信，本书的出版，将有力推动行业外人士更加轻松地了解甘蔗和糖业，碰到谣言不盲从，碰到误会易解开；对行业内的科研工作者尤其是博硕士研究生和任何有志于从事甘蔗和糖业研究的人而言，也能够从科普文章中对甘蔗糖业有更为全面的认知，能够激发研究的兴趣，有助于选择个人的研究领域和范畴。本书主要面向对甘蔗和蔗糖有兴趣的人，以及有志于甘蔗和蔗糖事业的科技工作者，同时也希望靠各位读者之手传播给仍不了解这个行业的广大社会群众。我们相信，广大读者群体能够从本书中较为全面地获取关于甘蔗和蔗糖的既专业又通俗且易懂的知识。我们浏览了市面上已出版的大多科普书籍，但鲜少见到有相关农业的科普书籍，预计本书的出版，还可能带动农学领域专业人士一同出版科普图书，让社会大众更加深刻了解我们引以为豪的专业。

本书的出版得到了财政部和农业农村部国家现代农业（糖料）产业技术体系（CARS-17）、国家重点研发计划（2022YFD2301100、2019YFD1000500和2018YFD1000500）以及福建农林大学科技创新专项基因项目（CXZX2020081A）等的资助。鉴于团队整体知识和写作水平以及时间和精力，本书偏颇或者不足之处在所难免，恳请各位读者多多包涵，各位专家不吝赐教。

著　者

2023年5月

甘蔗和糖的那些事

目录

漫画6 蔗最爱吃

漫画7 病菌来袭

漫画8 妙手回春

漫画9 有缘再见

漫画 1 喜迎新春

甘蔗和糖的那些事

蔗宝，春节到了还在忙什么呢？

我在搬甘蔗做顶门杆。你知道吗？在我国闽南等地区的婚礼和除夕夜，甘蔗常被用作顶门杆，有甜甜蜜蜜、节节高升、多子多孙的美好寓意。

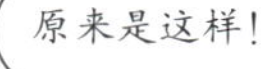

原来是这样！

鸿运当头
福
我还给你带了红糖茶哦，可好喝了！
谢谢你。

甜蜜的甘蔗 幸福的顶门

过年了，我要买根甘蔗顶门……

甘蔗脆甜、多节、易分蘖，在我国闽南等地区的婚礼和除夕夜，常被用作顶门杆，寓意甜甜蜜蜜、节节高升、多子多孙……

"吉祥"蔗

果蔗和糖蔗是孪生两兄弟。提及甘蔗，大家最常想到的是市面上常见的黑皮果蔗，皮薄，汁多，纤维短，清甜，脆嫩爽口，润津止渴，是理想的生吃佳品。殊不知，甘蔗按用途可分为果蔗和糖蔗，其中果蔗作为果品，用于鲜食，而糖蔗含糖量高，皮硬纤维粗，多作为工业原料，用于制糖，如红糖和白糖。

孪生甘蔗"兄弟"

红糖和白糖是双胞胎姐妹。甘蔗可以加工成红糖和白糖，只不过是制作工艺不同。甘蔗榨汁后，加火熬制，浓缩而成的褐色固体糖糕为红糖。当甘蔗汁经过蔗糖溶解、水分蒸发、杂质去除和化学结晶后获得的白色结晶，即为白糖，多次溶解和结晶炼制则可以进一步生产冰糖。红糖比白糖营养成分丰富，其中还保留许多有益微生物和微量元素，如铁、锌、锰、铬等，深受消费者的青睐。

甘蔗通体能用，浑身是宝。对每一根甘蔗而言，"吃干榨尽"毫不为过。除用于榨糖和鲜食外，甘蔗的副产品应用广泛，大有可为，比如蔗梢、蔗叶、

双胞糖品"姐妹"

蔗根、蔗渣、滤泥和糖蜜等均可进行综合利用。其中：

（1）蔗梢留种栽培已成为蔗农增产增收的有效途径之一。另外，蔗梢还可用来生产饲料、有机肥、甘蔗笋蔬菜、蔗梢汁饮品等。

（2）蔗叶既能粉碎后还田以改良土壤的理化性质和提高作物的产量，还可作为饲料、生产食品添加剂、制作建筑建材、生产沼气、进行生物发电和制备活性炭等。

（3）蔗根性凉，煮水有清热解毒、润肺止咳、滋阴润燥以及促进新陈代谢、改善睡眠等功效，除脾胃虚寒、胃腹寒疼者，一般人群均可食用。

（4）蔗渣能制浆造纸、造板、发电、做饲料和栽培基质等。

（5）滤泥可制蔗蜡、水泥、饲料添加剂、食用菌培养料、土壤改良剂等。

（6）糖蜜可制酒精、酵母、无机溶剂、甘酸、甘油、饲料添加剂等。

蔗梢　蔗叶　蔗根

蔗渣　滤泥　糖蜜

甘蔗副产品

甘蔗产业优势明显、前景广阔、未来可期。甜蜜的甘蔗，浑身是宝，不仅能够幸福地顶门，还能生产红糖和白糖……吃干榨尽，甜甜蜜蜜到永远。

撰稿人：苏亚春　吴期滨　尤垂淮　郭晋隆　高世武　李大妹　许莉萍　阙友雄

味蕾糖专家 甘蔗大文化

3 000年前，释迦牟尼佛在讲《楞严经》时，曾对他的弟子阿难说：“一切众生食甘故生，食毒故死。”顾名思义，世间一切众生，只要吃了甘香甜美的食物，生命就能够延长，而一旦吃了有毒的东西，就会走向死亡。

《大佛顶如来密因修证了义诸菩萨万行首楞严经》

一切众生食甘故生，食毒故死。

味蕾是最大的“糖”专家，人类自出生之日起，便对甜味有着特殊的情感。在你还是小孩子时，每当吃到味道甜美的东西，就会油然产生一种身心愉悦的感觉，这会使你牢牢记住甜的滋味，变得更加喜欢更加依恋吃甜的东西，而且这种情感将依伴终身，此生不渝。研究表明，甜味食品还能够有效缓解心情的低落，激扬兴奋的情绪。对于人体自身来说，糖能够最直接最有效地补充人体所需能量，或者换句话说糖是最富含热量的物质，可以快速补充人体所需要的能量/热量。因此，随着人类遗传学上爱甜、依甜和恋甜的基因不断传承和进化，人们在吃糖的时候，总会有一种心情愉悦、舒适安全和精神振奋的感觉。

儿时的甜味（一）

甘蔗虽好，食用还需有度，并且切记不要食用霉变的甘蔗。众所周知，甘蔗主要可以分为两大类。其中一类是像竹子高大粗壮的果蔗。市面上水果商店所售卖的就是果蔗，其蔗茎粗大、水分含量高、纤维含量相对较低、皮薄易剥落、糖分含量较低、口感细腻，主要作为水果食用，并且不太适合用于制糖。另外一类甘蔗的茎秆相比于果蔗而言就显得纤细些，其纤维含量高，抗风吹、抗倒伏能力较强，糖分比果蔗高出许多，适于榨糖，这一类也就是用于制糖的糖蔗了。那种表面带“死色”的甘蔗，其断面呈现黄色或猪肝色，散发着霉味，咬一口带酸味、发酵酒糟味，通常是感染了节菱孢霉菌。该菌常产生一种以3-硝基丙酸为主要成分的神经毒素，一定不能食用，否则容易引起霉菌性中毒和神经中毒，轻则出现恶心、呕吐、腹泻等症状；重则迅速出现昏迷、抽搐甚至是死亡危险。

儿时的甜味（二）

果蔗选购时应以汁甜肉厚、蔗皮光滑、色深紫、节间较长者为佳。对于人体的健康而言，甘蔗大有裨益。甘蔗所含营养物质丰富，果蔗中钙、磷、铁等无机元素多，尤其是铁的含量特别丰富，享有“补血果”的美称。甘蔗中还含有一种名为乙醇酸的天然物质，该物质具有明显的美容作用。其对粗细皱纹、小疤痕、皮肤色素退化等皮肤问题都有明显的改善作用。动物实验表明，甘蔗叶所含的多糖类对小鼠艾氏癌具有抑制作用。发霉变质的甘蔗，从外观上看，光泽不好、有霉斑，尖端和切断面有白色絮状或绒毛状菌丝，剖面呈淡红色、淡黄色或棕褐色，有酸霉味，在购买时一定要格外留心。《本草汇言》记载“多食久食，善发痰火，为痰、胀、呕、嗽之疾”，以及《本草经疏》言“胃寒呕吐、中满滑泄者忌之”。因此，脾胃湿寒的人不宜多吃甘蔗。

果蔗（左）和糖蔗（右）

甘蔗是如何一步一步地被制作成红糖的呢？首先，从甘蔗的种植开始介绍。传统的甘蔗种植时节为每年的秋末冬初，将甘蔗砍伐收割后，除去梢和根，并埋藏在平坦且没有积水的土地之下，待到来年雨水节气的前五六天，天气晴朗的时候就可以搬出来，除去蔗叶，整根甘蔗或者切成双芽茎段后进行种植，覆盖的土层不能太厚。对于种植甘蔗的土壤也以沙壤土为佳，种植的地理位置则需要避开深山以及河流的上游，否则可能会导致榨出的糖有焦苦味。甘蔗的整个生长周期可以分为萌芽期、幼苗期、分蘖期、伸长期和成熟期五个阶段。待到甘蔗成熟，将其收割下来切碎、碾压，去除汁液中的杂质，以小火熬煮数小时，通过蒸发作用去除其中的绝大部分水分，此时就形成了含糖量95%左右的红糖。其中最具代表性的制糖工艺当属以甘蔗为原料，采用传统方法生产糖的海南古法制糖，至今已有600多年的历史，已被列入国家非物质文化遗产。古法制糖在生产过程中，没有任何监测设备，仅仅依靠制糖师傅的肉眼观察及心得经验完成，制糖师傅的手艺体现在每一个环节的火候中，制成的方块土糖，颜色为红褐色，含在嘴里有浓浓的香甜味。

红糖泡茶

红糖又是如何进一步制作成白糖和冰糖的呢？人们为了追求纯度更高、味道更纯的蔗糖，还会对红糖采取进一步的提纯、脱色，从而生产出晶莹剔透且精细易溶的白糖。宋应星《天工开物》中记录了古人用黄泥水提纯蔗糖的方法，如今人们发现采用活性炭可以达到更为理想的效果，其提纯的蔗糖纯度可以达到99.8%以上，这也就是人们日常所熟悉的白砂糖。白砂糖的纯度已经非常高，但若将其“进一步纯化”，可以将白砂糖变成冰糖。因此，“挂线结晶养大法”便孕育而生了，人们将热的精炼饱和蔗糖溶液，缓缓地倒入挂有细棉线的桶中，让蔗糖分子在结晶室中，经过长达一周以上的时间，缓慢冷却结晶，从而形成大块的冰糖结晶。此时，冰糖的纯度极高，杂质很少，且口感冰凉甜

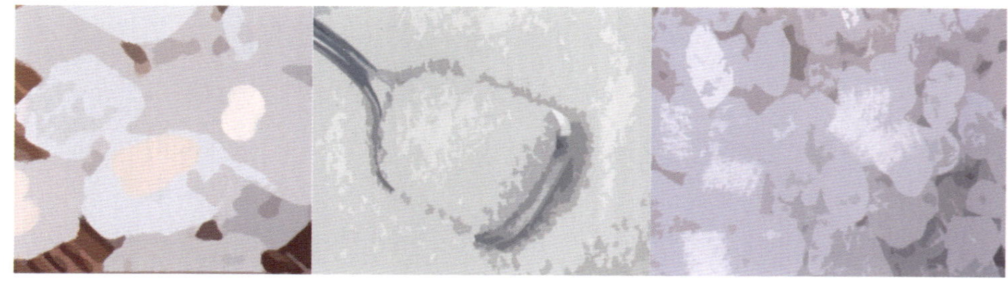
白砂糖和冰糖

美，含一颗入化嘴中，可以生津止渴、润喉去燥，使人清爽舒适、心满意足。在医治伤风感冒中，冰糖甚至还可以作为中药的一味药引子，这和姜红糖或可乐红糖的祛风散寒、发汗解表、温胃止吐、补脾益肝和补心安神的功效，有异曲同工之妙。

我们可以穿越时间的隧道去窥探古人的智慧，体会甘蔗文化的博大精深。说到甘蔗，相信大家都不陌生。它是我国的主要糖料作物，在所有糖类产品中，蔗糖所占的比例最大。从近些年的世界糖产量来看，蔗糖的比例大约为全球总产量的65%。关于甘蔗的文字记载，最早可以追溯到战国时期。相传甘蔗原产于印度，大约在周宣王时期传入中国南方。早在战国时期，楚国诗人屈原在《楚辞·招魂》中曾有甘蔗汁的描述："胹鳖炮羔，有柘浆些。"诗中所写的"柘浆"就是甘蔗汁。

《楚辞·招魂》

东汉班固也在《汉书》中记载了古人是如何把甘蔗制作成糖浆的——榨汁曝数日成饴。西晋时期，关于甘蔗品种在古中国的传播，已有文字记载。世界上第一位植物学家嵇含（263—306），在其所著《南方草木状·诸蔗》中有云："诸蔗一曰甘蔗，交趾所生者，围数寸，长丈余，颇似竹。断而食之，甚甘。榨取其汁，曝数日成饴，入口消释，彼人傷之石密。"由此可知，交趾（今越南）的甘蔗品种已经在古代中国种植，极大地丰富并改善了我国当时的甘蔗种质资源。

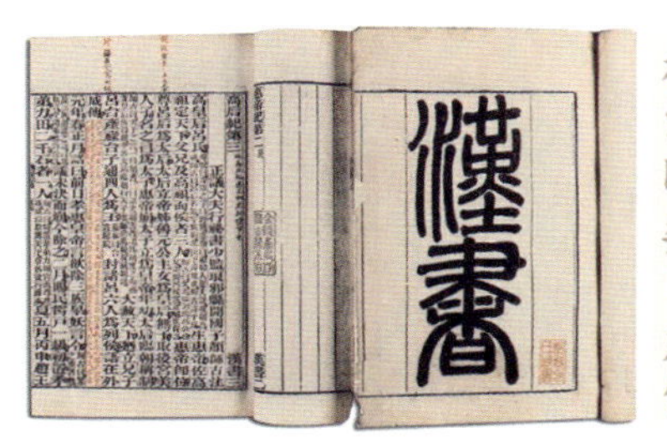

《汉书》中教授制糖术

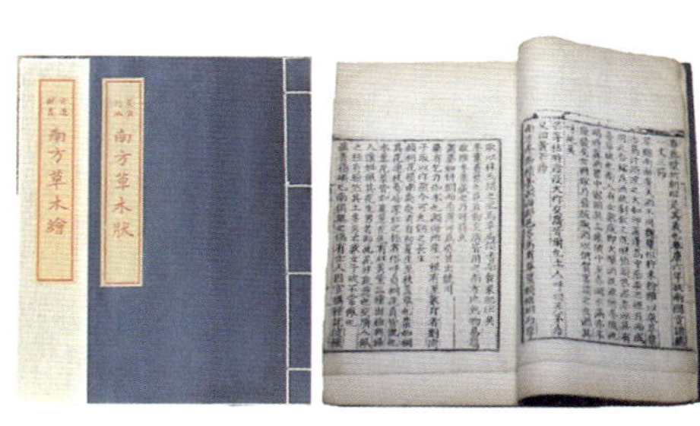

《南方草木状》

宋代著名的科学家王灼（1081—1160）撰写了中国最早的制糖专著《糖霜谱》。《糖霜谱》是世界上第一部最为完备的介绍糖霜生产和制作工艺的科技专著，书中详细记载了古代中国甘蔗的栽种分布范围、种植方法以及各种蔗糖的制作方法。书中记载：“糖霜一名糖冰，福田、四明、番禺、广汉、遂宁有之，独遂宁为冠。”这说明当时甘蔗已经在中国南方地区大规模种植；并且书中还提及，早在唐代就已经可以制作我们如今日常生活中的白糖和冰糖了。

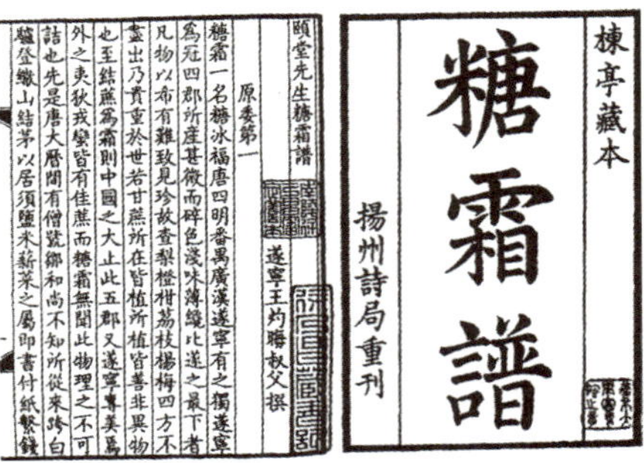

頤堂先生糖霜譜

遂寧王灼晦叔父撰

原委第一

糖霜一名糖冰福唐四明番禺廣漢遂寧有之獨遂寧為冠四郡所產甚微而碎色淺味薄纔比遂之最下者凡物以希有難致見珍故查梨橙柑荔枝楊梅四方不盡出乃貴重於世若甘蔗所在皆植所植皆善非異物也至結蔗為霜則中國之大止此五郡又遂寧專美焉外之夷狄戎蠻皆有佳蔗而糖霜無聞此物理之不可詰也先是唐大曆間有僧號鄒和尚不知所從來跨白驢登繖山結茅以居須鹽米薪菜之屬即書付紙繫錢

楝亭藏本

糖霜譜

揚州詩局重刊

蔗之技尽于此，不言作霜，然则糖霜非古也。

《糖霜谱》

明末清初时期，宋应星在《天工开物》中有单独的一卷“甘嗜”。该书系统地介绍了甘蔗的种植方法、收割时间、榨汁器械、提纯方法，并有熔炼冰糖的整个流程的详细记录。所以，如果今天按照《天工开物》中记载的方法，就能够制作出宋应星所描述的“古法冰糖”。古人的伟大智慧，超乎你想象。

《天工开物》中的制糖工艺

唐宋八大家之一的苏轼有诗云：“老境於吾渐不佳，一生拗性旧秋崖。笑人煮积何时熟，生啖青青竹一排。”清代一首佚名诗词《咏甘蔗》中赞道：“绿阵连烟垠，风雨化精节。玉露含青紫，沁彻哲人心。”笔者团队真诚地祝福每一个喜欢吃甘蔗的人，都有一口好牙，能够尝遍天下甘蔗，品尝一生，一生品尝，归来仍是少年。

撰稿人：赵振南　叶文彬　苏亚春　吴期滨　李大妹　许莉萍　阙友雄

漫画 2 美味蔗肴
甘蔗和糖的那些事

开饭啦！

厉害吧！这些都是甘蔗佳肴哦！
看起来真不错啊！

大晚上还吃甜的？还是养生吧……
其实吃甜食与糖尿病和肥胖症没有必然联系，合理饮食加上锻炼身体才是养生之道！

尝人间蔗味 左右都对胃

说起甜甜的作物，第一个涌入你脑海的是谁呢？要我说，还得是甘蔗。一口咬下去，甜甜的汁水从嘴里迸发，甜味逐渐消失后，将蔗渣吐掉，像口香糖似的，好吃又好玩。冬天到了，天气转凉，小摊贩上甚至卖起了“烤甘蔗”，经过烈火烘烤的甘蔗，汁水变得温热，味道更加平和、温润、芳香，降低了甜度杀口的不畅，越嚼越有一种耐人寻味的奇妙感觉，甚至有人发出了“冬日甘蔗赛过参”的感叹。

令人垂涎欲滴的烤甘蔗

甘蔗浑身都是宝，能吃能喝还能用。作为甘蔗种植大国，我国甘蔗种植区域分布在广西、云南、海南、广东、台湾、福建、浙江、湖南、湖北、贵州、四川等众多地区。近10年来，全国甘蔗种植面积基本稳定在135万～140万公顷，年度总产量维持在10 000万吨以上。甘蔗属于农作物中的经济作物，在我国主要进行再加工，主产物蔗茎榨汁后可制成如蔗糖汁、白糖、红糖等；副产物蔗渣可造纸、生产环保餐具制品等；废糖蜜可以生产高活性干酵母、焦糖、色素，其黑糖泥可以制成生物肥。此外，甘蔗叶还可以用于生物发电，蔗

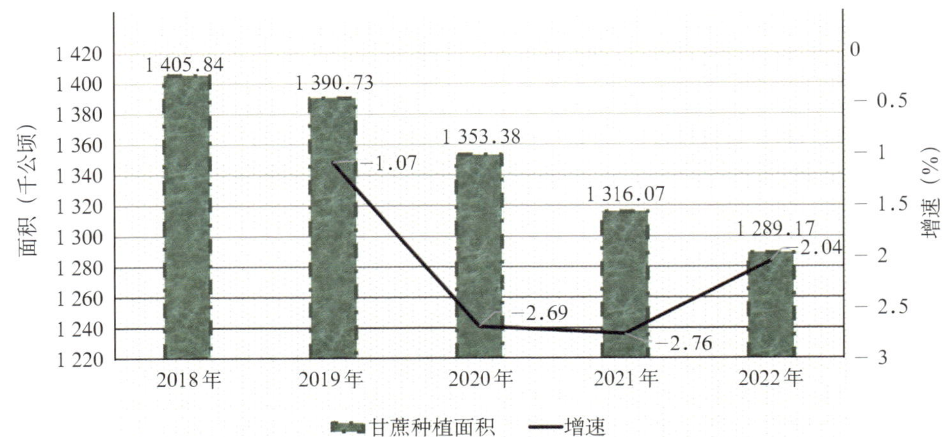

2018—2022中国甘蔗种植面积及增速统计
（数据来源：国家统计局）

梢可作为青饲料等。但是，甘蔗因其汁水丰富、鲜甜，人们常常将其当作“水果”（与适合榨糖的糖蔗相比，适合作为水果品尝的果蔗皮脆、汁多、甜度适中，且纤维短，易咀嚼不伤嘴），不仅直接食用，还将其搬上餐桌，以辅料形式增添食物的风味。水果上餐桌早已不是新鲜事，但是关于甘蔗的餐桌美食，仍不如菠萝、杧果那样出名。有意思的是，添加了甘蔗糖制品的美味佳肴却不少，甚至很多你意想不到的美食，也隐藏着它的身影。

食糖造佳肴，道道鲜香美。想必大家对烹饪时加入食糖已经见怪不怪了，那你知道我们的食糖是从何而来吗？这还得从我们的制糖史说起，现在常用的糖主要是由甘蔗和甜菜制成，而甘蔗作为原材料所制得的食糖总产量在世界上约占65%，在我国则高达85%以上。据《诗经》记载，我国12世纪之前就已经进行甘蔗的栽培和利用，而明确指出用甘蔗制糖的文学记载，是战国时期的《楚辞·招魂》“胹鳖炮羔，有柘浆些”，其中的“柘”就是甘蔗。根据用途，甘蔗可分为果蔗和糖蔗，糖蔗虽然皮硬、纤维粗，口感不如果蔗，但其含糖量较高，常被用作制糖的原料。

扶南甘蔗甜如蜜，杂以荔枝龙州橘。

唐·李颀
《送刘四赴夏县》

世间多变幻，万物本无常，糖也不例外。糖蔗可被加工为白糖和红糖，你知道两者的区别吗？从应用范围上看，白糖可谓是家家户户必备的调味品，不仅能激发食物的本味，还能起到杀菌的作用；红糖虽可作为甜味剂，但更多的还是作为保健品，起到滋补养生的功效。白糖又可以分为白砂糖和白绵糖，白砂糖在我国应用更为广泛，我们常说的白糖大多是指白砂糖。在制作汤羹、甜点、菜点、饮料时，加入适量的白糖，能使食品增加鲜甜的口感，如银耳汤、燕窝、红烧肉、蛋糕、面包、月饼、可乐、甜酒等。在制作酸味的菜肴、汤羹时，加入少量白糖，可以缓解酸味，协调酸甜感，使其入口更温和，如醋熘菜肴、酸辣汤、酸菜鱼等，若不加白糖，成品则寡酸不利口。有意思的是，使用白糖在制作拔丝苹果、拔丝香蕉、拔丝里脊等菜肴中会有一个拔出的动作，让人在吃的同时，玩得不亦乐乎。如今，白糖已经是必不可少的调味品。

白糖的前世今生

白糖能做这么多美食，那红糖的身影又在哪里呢？红糖指的是带蜜的甘蔗成品糖，是甘蔗经榨汁、浓缩形成的带蜜糖。在我国，红糖起初作为药用，后来唐太宗派遣使者去印度学会了蔗糖改良技术，明火熬煮方法得到普及，之

后红糖开始被广泛食用。红糖按结晶颗粒不同，分为片糖、红糖粉、碗糖等，因没有经过高度精炼，几乎保留了蔗汁中的全部成分，除了具备糖的功能外，还含有丰富的维生素与微量元素，如铁、锌、锰、铬等，营养成分比白砂糖高很多。南北朝陶弘景的《名医别录》记载："红糖能润肺气、助五脏、生津、解毒、助脾气、缓肝气。"李时珍的《本草纲目》写道："红糖利脾缓肝、补血活血、通淤以及排毒露。"红糖具有益气养血、健脾暖胃、祛风散寒、活血化瘀的功效，适于产妇、儿童及贫血者食用，特别是年老体弱、大病初愈的人食用，效果更佳。红糖除了可以直接泡水冲食，还被用于制作腊八粥、红糖姜茶、红糖发糕、糖油粑粑、红糖马拉糕、红糖酥饼、糖三角等美食，琳琅满目，美不胜收。

红糖及其制品

甘蔗入菜主要是因其甜蜜的口味。在嚼甘蔗时，都会吐掉蔗渣，可见，这份甜蜜藏于这溢出的汁水里。蔗汁中不仅含有丰富的蔗糖、果糖、葡萄糖，还含有天门冬素、天门冬氨酸、丙氨酸、柠檬酸、维生素A、维生素C、尼克酸、核黄素，以及蛋白质和脂肪等多种营养成分，这些元素和营养在常吃的白糖中是完全没有的，其已经在白糖加工过程中丢失。植物细胞水具有生物活性，是最易被人体细胞吸收的最高品质的水。甘蔗里的水是甘蔗采集阳光，吸收了天地之水，在光合作用下生成的植物细胞水，地表水和地下水与其相比完全不可同日而语。此外，中医称甘蔗汁入肺、胃二经，具有清热、生津、下气、润燥、补肺益胃的特殊效果。食用甘蔗汁可治疗因热病引起的伤津、心烦口渴、反胃呕吐，以及肺燥引发的咳嗽气喘，同时还具有缓解酒精中毒、通便解结的作用。

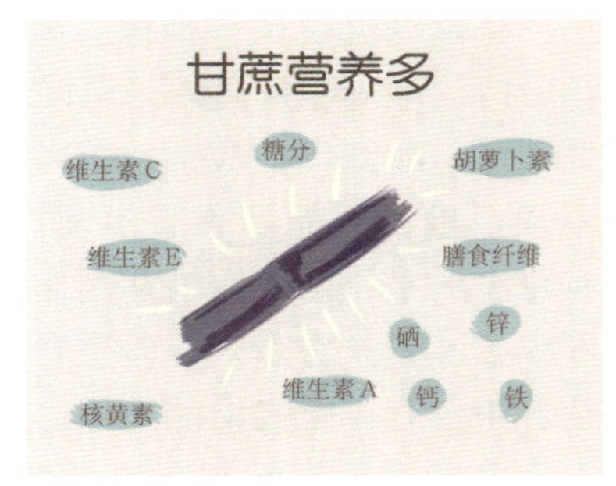

营养丰富的甘蔗

果蔗是专供鲜食的甘蔗，具有较为易撕、纤维少、糖分适中、茎脆、汁多味美、口感好以及茎粗、节长、茎形美观等特点。直接咬食或将甘蔗榨汁后装杯直接销售，储藏期较短、易变质，所以，鲜制产品一般只出现在甘蔗的时令季节，不适合长期保存和远距离运输。因此，衍生出了甘蔗汁罐装饮料，可以最大限度地保留甘蔗的原汁甜味，如蓝莓甘蔗汁、马蹄甘蔗汁、生姜蔗汁、甘蔗百香果、柠檬甘蔗汁、甘蔗醋等复合饮料，可以很好地满足消费者对果汁饮料在口感、营养、健康等方面的更高要求，是一种老少皆宜的复合型热带果汁高端饮料。

甘蔗汁与甘蔗饮料

甘蔗既可作食物也可作药材。自古以来，我国中医就有“药食同源”的说法，认为许多食物既是食品也是药物。俗话说：“睡眠养神、食品养身、药物补身。”食品和药物一样能够预防疾病，如橘子、粳米、龙眼肉、山楂、蜂蜜等，甘蔗也与它们一样既是食物也是药材。“吃”是一门艺术，合理的饮食习惯和科学的食品搭配，既能预防疾病，又能延缓衰老。甘蔗药膳将中医食补的文化发扬光大，生动实践了食品养身的科学。不胜枚举，略说一二：

甘蔗汁：甘蔗压榨之后产生的汁液，具有泻火热、消渴解酒的作用。

烤甘蔗：我国台湾及海南地区的地道小吃，早年盛行，现如今只有在产甘蔗的地区比较多见。经过烈火烘烤的甘蔗甜度味道更加平和、温润、芳香，越嚼越有一种耐人寻味的奇妙感觉。而由其榨出的新鲜的热甘蔗汁，甜而不腻，温热而不引痰。

甘蔗粥：被认为是一道保健药膳。将甘蔗捣成汁，同大米一同煮粥食用，能够养阴润燥、治疗大便燥结。此外，还可以与高粱、生姜、百合、茅根等搭配食用。

糖水：号称是广东人和福建人奉献给世界的礼物，它是用各种材料搭配煲制而成的甜味羹汤。其中甘蔗雪梨糖水、甘蔗马蹄水等比较经典。甘蔗雪梨糖水能够清除体内垃圾，再加入红枣还能起到补血的作用。甘蔗马蹄水具有清热化痰、明目清音的功效，同时对肝炎、伤风感冒、肠胃积热也具有良好疗效。

椰青甘蔗花胶鸡：椰青具有清热生津、润燥止咳及美容等功效，甘蔗具有清热润肺、润喉止咳的功效，再加上鸡肉、花胶，清润又补胶原蛋白，滋润美颜。

甘蔗炖羊肉：羊肉温补御寒，将甘蔗切成小段，与羊肉一起炖，能够缓和羊肉的燥热，避免上火，而且能让羊肉的味道鲜美而不油腻，滋补暖身。

琳琅满目的甘蔗药膳

火锅已成为人们日常的美食，大街小巷随处可见以火锅为主题的餐厅，那你品尝过甘蔗火锅吗？重庆火锅底料辛辣香浓、油腻丰满、麻辣厚重，部分人群烫食后会出现口干舌燥、肠胃不适等现象。因此，消费者必定希望能有一种香气浓郁，口感柔和、纯正、清爽，又享口福并且有益健康的火锅底料。为此，有研究者针对甘蔗汁火锅底料进行了研制。利用甘蔗汁味甘、性寒，具有清热解毒、生津止渴、和胃止呕、滋阴润燥等特点，替代原火锅底料中的冰糖，既保留原火锅的风味，又能够对人体的脾胃进行有效调理，让脾胃虚弱的人可以在饱口福的同时不必担心文进武出、爱恨交加，以达到两全其美的作用。

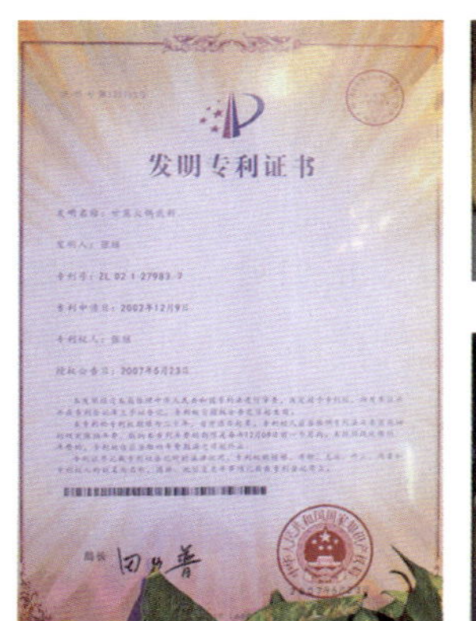

发明专利证书

意想不到的甘蔗火锅

“粮为酒本”，意思是只要含有淀粉的东西都可以酿酒。你一定听说过高粱酒、苞谷

（玉米）酒、米酒，那么，你是否听说过或者品尝过别有风味的甘蔗酒？甘蔗酒是一种以甘蔗汁为原料生产的营养健康的酒类饮品。我国的甘蔗酒产品多，具有原汁酿造、蔗香浓郁、品质优异等特点，适合大众口味。国内外研究发现，甘蔗中含有的多酚类物质和植物性甾醇，能起到抗氧化、抗衰老、降低胆固醇、防止癌细胞分化、抑制酪氨酸酶等作用。甘蔗酒可分为发酵酒、蒸馏酒和配制酒。以甘蔗清汁为原料或将甘蔗清汁配合其他果汁或水果，通过酒精发酵酿制的发酵酒，是一种低酒精度的果酒饮料，具有营养价值丰富、外观清澈透亮、蔗香风味浓郁等特点。蒸馏酒是以甘蔗汁为主要原料，通过发酵、蒸馏、陈酿等一系列工艺制成的一种高浓度酒精饮料。朗姆酒、中国白酒、伏特加、威士忌、白兰地和金酒并称世界六大蒸馏名酒。在国际上，将以甘蔗汁或糖蜜为原料生产的蒸馏酒命名为“朗姆酒”，根据原料和酿制方法的不同，可以进一步分为朗姆白酒、朗姆老酒、淡朗姆酒、朗姆常酒、强香朗姆酒等，酒精度多为38%～50%，酒液颜色既有琥珀色、棕色，也有无色的。若以发酵酒、蒸馏酒或食用酒精等为酒基，通过添加可食用的原辅料或食品添加剂，进行调配、混合或再加工，则可以加工成配制酒，其风格与原酒基有明显的区别。此外，我国科研人员还开展了甘蔗啤酒、甘蔗果酒、灵芝甘蔗酒等加工工艺的探索，喜爱人士有望大饱口福。

驰名中外的甘蔗酒

俗话说“冬吃甘蔗赛过参”，冬天适合多吃甘蔗。这是为什么呢？冬天吃甘蔗的好处有哪些？第一，甘蔗是补水良方。冬季天气寒冷且干燥，是最缺少水分的季节，如果不及时补充水分，就可能出现皮肤干燥脱皮、粗糙、皲裂等情况。甘蔗中含有大量水分，每100克甘蔗可食用部分含水量高达84克，如果想要在干燥的冬天里补充水分，甘蔗必定是较佳选择之一。第二，甘蔗是补糖佳品。甘蔗的含糖量高达17%～18%，被称为“糖水仓库”，其糖分主要由蔗糖、果糖、葡萄糖3种构成。甘蔗中所含的糖分主要为单糖，很容易被人体吸收利用，可为人体活动提供所需的能量，缓解低血糖；甘蔗中的蔗糖能促进人体内乳酸的代谢，因此对消除疲劳也有很好的效果。第三，甘蔗是清热佳

肴。冬季人们为了御寒，进食很多温补的食物，难免出现上火的情况，此时，如果吃点甘蔗或喝点甘蔗汁，将有助于避免上火。唐代诗人王维曾经写道：“饱食不须愁内热，大官还有蔗浆寒”，道出了甘蔗有“清内热”的作用。第四，甘蔗是补血圣物。甘蔗汁被喻为“天生复脉汤”；甘蔗中含有丰富的铁元素，位居水果之首。铁是造血不可缺少的原料，所以甘蔗又被称为“补血果”，能够预防贫血。第五，甘蔗是清渣利器。甘蔗中含有大量粗纤维，在吃甘蔗时，反复咀嚼这些纤维，可以把口腔和牙缝中的食物残渣及沉积物清除干净，起到清洁牙齿和口腔的作用。

甘蔗甜如蜜

甘蔗虽然是果中佳品，但食用亦需有度，尤其是身体虚寒时不要多吃甘蔗。甘蔗是一种寒性的水果，身体处于虚寒状态时，如果再吃过多的甘蔗，可能会加重身体的虚寒症状，甚至可能会出现腹痛的症状，但一旦虚寒不再，即可敞开味蕾吃甘蔗。糖尿病患者需要科学适量食用甘蔗。甘蔗中含有大量的天然糖分，如果糖尿病患者一次食用过多，会导致血糖快速升高，病情加重，所以糖尿病患者需要科学适量吃甘蔗，可以少吃多餐。咽喉痛的人最好暂时不要吃甘蔗。甘蔗中含有丰富的蔗糖，可能对部分患者的咽喉黏膜产生较为强烈的刺激作用，甚至诱导引起充血或炎症反应，导致痰液的分泌增多，咽喉不适感增强，所以咽喉痛暂时不吃甘蔗，可以待咽喉康复后再大快朵颐。

甘蔗味美，食用亦需有度

倒吃甘蔗，越吃越甜。《晋书·顾恺之传》记载：“恺之每食甘蔗，恒自尾至本，人或怪之。”为什么从不甜的地方开始吃呢？倒吃甘蔗，越吃越甜，是为“渐入佳境”。吃过甘蔗的人都知道，甘蔗的尾部虽嫩，但其甜度远不及根部；根部虽硬，但却是最甜的。所以，甘蔗的甜度是从上到下，逐渐上升的，顾恺之也是深知这个道理，才倒吃甘蔗。因此，“倒吃甘蔗”和“渐入佳境”，都常常被用来比喻境况逐渐好转或兴趣日渐浓厚。其实，我们的人生正和吃甘蔗一样，如果年少时纵情恣意，只顾享乐，固然能尝得一时甜头，但随着时光飞逝，就会逐渐感受到内心的空虚与精神的匮乏。只有经历了执着，饱尝了苦痛，迎来的成功才更充实，也更深刻。

撰稿人：陈燕玲　张　靖　陈　瑶　苏亚春　李大妹　吴期滨　阙友雄

糖友恋上蔗 健康不碍事

——甘蔗与糖尿病，真的水火不相容吗？

古埃及、古巴比伦、古印度和中国是四大文明古国，也是“糖尿病”冠名的祖师爷。前1550年，古埃及法老王雅赫摩斯一世时期的莎草纸古抄本中，详细记载了一种“多饮多尿”的疾病症状，这是迄今关于糖尿病的最早记录。1 700年后，沉默在古代文献中的多尿症再一次出现，古巴比伦医生阿克托斯（Arctaeus）发现，一些有钱人患者，特别爱喝水，然后停不住地要小便，且其小便比普通人的要黏稠一些……又300多年以后，印度的僧侣观察到神奇的现象，“多尿症”患者的小便不仅多且更黏稠，而且竟然深受蚂蚁青睐。在我国，传统医学四大经典之首《黄帝内经》中，也出现了对糖尿病症状的描述，并命名为“消渴”。《史记》中记载，西汉大文豪司马相如“口吃而善著书，常有消渴疾”，后人以其表字（长卿），给糖尿病取了个雅号——长卿疾。

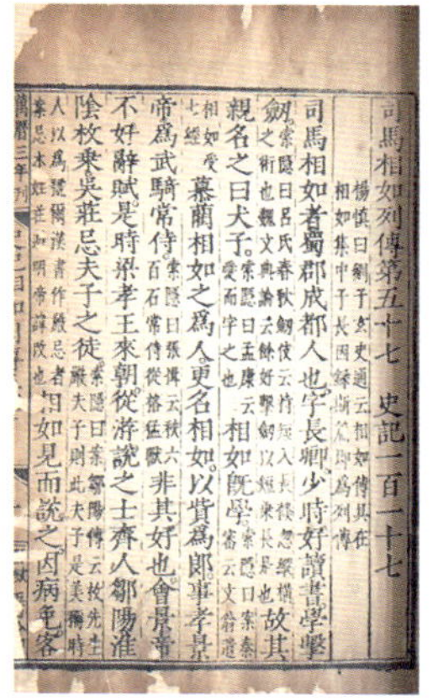

司馬相如列傳第五十七　史記一百一十七
司馬相如者蜀郡成都人也字長卿少時好讀書學擊
劍……故其
親名之曰犬子……相如既學
慕藺相如之爲人更名相如以貲爲郎事孝景
帝爲武騎常侍……非其好也會景帝
不好辭賦是時梁孝王來朝從游說之士齊人鄒陽淮
陰枚乘吳莊忌夫子之徒……
……如見而說之因病免客

口吃而善著书，常有消渴疾。

司马相如与“长卿疾”

糖尿病（diabetes mellitus，DM）发现的时间很早，然而糖尿病的治疗史纷繁复杂。从糖尿病本质的发现，到抗糖神器——胰岛素的确认，人类花了近400年。1889年，两位德国医生约瑟夫·冯梅林和奥斯卡·闵可夫斯基在研究胰腺与脂肪代谢关系的时候，意外发现，那些被切除了胰脏的狗全都患上了糖尿病，他们不仅首次确定了胰腺与糖尿病的关联，还建立了研究糖尿病的实验模型。1921年，加拿大著名医学家弗雷德里克·格兰特·班廷（1891—1941）和助手贝斯特将一批狗的胰腺导管结扎，6周过后，狗的胰腺腺泡细胞死亡。其后，他们把其余胰腺内分泌腺体的提取液注射给一只患有糖尿病的狗，发现病狗的血糖值降低了，这是胰腺提取液可以治疗糖尿病的首次报道。1922年，班廷首次使用胰岛素注射疗法，让一位糖尿

奥斯卡·闵可夫斯基
（1858—1931）

病患者得到有效的治疗，这是胰岛素在人类糖尿病治疗中的首次应用。胰岛素是一种蛋白质类激素，参与调节糖代谢，主要用于治疗糖尿病。同时，作为机体内最重要的分泌激素之一，胰岛素也是维持正常新陈代谢、生长发育和健康生活必备的物质。几千年来，人类对糖尿病束手无策，一旦患上，只能坐以待毙，班廷的发现，挽救了千千万万的糖尿病患者。1923年，班廷和实验室主任约翰·麦克劳德因在糖尿病发现上的巨大贡献，毫无争议地获得了当年的诺贝尔生理学或医学奖。这是诺贝尔奖历史上一项成果从发现到被授予奖项最快的一次，彼时的班廷年仅32岁，创下了史上最年轻的诺贝尔奖得主纪录，并且至今无人打破。胰岛素的发现是糖尿病治疗史上的一个重要里程碑。同样令人称道的是，班廷和贝斯特为胰岛素注册了专利，但是并没有收取任何专利许可费或尝试控制商业生产，这使得胰岛素的生产和使用能够迅速地普及到全世界。

如今，糖尿病已经是一种家喻户晓的慢性疾病。遗憾的是，即便已经有很多方法能让糖尿病得到良好的控制，但仍然无法根治，这也导致人们对糖尿病的恐惧甚至已经到了抗拒吃糖、害怕吃糖的程度。在全球，每10个成年人中就有1个人患有糖尿病；在中国，每8个成年人中就有1个糖尿病患者，而且预计有近一半的糖尿病患者没有确诊……糖尿病发病群体正日益年轻化，你有没有担心过自己被糖尿病“盯”上了呢？你是否真正了解糖尿病？糖尿病有这么可怕吗？你是否知晓糖尿病与糖的关系？不会仍然简单地认为糖尿病是吃糖导致的吧？……

糖尿病科普教育刻不容缓

糖尿病是什么病？什么是糖尿病？从临床角度上讲，糖尿病是一组由胰岛素分泌不足或胰腺生物功能受损，或两者兼而有之引起的以高血糖（血糖一般是指血液中的葡萄糖含量）为特征的代谢综合征；从病理学角度上讲，糖尿

关爱糖尿病人健康

病又是一种内分泌疾病，该病由遗传、环境和免疫等多种病因引起，具有明显的慢性高血糖症，还伴有多种并发症。在临床中，糖尿病的早期诊断和类型的准确识别，是减少误诊、漏诊，以及制订合理治疗方案的前提，也是改善患者的血糖控制，提高患者生活质量的基础。

根据美国糖尿病协会（American Diabetes Association，ADA）的指南，糖尿病可分为四大类，即1 型糖尿病（type 1 diabetes mellitus，T1DM）、2 型糖尿病（type 2 diabetes mellitus，T2DM）、妊娠糖尿病（gestational diabetes mellitus，GDM）和其他特殊类型糖尿病。

1型糖尿病：又称为胰岛素依赖型糖尿病（insulin-dependent diabetes mellitus, IDDM）或青少年型糖尿病（juvenile-onset diabetes，JOD，因属于先天性疾病，大多数是在婴儿时期至青少年时期发病），占全部糖尿病患者的比例不超过5%。其病理是患者自身无法生产足够的胰岛素或根本无法生产胰岛素。因此，该病是患者自身免疫损害或特发性原因引起的，以胰岛功能被破坏为特点的糖尿病。一般情况下，患者必须尽早开始并终身注射胰岛素加以治疗。

2型糖尿病：又称为非胰岛素依赖型糖尿病（non insulin-dependent diabetes mellitus，NIDDM）或成人型糖尿病（adult-onset diabetes，AOD），是一种最常见的糖尿病类型，占所有糖尿病患者的90%左右。该类型糖尿病患者中，其自身胰脏并没有任何病理问题，但其胰腺细胞对胰岛素没有反应，或反应不正常、不灵敏，随着病情持续发展，胰岛素的分泌渐渐变得不足，造成血糖值升高。肥胖症是引发患者患上2 型糖尿病的主要原因之一，特别是某些基因遗传可诱发先天性体质肥胖，进而引起糖尿病发作。但是，也有研究显示，2 型糖尿病可能与身体长期的发炎反应有关，因为有七八成病患根本不胖。2 型糖尿病的主要治疗方式为胰岛素及降糖药的使用，常见降糖药有双胍类、磺酰脲类、噻唑烷二酮类、二肽基肽酶4抑制剂（DPP-4）受体抑制剂、钠-葡萄糖协同转运蛋白2（SGLT-2) 受体抑制剂、胰高糖素样肽1（GLP-1）类似物等。

妊娠糖尿病：是孕妇产期的主要并发症之一，指的是妊娠前糖代谢正常或有潜在糖耐量减退而妊娠期才出现或确诊的糖尿病。换句话说，即使孕妇过去没有糖尿病病史，在怀孕期间血糖值也可能高于正常值，出现糖尿病症状。这种类型糖尿病的发生率世界各国报道为1%～14%，我国为1%～5%，近年有明显增高的趋势。妊娠糖尿病患者糖代谢多数于产后能

抗“糖”作战

恢复正常，但将来患2 型糖尿病的概率增加，同时孕妇一旦患上妊娠糖尿病，其临床经过较为复杂，母婴都有一定的风险，应该给予足够的重视。

其他特殊类型糖尿病：指的是除了1型糖尿病、2型糖尿病以及妊娠糖尿病以外的其他所有病因引起的糖尿病。鉴于该类型糖尿病的临床表现与1 型和2 型糖尿病的特征存在较大程度的重叠，临床上可能极大地低估了其实际患病率。其他特殊类型糖尿病又可以分为八大类型，包括胰岛 β 细胞功能遗传性缺陷、胰岛素作用遗传性缺陷、胰腺外分泌疾病、内分泌疾病、药物或化学品所致糖尿病、感染所致糖尿病、罕见的免疫介导糖尿病，以及其他糖尿病相关的遗传综合征。较为常见的有成人隐匿性自身免疫性糖尿病（LADA)、青少年发病的成人型糖尿病（MODY)、移植后糖尿病（PTDM）和急性胰腺后糖尿病（DMAAP)。

闻糖色变不可取，知病才能治病。糖尿病的危害主要有哪些？事实上，无论是哪一类糖尿病，典型症状均为多饮、多食、多尿、体重减少等表现，即“三多一少”症状。根据健康人群调查，成年人中约有50%糖耐量异常（有患糖尿病风险)，且最终会有高达11%左右的人患上糖尿病。这个数据是不是非常可怕？如果你没得糖尿病，可能很难明白糖尿病到底是一种多么可怕的病症，即便是糖尿病患者，可能都不知道这个病的真正可怕之处。其实，糖尿病本身并不可怕，要命的是糖尿病带来的一系列并发症。长期的胰岛素分泌缺陷或（和）胰腺生物作用受损，容易引起碳水化合物、脂肪和蛋白质代谢的紊乱，进而导致眼、肾、神经、心脏和血管等组织器官出现慢性的进行性病变、功能减退甚至器官衰竭。病情严重或应激时，还会发生严重的急性代谢紊乱，如高渗高血糖综合征（HHS)、糖尿病酮症酸中毒（DKA）等，造成难以逆转的伤害，甚至危及患者性命。

糖尿病的典型症状

据世界卫生组织（WHO）统计，糖尿病是目前已知并发症最多的一种疾病，高达100多种。临床数据显示，糖尿病发病后10年左右，将有30%～40%的患者至少发生一种并发症，且难以治疗。因此，早预防、早发现、早治疗对糖尿病患者而言，至关重要。目前，现代医学的发展尚无法实现糖尿病的治愈，但是，只要患者认真听从专业医生的指导，切实遵从医嘱定期服用降糖药物，合理辅以减轻体重、增加活动、调整饮食等积极的生活方式，就可以将血糖控制在理想范围之内，延缓甚至阻止慢性并发症的发生，达到临床治愈的效果，不影响患者的自然寿命。因此，对糖尿病，无须恐惧。

想必每个爱吃糖的朋友（糖友）心中，都有个大大的问号，吃糖会得糖尿病吗？甜甜的食品，深受大众的喜爱，因为，它不仅能够给我们带来味蕾上的享受，以及进食后的愉悦感和满足感，还能迅速补充人体对热量的需求，让我们“欲罢不能”。有广为传播的谣言，说糖尿病和糖息息相关，连名字都有“糖”字，肯定是由糖所引起的。事实上，大量研究早已证明，患糖尿病的根本原因是胰岛素分泌不足或胰腺生物功能受损，无法正常“消化”糖分。换句话说，如果胰岛功能好，无论摄入多少糖，都可以有效利用，血糖也不会升高。反之，若因某种原因，导致胰岛功能出现异常，即使少吃甚至不吃糖，也很有可能会患上糖尿病。在此，笔者可以很负责任地告诉大家，根据国内外医学科技工作者的研究，如果没有遗传、环境等其他因素的参与，只是食用糖甚至食用过多的糖，是不会导致糖尿病的。

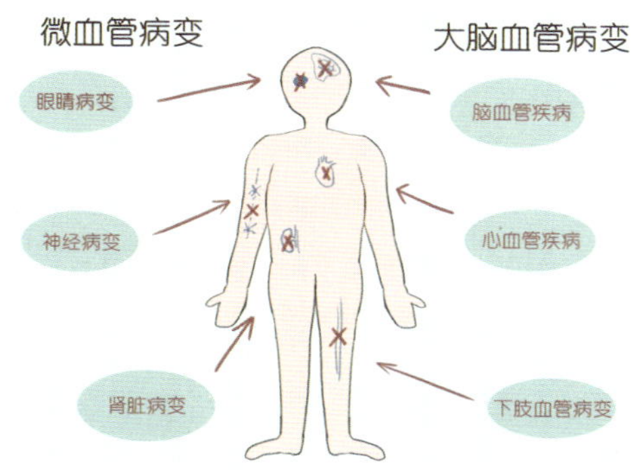

糖尿病的慢性并发症

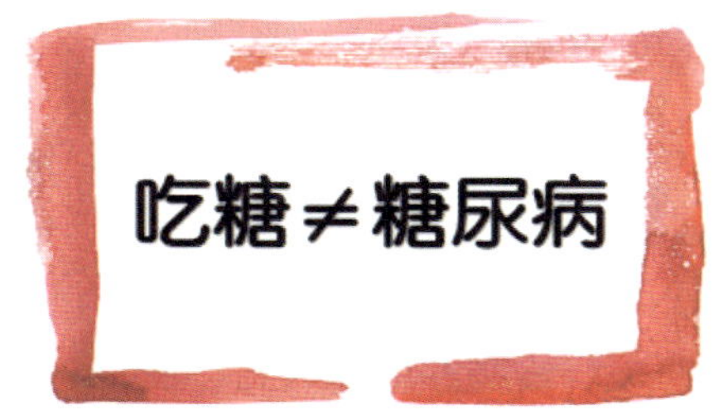

理性看待糖尿病与吃糖的关系

对于得了糖尿病的糖友而言，“甜蜜的追求”真的是一种奢望吗？人一旦得了糖尿病，严格控制饮食是稳定血糖的重要治疗措施之一。因此，很多人认为，糖尿病人吃主食都要按时按量，吃糖果更是想都不敢想。事实上，在合理控制总热量和均衡营养的前提下，没有任何一种食物对糖

糖尿病患者的烦恼

尿病患者是绝对禁忌的。在血糖控制良好的情况下，都是可以适量摄取的。美国亚拉巴马州伯明翰市的营养专家Raine Carter说："糖尿病患者要记住，糖尿病饮食其实只是一种更健康的饮食，而不是不能吃糖的饮食。"他还说道："糖尿病患者可以把糖果看作是一种甜点，而非一次加餐，换句话说，糖尿病患者是可以分次少量吃糖的。"此外，美国马萨诸塞州剑桥市一家糖尿病营养中心负责人Meg Salvia表示："糖尿病患者无须采取无糖饮食，木糖醇等代糖更不是绝对的，比如糖醇会激发食欲，让糖尿病患者吃得更多。"

糖果味道甜美，能够使人心情愉悦，而我们的身体也需要碳水化合物。所以，糖友们要注意的是摄入糖果的量要合适。毫无疑问，这意味着作为我国食糖主要来源的甘蔗及其制品，是可以适量食用的。除了直接吃甘蔗，或食用红糖、白糖这类添加糖，还有许多披着蔗糖外衣的美食，如宫廷糕点（桂花糕、枣泥酥、绿豆糕、驴打滚等）、西式甜品（提拉米苏、蛋挞、马卡龙、布丁等）等也能浅尝一二。在中华美食里，常有水果入菜，增香又提味，甘蔗也常作为辅料之一，如甘蔗炖羊肉、甘蔗马蹄板栗糖水、甘蔗煲鸡、甘蔗粥等。家里烹饪甘蔗美食，大可不用闻"蔗"不动。

味蕾的甘蔗，舌尖的蔗糖

糖让人欢喜让人忧。那么，糖是什么？什么是糖呢？《新华字典》上，糖的解释有三种，第一种是碳水化合物，即有机化合物的一类，分为单糖、双糖和多糖三种，是人体内产生热能的主要物质，如葡萄糖、蔗糖、乳糖、淀粉等。第二种是食糖的统称，包括白糖、红糖、冰糖等。第三种是糖果，如水果糖、奶糖等。糖类是含2个或以上羟基的醛类、酮类化合物或其衍生物，或水解时能产生这些化合物的物质。大多数糖类物质只由碳、氢、氧3种元素组成，在化学式的表现上类似于"碳"与"水"聚合，故又称为碳水化合物。根据结构单元数目，糖进一步划分为三大类，单糖、寡糖和多糖。根据存在形式，WHO将糖分为内源糖与游离糖。其中，内源糖指的是水果和蔬菜中的糖，这些糖大多被植物细胞壁包裹，消化速度较为缓慢，与游离糖相比，进入血流所需的时间更长。游离糖指的是厂商、厨师或消费者添加到食品中的单糖和双糖，以及蜂蜜、糖浆和果汁中天然存在的糖。目前，没有证据显示内源糖有害健康，但过量摄取的游离糖是潜在的对人体造成重大影响的"甜蜜杀手"。

糖，曾经是贵族身份的象征，如今被广泛应用到食品加工业中。1955年，美国总统艾森豪威尔患上了心脏病，医学界为两种观点争执不休，一方认为是脂肪惹的祸，另一方认为是糖捣的鬼。1965年，《新英格兰医学期刊》（*New England Journal of Medicine*）的一篇评论文章，否认了蔗糖与血脂水平（乃至冠心病）有关，自此脂肪论胜出，糖幸免于难。人们开始强烈提倡“低脂饮食”，而为了弥补口感，只能在食物中加入大量的糖。随之而来，糖的过量摄入对人体的负面影响也日益凸显，终于有人开始质疑当年那个结论的可信度。纸终究包不住火，2016年，研究人员根据历史资料发现，当初是制糖企业收买了营养学家，在证据不足的情况下，淡化了糖与冠心病之间的关系（Kearns et al., 2016），让脂肪背了黑锅。至此，这个埋葬了50多年的惊天阴谋终于被发现。近年来，糖过量的危害频频曝光……然而，真理越辩越明，事实越辩越清，关于糖的食用对人体益处的研究和报道也是层出不穷。但是对糖和脂肪的科学认知还有待继续深入。

砂糖、冰糖与红糖

难分难舍不可抛，恋糖护糖为哪般？不可否认的是，“糖”对人体不可或缺，虽是甜蜜的负担，但更是甜蜜的象征。一方面，糖不仅提供人体所需要的能量，还能与脂类和蛋白质结合，为维持人体生理机能发挥重要作用。当糖分摄入严重不足时，人体内的脂肪和蛋白质等物质会主动转化为糖分，以提供身体所需，这极易造成营养不良，甚至对身体造成危害。另一方面，糖能迅速提高人体内的多巴胺以及人脑血清素含量，给人们带来甜蜜口感的同时，让人产生满满的幸福感和愉悦感。糖也是我国传统文化不断传承的重要宝贝，见证了千百年来的延续，展现了传统文化的时间魄力。作为制糖大拿的甘蔗，也拥有着不凡的过往，如“百年蔗”是世界上宿根年限最长的甘蔗品种，也是目前我国唯一仍然保存的传统制糖竹蔗品种，从1727年（清代雍正四年）种植至今，展现了近300年的独特食糖文化，甚至享有“早知松溪百年蔗，何必去寻不老丹”的美誉。在中医学上，蔗糖拥有和中缓急、生津润燥、补充能量的良好功效，这一记载与如今的应用，无一不展现着中华优秀传统文化的结晶。

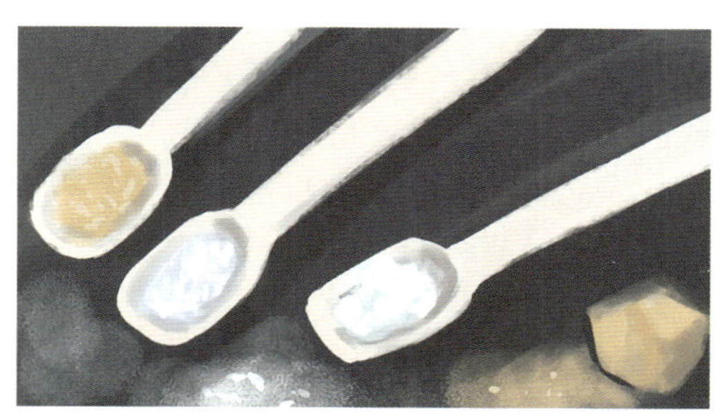

生活中无处不在的糖

日常生活离不开糖，却又担心糖带来的不利影响，那么，这个世界上是否有一种食物，既能够带给我们甜甜的味蕾享受，又不会让我们产生对血糖上

升的忌讳，甚至能降低我们对热量太高导致发胖的恐惧呢？代糖，顺应而生。近年来，举着“更适合糖尿病患者食用的糖类”、“减肥人群不必再忌讳，代糖0热量”的伪科学大旗，“代糖”越来越多地涌入人们视野中。那么，什么是代糖？代糖的热量如何？代糖能完全取代糖吗？代糖真的不会影响血糖吗？代糖会危害人体健康吗？如果想吃代糖，该如何选择呢？

常见高糖食物

代糖，顾名思义，就是糖的替身或代替糖的营养物质，其主要作用就是制造甜味。什么是代糖？代糖又称甜味剂，《食品安全国家标准　食品添加剂使用标准》（GB 2760—2014）中，将甜味剂定义为赋予食品甜味的物质。代糖虽然不属于糖类，但由于其空间结构与糖类似，可与舌头味蕾上的甜味受体结合，从而向大脑发出信号，使人体感觉到甜的味道。与糖相比，代糖与甜味受体具有更强的结合能力，因此其甜度可达糖的几十、数百倍，甚至数千倍。因此，如果要达到和白砂糖相同的甜度，只需在食品中添加极少量的代糖即可。根据GB 2760—2014，我国批准使用的甜味剂主要包括人工合成甜味剂、天然（或天然再制）甜味剂和糖醇类甜味剂（也是天然成分）。

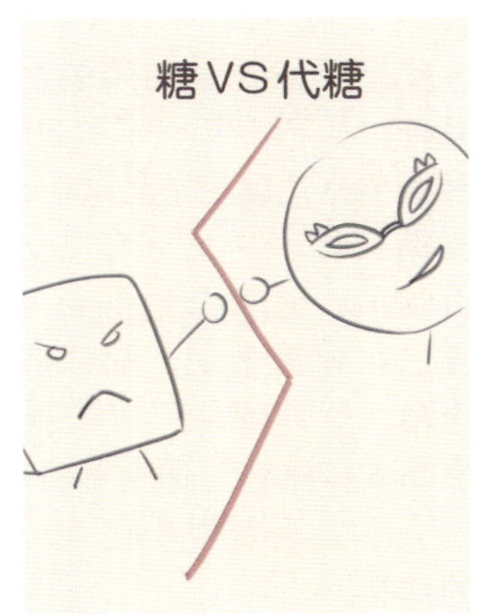

“甜美毒药”之战，代糖能否赢得最后胜利？

人们越来越意识到科学控制食糖摄入的重要性。代糖（甜味剂）最早是为糖尿病患者而生产的，如今，因其低热量或零热量，也成为肥胖人群的福音。根据热量，代糖可以分为营养性代糖和非营养性代糖。营养性代糖，指的是食用后会产生热量的代糖，但每克产生的热量较蔗糖低，主要包括山梨醇、甘露醇、麦芽糖醇和木糖醇等。对应地，非营养性代糖，指的是食用后不会产生热量或因用量极少可忽略其热量的代糖。有意思的是，按照生产方式，非营养性代糖又分为天然代糖和人工代糖。常见的天然代糖主要有甜菊糖、罗汉果甜苷和甘草甜素等，一方面，它们无法被人体代谢，因此不会产生任何热量；另一方面，这类代糖产生的甜度远远高于或强于蔗糖，在食品工业上的应用十分广泛。人工代糖，又称为“人工甜味剂”，是人类通过化学手段合成，人体食用后不会产生热量的代糖。人工代糖的供应稳定，价格低廉且甜度高，深受食品加工业者的青睐，目前阿斯巴甜、三氯蔗糖、安赛蜜、纽甜和爱德万甜等在市面上广泛应用。

『代糖』真的能完全替代糖吗？

代糖不断推陈出新，代糖取代糖类，会是未来的趋势吗？糖是否能幸免于难呢？代糖具有甜度高、热量低的优点，不少家庭已经普及使用，部分人群甚至用代糖完全替代糖类。安全性不断强化下，代糖是否可能完全取代糖？这是一个很有趣的话题。就目前的发展趋势，在可预见的未来，代糖是无法完全取代糖的，甚至随着代糖负面作用的发现和糖本身具有的天然优势，代糖产业的发展还可能受到越来越多的限制。从烹饪和风味的角度看，第一，糖已经成为烹饪的基本调料，它不仅能增加食物的甜味，还会在烹饪中产生焦糖化反应，俗称“炒糖色”，给食物镀上一层透亮的红褐色，进而产生特殊的风味。然而，市面上的代糖在加热的时候基本上不会产生美拉德反应。美拉德反应和焦糖化反应都属于褐变现象，都是食品风味产生的重要来源。第二，糖的吸水性和保水性良好，在食品加工中可作为膨松剂，有效支撑面包的结构和稳定。第三，糖在酒类发酵和食品防腐中，具有不可替代的作用。第四，与糖相比，市面上代糖的口感仍有区别，或者说这些代糖的口感各有千秋。比如，与蔗糖相比，代糖安赛蜜的甜度来得快，去得也快；纽甜的甜味来得慢，却难以消失，过于持久；甜菊糖苷的后味，会产生微苦味和青草味；木糖醇和赤藓糖醇则具有清凉味等。从人体对糖的需求角度看，代糖不是糖，但却可以糊弄人的胰腺，当吃到甜食时，不管真糖，还是假糖，神经系统会一律把甜味信号传递到大脑，胰腺接到通知后即分泌胰岛素，时刻准备着降低血糖。此时，若食用的为代糖，虽然味道甜，但无法升高血糖，致使胰岛素难以吸收多余的血糖，久而久之，胰腺就不搭理这个信号了，导致最直接的副作用就是，胰岛素敏感度下降，内分泌受到严重影响，人体健康受到潜在危害。

前文中提到，代糖最初是为糖尿病人而生产的，而作为检测糖尿病的重要指标，人体的血糖会不会因为代糖的摄入而升高呢？通常认为，代糖只是给食品增加甜味，并不会被人体直接吸收利用，因此不会导致血液中的葡萄糖含量增高。然而，2022年，*Cell*的一篇论文揭示，非营养性代糖，能够通过影响肠道微生物菌群来改变人体的血糖水平。研究中，作者选取了糖精、甜菊糖苷、阿巴斯甜和三氯蔗糖等四种非营养性代糖，然后在小鼠和上百名健康成年人身上进行实验，定期检查其葡萄糖耐量（体现机体对血糖浓度调节能力的重要指标）。结果显示，糖精和三氯蔗糖会显著损害人体的葡萄糖耐量，进而导致人体血糖浓度偏高。但研究还指出，代糖对不同个体的影响差异性很大，其对不同人群（如糖尿病、心脏病患者等）的具体影响还需进一步探索。

Cell Article

Personalized microbiome-driven effects of non-nutritive sweeteners on human glucose tolerance

Graphical abstract

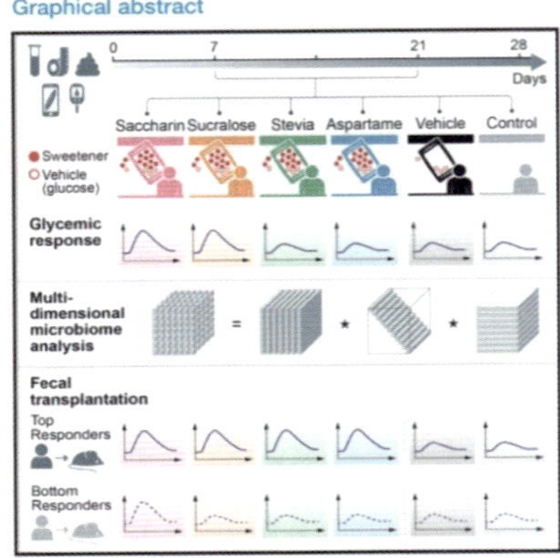

Authors

Jotham Suez, Yotam Cohen, Rafael Valdés-Mas, ..., Christoph K. Stein-Thoeringer, Eran Segal, Eran Elinav

Correspondence

jsuez1@jhu.edu (J.S.), eran.segal@weizmann.ac.il (E.S.), eran.elinav@weizmann.ac.il (E.E.)

In brief

A study of the effects of non-nutritive sweeteners on human metabolism as well as their microbiomes reveals how these can induce individual-specific, microbiome-dependent changes to glycemic responses, warranting follow-up clinical studies to understand long-term impact.

人工甜味剂或增加糖尿病风险

代糖，到底是天使还是恶魔？

代糖不一定是控糖人群的救命稻草，它可能是洪水猛兽。代糖的出现，在规避糖的一些潜在危害的同时，带来了丰富的味蕾感受，然而，代糖的长期或过量食用对人体的危害，也被逐渐披露。目前，人们发现最常见的危害有三种。其一，肥胖。虽然与糖相比，代糖的能量低了很多，但是，营养性代糖也存在能量过剩的威胁，过多食用依旧会有导致肥胖、引发各种并发症的风险。同时，代糖虽然可以满足人们对甜味的渴望，但可能因此产生代偿心理，肆无忌惮多吃其他东西，反而摄入更多的食物，最终增加了体重超重的风险。其二，内分泌失调。当代糖进入人体，大脑会误以为摄入了糖分，进而分泌胰岛素，但却没有等来与葡萄糖的“美好相遇”。久而久之，人体对胰岛素分泌信号的响应日渐迟钝，患上糖尿病的风险也随之增高。其三，肠道菌群紊乱。当用代糖食品取代食糖摄入时，人体内那些正常生长需要食糖来维持的菌群就可能被杂菌所取代。长此以往，人体肠道内的菌群环境就会被扰乱或破坏，出现便秘、腹泻和消化不良等问题。

针对市面上种类繁多、层出不穷的代糖，如何科学合理选用呢？首先，从安全性上，天然代糖优于人工代糖。与天然代糖（甜菊糖苷）相比，人工代糖（糖精和三氯蔗糖）对人体葡萄糖耐量的损害更为显著。同时，人工代糖的限制性高于天然代糖，如患有苯丙酮尿症的人不能摄取含有苯丙氨酸的阿斯巴甜（人工代糖）。其次，在热量与升糖指数（glycemic index，GI）上，非营养性代糖优于营养性代糖。营养性代糖与非营养性代糖是以产生能量的多少来区分的。基于当代人群追求低热量、高品质生活的现状，非营养性代糖比营养性代糖更受消费者的青睐。GI指的是食物进入人体两小时内血糖升高的相对速度，又名血糖生成指数，数值越低，表明食物进入人体两小时内血糖升高的相对速度越低，患者血糖也越稳定。研究发现，营养性代糖的GI高于非营养性代糖的GI，甚至有人认为非营养性代糖的GI为零，不会直接引起人体血糖的上升。再次，从口味上，鉴于蔗糖拥有良好的前中后甜，是目前最符合人类口味的糖，因此代糖的挑选，常以蔗糖为标准对照。目前，市面上和蔗糖最为接近的代糖是三氯蔗糖、阿斯巴甜，但甜度过高，不便于单独使用。最后，在实际应用上，糕点、饼干、饮料等食品领域常以代糖替代食糖，但是不同的代糖具有不同的特性，其应用范围各异，常因用法不同而选择不同的代糖。比如，木糖醇具有高吸湿性，适于制作蛋糕，使其更加松软，但若用于制作饼干，在空气中放久了容易变软。又如，赤藓糖醇的吸湿性低，可用于制作饼干，但由

类型	类别及特征	举例
营养型甜味剂	单糖和双糖 热量4 000卡[①]/克，对血糖影响大，会增加龋齿风险	蔗糖
		葡萄糖
		果糖
		麦芽糖
	糖醇 热量低，升血糖效果较小，甜度与蔗糖相近	木糖醇
		山梨糖醇
		麦芽糖醇
		赤藓糖醇
		……
非营养型甜味剂	天然甜味剂 从植物中提取，甜度高	甜菊糖苷
		罗汉果甜苷
		……
	合成甜味剂 甜度最高，0热量或几乎不含热量 不会升高血糖，安全性待评估	安赛蜜
		三氯蔗糖
		纽甜
		糖精钠
		……

代糖（甜味剂）的种类及其特征

①卡为非法定计量单位，1卡≈4.186焦耳。——编者注

于其甜度较低，如果要用于制作高甜食品，需要与其他高甜度的代糖（罗汉果甜苷、甜菊糖苷等）混合使用和复合配制。

如果一碗好吃的甜食、一杯好喝的甜饮摆在你的面前，你能够控制住自己吗？嘴上可以说少吃少喝，但是，身体的诚实却无法抗拒，这是为什么呢？不管我们愿意还是不愿意，高兴还是不高兴，在人类基因里，早已刻下对甜味、能量和食糖最基本且最原始最赤诚的欲望。在日常生活中，糖无处不见，它隐藏在甜的、无味，甚至是酸的、咸的食物里，绽放在丰富的菜肴中。在人类漫长的进化历史中，糖给我们提供能量，让我们生存下去；糖所产生的多巴胺，让我们产生愉悦心情。这样看来，“糖”早已全方位、无死角地融入我们生活的方方面面，割舍不了。

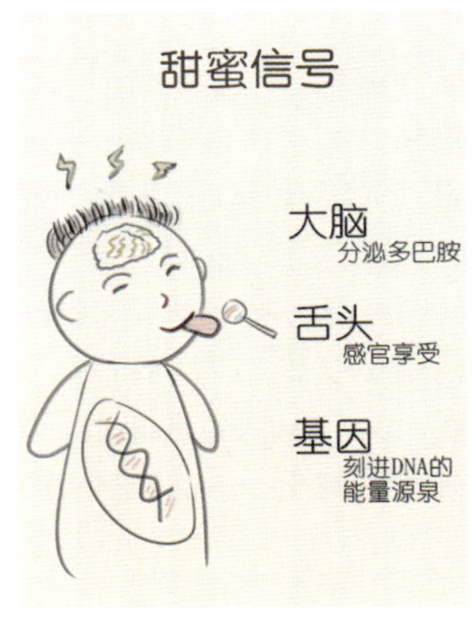

为什么我们都爱吃糖？

糖非吃不可，糖不得不吃。我们嗜糖的基因与生俱来，我们爱糖的本领天赋异禀，我们为糖而生……那么，我们该如何健康吃糖呢？首先，应该科学合理地控制糖的摄入量，一般是对游离糖进行限制。根据WHO的建议，为了防止出现肥胖、龋齿等健康问题，成年人和儿童的游离糖摄入量应控制在摄入总能量的10%以内。如果能够进一步将游离糖的摄入量降低至总能量摄入的5%，可极大地降低超重、肥胖和蛀牙的风险。同时，还需要限制代糖的摄入量。联合国粮农组织（FAO）和WHO制订了阿斯巴甜的限量（1984）：“甜食0.3%，胶姆糖1.0%，饮料0.1%，早餐谷物0.5%，以及配制用于糖尿病、高血压、肥胖症、心血管患者的低糖类、低热量保健食品，用量视需要而定。”其次，要在平衡总能量摄入的基础上，尽可能多地以天然食物代替“糖”。甜食太美味，有些人甚至连主食都用甜食替代。举一个例子，科学的情况下我们吃一小块蛋糕就够了，但是因为好吃，很多人吃一小块不过瘾，就把一大块都吃下去了，饱胀的肚子就降低了进食其他食物的欲望。长此下去，蔬菜、水果和优质蛋白等的摄入量下降，会导致营养不良或甚至危害健康。因此，我们必须合理搭配饮食，在吃甜食和吃糖的同时，注意食物的多样化，做到蔬菜、水果、谷物和蛋白质摄入均衡。最后，应该重视食品包装上的说明，选择合适健康的糖源。比如，配料表。配料表是遵照“用料量递减”原则，将配料用量按从高到低依序列出食品原料、辅料、食品添加剂等。如果配料表靠前位置出现高浓度的添加糖，少买少吃。又如，营养成分表，没有标明含糖量的，可参考表中的碳水化合物含量。同时，需要注意计量单位（每100克、每支、每份等）。总之，适量吃糖、平衡总能量摄入和学会看配料表是健康吃糖的三大原则。

健康吃糖三大原则

适量吃糖

平衡总能量摄入

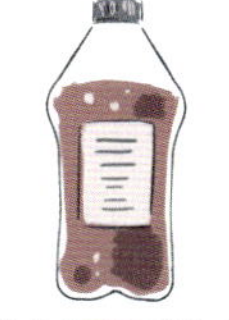

学会看配料表

我们该如何健康吃糖？

甘蔗是高糖植物，每100克含糖17 ~ 18克，且富含多种氨基酸，有生津止渴、滋阴润燥、清热解毒的作用，糖尿病患者可以适量食用。有意思的是，越来越多的学者将糖尿病的研究目光聚集到甘蔗身上，甚至有研究认为甘蔗或能在抗糖尿病上发挥作用。2019年，《澳大利亚科学》杂志发表了一篇由产品制造商（澳大利亚）有限公司[The Product Makers (Aust) Pty Ltd.，TPM]首席科学家Dr. Barry和科学创新经理Dr. Matthew两人联合署名的文章，题为“Could Sugarcane Prevent Diabetes？”该文章揭示了关于甘蔗的三个新发现，以及它是如何抵抗肥胖和糖尿病的：①甘蔗是抗氧化剂的一种重要来源；②这些抗氧化化合物有助于各类碳水化合物的健康代谢；③抗氧化剂能够修复分泌胰岛素和β细胞。

Could Sugarcane Prevent Diabetes?

MATTHEW FLAVEL & BARRY KITCHEN

When sugar is refined we are discarding antioxidants that not only temper metabolic diseases but can also restore insulin production.

甘蔗真的可以预防糖尿病吗？

甘蔗汁用于治疗糖尿病不是梦？2型糖尿病最重要的特征之一是胰岛素抵抗，Ayuningtyas等（2020）认为这可能是由三价铬缺乏引起的。因此，该团队设计实验，全面比较了健康人和糖尿病患者在饮用白糖和甘蔗汁之前和之后，血液和尿液中的铬水平。结果表明，甘蔗汁中的铬含量比白糖中的高35倍。同时，研究还发现了一个有趣的现象，饮用甘蔗汁一个月可以有效增加人

PAPER • OPEN ACCESS

Preliminary study: the use of sugarcane juice to replace white sugar in an effort to overcome diabetes mellitus

R A Ayuningtyas[1], C Wijayanti[1], N R P Hapsari[1], B F P Sari[1] and Subandi[1]

Published under licence by IOP Publishing Ltd

IOP Conference Series: Earth and Environmental Science, Volume 475, International Conference on Green Agro-industry and Bioeconomy 26-27 August 2019, Malang East Java Indonesia

Citation R A Ayuningtyas *et al* 2020 *IOP Conf. Ser.: Earth Environ. Sci.* **475** 012001

甘蔗汁代替白糖，有望助力治疗糖尿病

血液和尿液中铬的水平，且与健康人相比，糖尿病患者的增加水平更高。实验揭示真理，科学创造奇迹，采用甘蔗汁代替白糖，助力2型糖尿病治疗，或许有望，然而此仅为一家之言，尚需大量理论和实证研究。

2021—2023年世界糖尿病日，在胰岛素发现100周年的背景下，活动的总主题被定为“获得糖尿病护理”。2022年，是本次总主题活动开展的第二年，2022年11月14日也是第16个“联合国糖尿病日”，宣传主题是“教育保护明天”（Diabetes: education to protect tomorrow）。了解糖尿病知识，不止对于医疗卫生专业人员和糖尿病患者，还对健康人群预防糖尿病同样具有不容小觑的重要意义。笔者的科学普及适逢其时，从一个甘蔗科研团队的视觉审视，希望给大家奉上一篇别开生面又别具一格的科普文章，欢迎沟通交流，如有任何不妥或错误之处，请批判指正。

预防糖尿病，从科普学起。

“糖友”恋上蔗，“蔗”该不是事。糖尿病给个人健康和家庭幸福带来了巨大的影响，而这一与“糖”有着千丝万缕关系的疾病，也是中国热带农业科学院/福建农林大学阙友雄团队全体师生关注的焦点。“学以致用、用以促学”，是我们学习永恒不变的法宝。因此，我们以科普文章的形式进行宣传，以吸引更多的人群了解糖尿病知识，并致力于打消大家对甘蔗乃至糖类的食用会导致糖尿病的顾虑。同时，笔者所在团队希望在“甘蔗与糖尿病”的科普下，能同广大科研工作者一同积极参与甘蔗成分对糖尿病潜在作用的研究，共同寻找防治糖尿病的秘方。科普向未来，科普既已来，未来必将至。

撰稿人：张　靖　刘俊鸿　尤垂淮　苏亚春　吴期滨　罗　俊　阙友雄

蔗待天下人 药现健康梦

人类的生存史，就是一部跟疾病纠缠不清的斗争史。在同疾病作斗争的过程中，我国古代人民将斗争经验和理论知识汇聚形成了“中医”，这是在古代朴素的唯物论和自发的辩证法思想指导下，通过长期医疗实践，逐步形成并日益发展的医学理论体系。作为传统药物中占比90%的植物药，在人类与疾病斗争的历史中起着极其重要的作用。随着人们对健康生活的追求，人们对药用植物资源的需求也日趋旺盛。

中国是药用植物资源最丰富的国家之一，对药用植物的发现、使用和栽培，有着悠久的历史。狭义上，药用植物指的是医学上用于防病、治病的植物，其植株的全部或一部分供药用或作为制药工业的原料。广义而言，可包括用作营养剂、某些嗜好品、调味品、色素添加剂，以及农药和兽医用药的植物资源。

源远流长的中医与药用植物

药用植物的历史源远流长。我国古代有关史料中曾有“伏羲尝百药而制九针”“神农尝百草，一日而遇七十毒”等记载，这都说明了药用植物的发现和利用，是古代人类通过长期的生活和生产实践逐渐积累经验和知识的结果。放眼望去，我们的身边充满了千姿百态的植物，世界上已知植物约有27万种。我国是世界上生物多样性最丰富的国家之一，已知植物约有25 700种。那这些是否都是药用植物呢，或者说是否都可以入药？一种植物是不是药用植物，一般取决于它是否有治疗疾病的功效。一般来说，大多数植物都可以作为药用。不同植物所具有的药用功效可能相同，也可能不同，而且功效的大小也很重要。神奇的是，绝大多数植物的根、叶、皮等均可以入药，如何首乌，其根可以作为药材，具有安神、补血等作用。

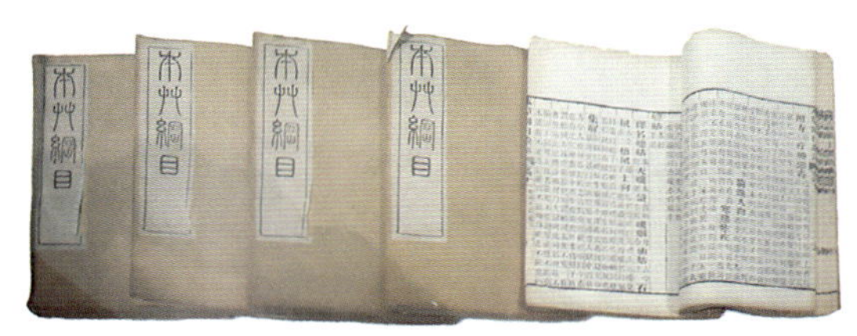

长耽典籍，若啖蔗饴。

《本草纲目》

都是植物，药用植物到底

“高”在哪里？植物因不能自由移动位置，所面对的外界环境错综复杂，原始植物逐渐因为环境的不同而分化，从而形成了不同的植物后代，这正是药用植物产生的原因，也是植物具有不同药用功效的本质。那么植物为什么可以作为药材呢？除了我们肉眼可以看到的根、茎、叶等，植物的代谢产物也可以用于医疗，这也是药用植物与一般植物之间的区别。众所周知，植物的化学成分较复杂，有些成分是植物所共有的，如纤维素、蛋白质、脂肪、淀粉、糖类、色素等；有些成分仅是某些植物所特有的，如生物碱类、苷类、挥发油、有机酸、鞣质等。这些特有的成分发挥了巨大的作用，如杧果叶含抗坏血酸、杧果苷、异杧果苷、槲皮素、α-儿茶精、高杧果苷、原儿茶酸、没食子酸、鞣花酸、莽草精、山柰醇等多种化学成分，具有疏风清热、缓解皮肤发痒的作用。所以说，植物可以作为药材用于治疗疾病。

药用植物“高”在哪？

日常生活中有丰富多彩的水果，其中有一种经常被当作水果的作物，也有药用价值。你猜到是什么了吗？没错，正是甘蔗。甘蔗是我国最重要的糖料作物，约85%的食糖都源于甘蔗。此外，甘蔗还分为糖蔗和果蔗，前者因其糖分含量高、皮硬纤维粗、口感较差，而常为我们提供食糖需求；后者由于其汁多清甜，脆嫩爽口，可作为水果供直接鲜食。甘蔗在我国台湾、福建、广东、海南、广西、四川、云南等南方热带地区广泛种植，含有丰富的糖分、水，还含有对人体新陈代谢非常有益的各种维生素、脂肪、蛋白质、有机酸、钙、铁等物质。甘蔗是能清能润、甘凉滋养的食疗佳品，古往今来被人们广为称道，就连那些清高儒雅的文人墨客们对其也情有独钟。蔗糖作药治病最早

在很久很久以前，一个孩童正在吃甘蔗……

的记载是南朝齐梁时期著名医学家陶弘景所著的《名医别录》，书中说“取甘蔗汁为砂糖，甚益人”，是说甘蔗汁制成的砂糖，人吃后对身体很有益处。古人在长期与疾病作斗争的过程中，对蔗糖药用价值做了艰苦的探索和不断的积累，弄清了蔗糖的许多治病功效。唐代诗人王维在《樱桃诗》中写道：“饮食不须愁内热，大官还有蔗浆寒。”而大医学家李时珍对甘蔗则别有一番见解，“凡蔗榨浆饮固佳，又不若咀嚼之味永也”，在肯定蔗糖功效的基础上，又将食用甘蔗的微妙之处表述得淋漓尽致。

一说甘蔗都是宝，不仅能吃还能治病？看完让你大吃一“斤”。甘蔗富含多种能抑制疾病发生的化合物，主要包含蛋白质、碳水化合物以及钙、磷、铁等多种矿质元素。那么甘蔗对人体到底有哪些有益之处呢？日常生活中，甘蔗中含有的许多有效成分都可以应用于疾病的预防及治疗，领域不胜枚举，仅列个五福来临门。

一是抗氧化。甘蔗叶中含有大量的黄酮类物质，而黄酮类化合物不仅是人体必需的天然营养素，还能降低血管的脆性及改善血管的通透性、降低血脂和胆固醇。此外黄酮还有抗炎镇痛、抑制细菌、抗过敏、抑制病毒、保肝护肝、防止血栓形成、防治心脑血管病等功效，是一种潜在的外源性抗氧化剂原料。

二是清热生津。甘蔗含有丰富的纤维素，被称为“糖水仓库”。对于肺热所导致的咽喉肿痛、咳嗽、虚热等，适当食用甘蔗可以缓解这些症状。

三是排解毒素。《滇南本草图说》中提到甘蔗汁和姜汁一起服用，可以解河豚毒。《纲目拾遗》中说青皮甘蔗有很好的解毒消热作用。

四是抗肿瘤。纯化的甘蔗叶多糖成分均一，具有提高机体免疫力，甚至抑制肿瘤的作用。

五是改善贫血。甘蔗中含有大量的铁元素，每100克甘蔗含有铁元素大约0.4毫克，故甘蔗有“补血果”的美称。因此，食用甘蔗可以有效地补充人体内部铁元素的不足，促进血红细胞的再生，增加血容量，贫血自然而然被改善。

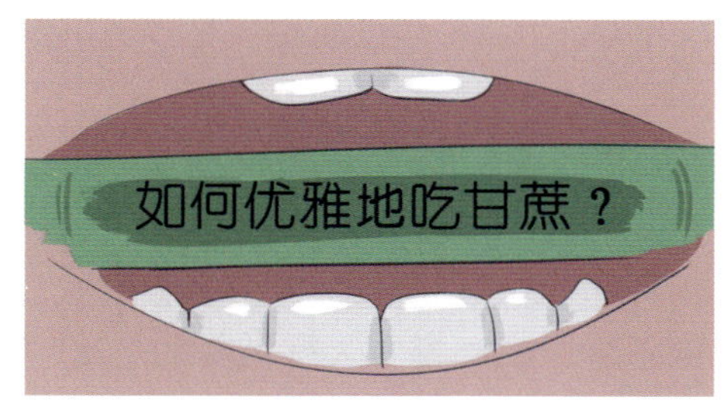

吃甘蔗那么辛苦，如何优雅地吃甘蔗？

浑身有妙用的甘蔗

甘蔗是食补与养身的一把好手。唐代名医孙思邈所著《千金食治》中说道："夫为医者当须先洞晓病源，知其所犯，以食治之；食疗不愈，然后命药。"所言可意为防病治病当须首先从饮食入手。以下列举了一些用甘蔗做的药膳，对人体大有裨益。①甘蔗莱菔汤。该汤剂来源于《山家清供》，取其"蔗能化酒，莱菔能化食也"。具体做法：取甘蔗200克，鲜萝卜150克，切碎，加水煮到萝卜烂熟，服用汤汁。可以用于缓解饮酒过多、吃不下饭的情况。②甘蔗生姜汁。源于《梅师集验方》，取其"蔗汁虽寒，姜汁虽温，但合用则性较平和"。具体做法：取甘蔗250～500克，生姜15～30克，分别切碎稍微绞出汁水，混合均匀后服用。用于减轻阴液不足，胃气上逆。③蔗浆粱米粥。源于《董氏方》，"取甘蔗汁益胃生津、润肺燥，取粟米益脾胃；二者又皆能除热。"烦热咳嗽、咽喉不舒服的人吃过之后情况会有所好转。具体做法：取甘蔗500克，切碎略捣，绞取汁液，加粟米（青粱米）60克，加水适量，煮成稀粥食用。除了直接将甘蔗做成药膳之外，由甘蔗加工而成的红糖、白糖等多种产品也可以做成食疗配方。如红糖党参赤小豆汤，食用可使肤色滋润；益母姜枣红糖水可以温经散寒，适用于寒性痛经及黄褐斑；山楂桂枝红糖汤具有化瘀止痛的功效。

"甘蔗"的药膳之旅

甘蔗还常以糖制品形式存在和发挥作用。人人都离不开的红糖和白糖，你知道它们都有什么作用吗？红糖和白糖都是日常生活中最常见的调味品。虽然都有甜蜜的口感，但提起红糖，总能联想到"美容养颜好佳品"。在中医营养学上，红糖具有益气养血、健脾暖胃、祛风散寒、活血化瘀之效，特别适于产妇、儿童及贫血者食用。性温的红糖通过"温而补之，温而通之，温而散之"来发挥补血作用。以前人们常用红糖给产后的妇女补养身体，目的在于利用红糖"通瘀"或"排恶露"的作用而达到止痛的目的。生姜红糖水尤其适用于风寒感冒或淋雨后有胃寒、发热的患者。在寒夜中久行、落水被救起，或者突然遭遇雨水淋湿，事后马上喝一碗热腾腾的生姜红糖水，汗出而身暖，浑身都舒畅，常常可以达到御寒防感冒的目的。当然，服用生姜红糖水后，最好能够盖上被子睡觉，以免出汗风吹受寒。与红糖直接的药用价值不同，作为生活中家家必备的白糖，其富含的碳水化合物可以为人体迅速补充能量，供给热能，还可缓解低血糖引起的头晕、乏力、饥饿等症状。

红糖与白糖的大妙用

没想到吧，甘蔗的作用可以有这么多。如果你想用食物滋养自己，不妨试试天然无害的甘蔗，没准它会有不错的效果。

除了常见的甘蔗制品，甘蔗副产品对改善人们的生活质量大有用处。甘蔗废糖蜜可以作为治疗下肢静脉溃疡的伤口敷料或作为男性生殖器手术的湿敷料，可以用于治疗人类鼓膜穿孔，还能作为硬脑膜的替代品和人脐带沃顿胶间充质干细胞的底物。此外，用蔗渣合成的纳米结晶纤维素（NCC）与羟丙基甲基纤维素（HPMC）制作的胶囊壳，作为药物容器具有更好的潜力，因为其不易生长微生物，从而可以延长胶囊的保质期。蔗渣中含有的木质素、硅胶和磁性二氧化硅作为药物载体，可以用于治疗风湿性关节炎。甘蔗提取物有许多作用，如用其制成的化妆品不仅可以促进皮肤血液循环、活化细胞，还具有一定的抗炎及防治皮肤病等功效，而且它是一种活性成分，对皮肤几乎没有风险。疟疾在世界热带和亚热带地区流行，估计2020年有2.41亿例疟疾病例和62.7万例死亡病例，含有甘蔗提取物的SAABMAL是一种民族药用多草药制剂，可用于治疗无并发症的疟疾感染。还有研究表明，甘蔗中含有的胱抑素C与氟化钠进行组合形成的薄膜，可以有效保护牙釉质，防止牙齿被侵蚀。

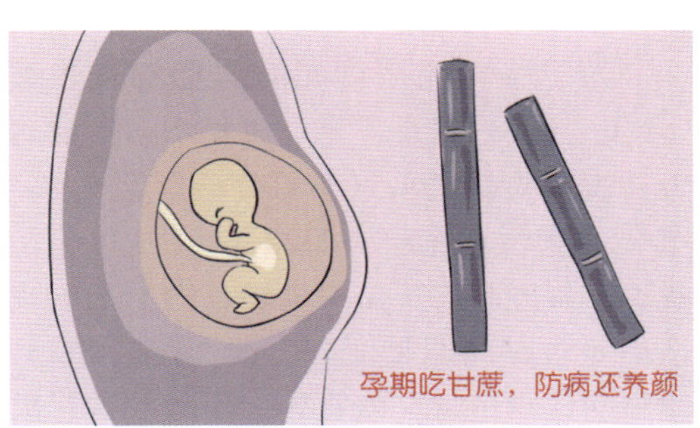

孕期吃甘蔗，防病还美颜

所谓“病从口入”，除了维持人体本身的健康，甘蔗还能满足动物对食物的安全要求。动物能为我们提供丰富的脂类营养及极佳的食用体验。保障动物

的健康，也是保障我们的生活质量。为了加强动物的抗病能力，饲料级抗生素应运而生。目前，我国饲料级抗生素市场年需求量在10万吨以上。在2020年饲料行业全面“禁抗”的政策得到落实执行后，约90%的饲料级抗生素因其耐抗、残留和毒副作用将被严禁生产上市，不足10%由中草药制成的饲料级抗生素允许继续生产销售，饲料抗生素市场发展形势严峻，无毒副作用的饲料级抗生素将进入“后抗生素时代”。甘蔗废糖蜜制成的多糖应用在饲料添加剂中，带来了不少益处。一是降解重金属、氨氮、亚硝酸盐、硫化氢和药物残留等有毒物质，减少其对养殖动物的毒害。二是强力诱食，增加食欲，补充鱼必需的营养物质，促进鱼健康生长。三是增强机体的抗病力和免疫力，提高饲料利用率。四是预防应激，增强对台风、暴雨、气温骤变、转池和运输等环境胁迫时的抗应激能力。五是保护肝脏，促进营养转化率。减少体内病原菌，减轻肝脏负担，增强肝脏营养代谢功能。六是功能性多糖具有增强动物免疫力、降低疾病死亡率和促进生长等作用。甘蔗废糖蜜与饲料的完美结合，可以预防养殖动物疾病，由此加工制作的食物更加健康，解决了我国面临的一大问题，即畜禽水产动物疾病能够得到有效的预防和控制，从而最大限度地发挥动物品种和饲料的生产潜力，具有广阔的发展前景。

白白胖胖健健康康的动物

为了降低糖尿病和肥胖症的发生率，含糖的饮料甚至被国家行为错当“众矢之的”。这是不是意味着喝了含糖的饮料就一定会得糖尿病呢？答案是两者并没有直接关系（参见《糖友恋上蔗 健康不碍事》）。俄罗斯总统普京签署了一项法令，规定从2023年7月1日起，政府对含糖饮料征收每升7卢布的消费税。泰国政府决定对含糖饮料的加税政策推迟到2023年3月，给含糖饮料制造商更多时间调整配方。新加坡从2023年底开始，禁止糖分和反式脂肪含量较高的饮料进行广告宣传。国外的这些措施在一定程度上过于严苛，在这里需要重申，饮用含糖的饮料并不是造成糖尿病的元凶。谈到含糖饮料，那就不得不提到用甘蔗制成的饮品，如甘蔗果酒、朗姆酒、啤酒等。甘蔗与百香果、芭蕉等制成的复合果酒，不但风味更佳，而且其中包含了大量人体需要的如天冬氨酸、谷氨酸等多种氨基酸；甘蔗糖蜜发酵蒸馏而成的朗姆酒，具有丰富的营养价值，甘蔗中含有的维生素B_1能够维持神经细胞的正常活动，从而改善精神状况；甘蔗酒还具有润肠、通便、补血等功效，这是因为甘蔗富含纤维和铁，纤维能促进胃液和消化液的分泌，而铁能促进血红蛋白的产生，增强造血功能。受新冠肺炎疫情的影响，我国糖料产业面临严峻的形势，进口糖和进口糖浆快速增加，稳糖业产能的努力遭遇进口冲击。甘蔗作为主要的糖料作物，其制成的糖浆是含糖饮品中不可或缺的部分，而且不能让种甜甜的甘蔗的农民苦了心，由此带给我们一个启示，该如何将甘蔗含有的成分加入合适的配方中制作成健康的饮品？这是甘蔗科学研究的一个热点。甘蔗制成的饮品对人体的好处远不止这些，想想我们是否都尝过美味又健康的甘蔗药饮呢？

年产蔗糖百万吨，
农民心里却不甜

黄元御在《玉楸药解》中这样写道："蔗浆，解酒清肺，土燥者最宜，阳衰湿旺者服之，亦能寒中下利。"甘蔗有着"天然复脉汤""脾果"等美誉，不仅是冬令佳果，还是强身健体的良药。我国古代医学家还将甘蔗列为"补益药"，可见，古人对甘蔗给予了极高的评价。此外，不少学者在甘蔗中提取到有效成分，具有许多功效，比如纤维素、碳水化合物、维生素C及多种有机酸等。因为甘蔗纤维很多，反复咀嚼时可将残留在口腔及牙缝中的脏东西清理干净，从而能提高牙齿的自洁和抗龋能力；维生素C可以很好地抑制皮肤黑色素的形成，帮助消除皮肤色斑，润泽皮肤；而其中的有机酸则可以缓解疲劳。甘蔗果真全身都是宝。从古至今，甘蔗在我们生活中充当了重要角色，其价值一直是中国热带农业科学院/福建农林大学阙友雄团队共同研究的热点。我们真诚地希望能同广大科研工作者一起关注和发掘甘蔗的药用价值，让甘蔗隐藏的功效揭秘于大众，让越来越多的人知道甘蔗的好处，享受甘蔗的益处。

撰稿人：刘俊鸿　张　靖　苏亚春　吴期滨　罗　俊　阙友雄

漫画 3 蔗些妙用
甘蔗和糖的那些事
唉，蔗宝，我感冒发烧，一直睡不好觉……
别担心，我熬了些蔗浆小米粥，驱寒养胃，十分有效。

太好啦，甘蔗富含的碳水化合物能为人体供给能量，健胃健脾，驱风散寒，可是滋补的良品！
舒服多啦！

红糖
乙醇燃料
复合板材
还有这些用途呀
造纸
制药
饲料

蔗浆甘如饴 渣滓多妙用

甘蔗是重要的糖料作物，我国使用甘蔗制糖的历史已延续了两千多年，我国亦是最早使用甘蔗制糖的国家之一。东汉杨孚《异物志》中记载："榨取汁如饴饧，名之曰糖，益复珍也。又煎而曝之，即凝如冰，破如博棋，食之，入口消释，时人谓之石蜜者也。"西汉时期，刘歆《西京杂记》亦曾述及"闽越王献高帝石蜜五斛"。所谓石蜜，即是指以甘蔗为原料制成的固态制品，但当时人们对于甘蔗制糖后剩下的渣滓未有充分利用的意识。据记载，清代潮汕人用废弃的蔗渣为燃料烟熏鸭肉，味道出奇的好，深受人们喜爱。这时人们对蔗渣的利用有了新的探索。

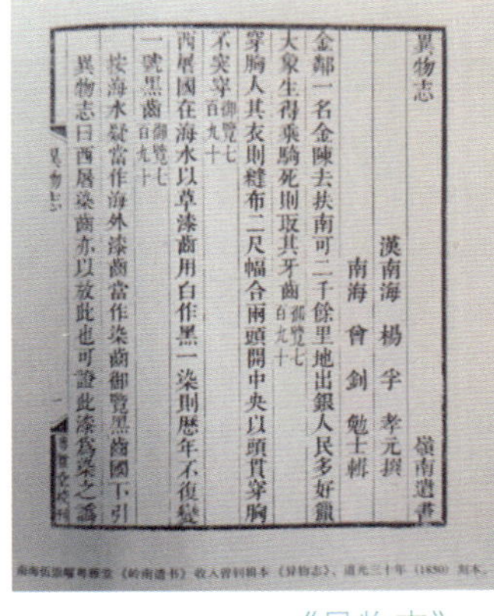

異物志　嶺南遺書

漢南海 楊孚 孝元撰

南海 曾釗 勉士輯

金鄰一名金陳去扶南可二千餘里地出銀人民多好獵大象生得乘騎死則取其牙齒 御覽七百九十

穿胸人其衣則縫布二尺幅合兩頭開中央以頭貫穿胸不突穿 御覽七百九十

西屠國在海水以草漆齒用白作黑一染則歷年不復變一號黑齒 御覽七百九十

按海水疑當作海外漆齒當作染齒御覽黑齒國下引異物志曰西屠染齒亦以放此也可證此漆爲染之譌

南海伍崇曜粤雅堂《岭南遗书》收入曾钊辑本《异物志》，道光三十年（1850）刻本。

榨取汁如饴饧，名之曰糖，益复珍也。

《异物志》

甘蔗产业循环经济的发展，必须做到经济生态两手抓，蔗糖蔗渣两不误。蔗渣的科学合理利用，有望提升甘蔗循环产业链的增加值。蔗糖产业中，每生产1吨蔗糖就会产生2 ~ 3吨蔗渣，如果没有进行统一加工再利用，直接扔掉或倾倒在河道里，这些处理不当的蔗渣会造成部分地区环境污染问题。另外，蔗渣打包、蔗渣除髓以及备料间、甘蔗渣堆场等制糖产业的某些环节和空间，也可能存在粉尘污染的风险。由于榨糖后的湿渣还有约2%剩余糖，储存时霉菌等微生物活跃，使蔗渣变质、发酵甚至霉烂，而在运输和加工过程中蔗渣粉尘弥漫，作业人员会接触到大量的蔗尘和病原微生物，容易引起蔗尘肺。20世纪80年代在广西某糖厂发现21例蔗尘肺患者，同期珠海市发现蔗尘肺患者5例，但近20年未见过蔗尘肺或在制糖造纸行业因环境污染致病的案例报道。浙江温岭市蔬菜管理办公室主任深入践行"绿水青山就是金山银山"的环保理念，带领当地居民

甘蔗渣厂家供应的混合渣

将食用、加工后的蔗渣变废为宝，让原本废弃田头的蔗渣转变成了有机肥、奶牛饲料等，在农业技术进步的同时，为农民解决了实际问题，走上高质量绿色发展之路。

那么，蔗渣又有哪些用途呢？该如何处理才不会造成资源浪费呢？蔗渣是制糖工业的主要副产物，不仅含有40%～50%的纤维素和25%～30%的半纤维素，还包括木质素和蛋白质等成分，是一种重要的可再生生物质资源。随着现代科学技术的进步，以及生物质转化利用工程技术的不断发展，人们发现，将蔗渣应用于高附加值产品的生产，可满足产业化所需的原料集中性、连续性和均一性要求。目前，蔗渣已经在制浆造纸、动物饲料生产、吸附材料制备、高密度纤维板材合成、生物质燃料开发、食用菌栽培、生物化学液化、功能性产品开发等方面获得了高值化的综合利用。几种最主要的应用场景概述如下：

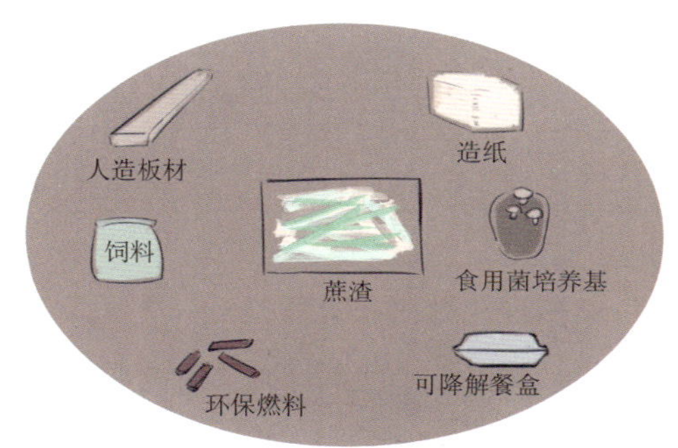

蔗渣的综合利用

蔗渣可作为高价值的饲料资源。蔗渣纤维成分丰富，经过适当加工处理，如糖化、青贮等，可作为良好的饲料原料。研究表明，蔗渣中约含有2%的粗蛋白，不仅能够满足牛、羊等反刍动物的需求，且槲皮素高达470毫克/克，可以对食源性致病菌（如大肠杆菌和金黄色葡萄球菌等）产生明显的抑制作用，有效提高牲畜的免疫力。此外，将蔗渣与废弃菜叶组合利用，可作为一种优质的饲料。而利用膨化蔗渣替代玉米秆青贮作为粗饲料制成的饲料品质高、安全性好、干净清洁、卫生环保，且保存时间长、饲养效果好、饲养成本低，可以极大地提高养殖业的经济效益。

牛羊养殖场使用蔗渣处理后的饲料

蔗渣可作为可生物降解制品的原料。在线外卖餐饮市场的发展，导致一次性餐具的使用量剧增。据环球时报的调研估算，我国外卖产业一天消耗的一次性塑料餐盒超过6 000万个，外卖使用的塑料制品材质多为聚丙烯和聚乙烯，回收利用率极低，且难以降解，增加了环境保护的压力。2020年1月，国家发展改革委和生态环境部联合发布了新版“限塑令”，计划在2025年前利用可降

解餐具替代传统一次性塑料餐具的比例达到30%以上，开发利用可降解的环保餐具是必然趋势。有研究发现，与其他材料制造的餐盒相比，利用蔗渣和竹纤维生产的可降解餐具的耐水和耐油性能优异，且在土壤中的降解性能好，60天的降解率就可以达到50%左右。因此，甘蔗渣等天然生物质材料的充分利用，具有良好的发展前景，在实现环保理念的同时，还降低了生产成本。

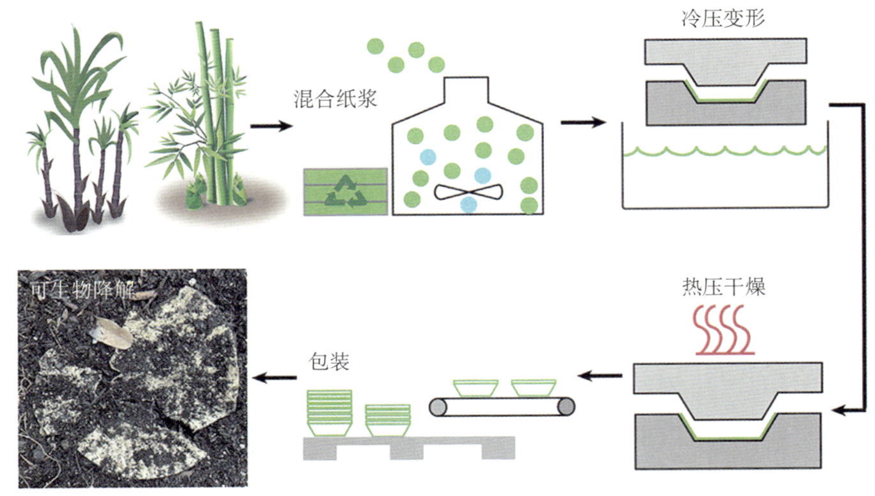

使用甘蔗渣和竹纤维生产可生物降解餐具的模塑纸浆，作为食品工业用塑料的替代品（Chao et al.，2020）

甘蔗渣作为原料制备高密度复合材料。蔗渣是生产高密度纤维板的理想原料。我国的蔗渣纤维板产业，经历了由碎粒板到高密度纤维板的演变。蔗渣具有良好的延展性，制成的板材符合高密度板材的要求特性，阻燃性能良好、耐腐蚀，获得了家具、建筑、车厢、船舶、包装箱等行业的青睐。1928年，我国台湾以蔗渣为原料生产轻质蔗渣纤维板，这是我国最早利用农作物加工废弃物生产人造板的报道。1990年4月，广东省市头甘蔗化工厂（前身为市头糖厂）引进联邦德国辛北尔康普（Siempelkamp）公司蔗渣中密度纤维板生产的成套设备和成熟技术，建设了我国首家蔗渣中密度纤维板厂。此外，根据最新的一项研究报道，以蔗渣为增强材料在复合材料生产领域的应用有了新的进展。研究发现，采用熔融共混法，以塑料袋为基体，蔗渣纤维为增强填料，可以制备绿色复合材料。测试结果表明，蔗渣纤维的加入有效提高了复合材料的刚度，同时，通过碱处理对纤维的改性，降低了复合材料的模量和吸水率，进一步提高了复合材料的机械强度。由此可知，在包装领域，改性蔗渣高密度聚乙烯塑料可以用于生产高质量的绿色复合材料。

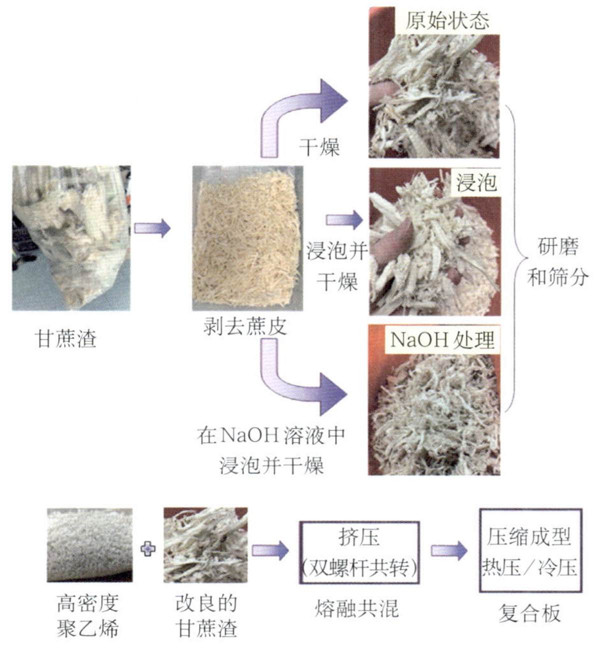

蔗渣纤维的改性过程
(Chen et al., 2021)

甘蔗渣制备高性能吸附材料。蔗渣是制备活性炭和重金属离子吸附剂的良好原料。活性炭是一种粉末状或颗粒状的黑色固体，孔隙发达，吸附能力极强，在环保、化工、食品和医药等多领域广泛应用。活性炭多样化利用渠道的开拓，是打造新型绿色可持续发展农业的重要途径。因此，蔗渣作为可再生清洁型生物质材料，以其为原料制备用于缓解水污染的活性炭吸附剂，是如今常见的生物质资源化利用途径。水体重金属污染问题日趋严重，蔗渣通过螯合反应，可生成吸附水中重金属离子的吸附剂，经济有效且对环境友好。这不但遵循循环经济的原则，还解决了环境污染问题，符合“废物利用，以废治废”理念。

废物利用，以废治废。

蔗渣可用于燃料乙醇的开发。生物质及其废弃物是理想的能源和碳基化学品来源。以蔗渣为原料，所生产的燃料乙醇能带来“经济+生态”的双重效益。第二代燃料乙醇的基础原料是生物质，即蔗渣、废弃的玉米秸秆和其他类型的木质或纤维质材料。蔗渣中的纤维素经过酶解作用转化为糖，再经发酵生成乙醇，排放性能好、动力性能高、积碳排放少、储运方便，能够满足汽车行业对燃料的需求，且产生优异的环境效益，受到世界上大多数国家和地区的青睐。同时，蔗渣原料集中，储藏和运输都较为方便，适于作为燃料酒精的原料。

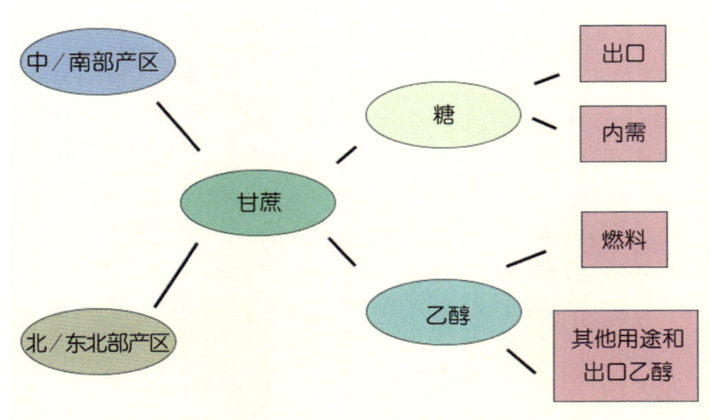

制糖行业和能源行业的联系

全球能源供应面临重大挑战，发展低碳新能源成为一种主流趋势。油价的上涨，使消费者倾向于使用乙醇燃料，对于甘蔗加工厂而言，蔗渣制乙醇的比重逐步增加的动力强劲。另外，在新能源汽车领域，市场上还存在油和乙醇的双混合搭配方式，增加了乙醇的需求量，扩大了蔗渣制备燃料乙醇的生产规模。2018年，丰田推出了可使用汽油和乙醇的混合动力汽车，若大规模进行推广，预计到2050年，二氧化碳排放量将比2010年减少90%。可见，蔗渣生产燃料乙醇有望成为助推新能源产业发展的重要动力。

新能源汽车

蔗渣是制糖工业的副产物，具有广阔的利用前景。从被当作垃圾随意丢弃到如今的高值化利用，蔗渣已逐渐显示出其较高的综合价值。将废弃蔗渣效益最大化，是蔗渣资源开发利用的一种有效途径，值得众多科研工作者进一步探索其更广泛的开发利用空间，挖掘其更多的潜在优势。生活在地球上的我们，一定要秉持循环经济理念，以科学技术的发展和工艺的革新为抓手，以资源的高效和循环利用为原则，推动蔗渣综合绿色循环再利用更上一层楼，达到生态效益、经济效益与社会效益的一体化，为未来的美好生活增色添彩。

撰稿人：陈　瑶　赵振南　黄廷辰　苏亚春　吴期滨　李大妹　许莉萍　阙友雄

能源酿危机 甘蔗赋转机

杜甫在《清明二首》诗中写道“旅雁上云归紫塞，家人钻火用青枫”，形象地描述了古人钻木取火的情景。火的发现和利用，使人类走向文明和进步，也让人们在认识和利用能源上不断取得突破。在180多万年前，人类已经具备了利用天然火种的能力。20世纪30年代，在北京周口店遗址，我国古人类学家发现了用火遗迹；而后，60年代又在云南元谋人遗址、山西西侯度遗址等再次发现了人类用火的证据。人类对生物能源的发掘和利用，最早可追溯到“钻木取火”和“伐薪烧炭”。

原始人生火

植物是自然界中的生产者，亦是人类最早利用的生物能源。“火”燃烧的载体是物质，通常意义上，这指的是自然界中的有机物质。“光能”是生物能源合成的前提，也就是说，只要太阳照常升起，生物能源就是取之不尽、用之不竭的，是真正意义上的“野火烧不尽，春风吹又生”。生物能源又称绿色能源，其转化过程是绿色植物通过光合作用将二氧化碳和水合成生物质，在其使用过程中又产生二氧化碳和水，形成一个物质的循环。理论上，生物能源的使用过程中，二氧化碳的净排放为零，对环境的污染非常小。作为一种可再生的清洁能源，生物能源的开发和利用，不仅符合科学发展观的可持续和循环经济理念，更符合我国的现实发展国情。毫无疑问，利用各种高新技术策略和手段开发利用生物能源，是当今世界大多国家能源战略的重要内容。

生物能源循环

可再生能源将成为全球能源增长的主力军。生物能源中，能够生产乙醇燃料的作物是最受关注的。根据《世界能源发展报告2021》的报道：“2021年是中国‘十四五’规划的开局之年，世界能源蓝皮书认为，中国能源行业将迎来发展的新征程。预计2021年中国非化石能源消费总量将达到52亿吨标准煤，水电、核电、生物质能发电继续保持增长，分布式光伏发电快速发展，各种新

能源技术也将以信息化平台为支撑在‘十四五’期间获得突破。”此外，2020年全球多数国家和地区的电力行业经受了半个世纪以来最大的挫折，传统发电量被可再生能源压缩7%。其中，燃煤发电量下降约5%，核发电量下降4%。2020年以来，受到突发事件严重影响，石油价格飞涨，在这种情况下，我国对生物能源的需求也日益增长，生物能源备受关注。

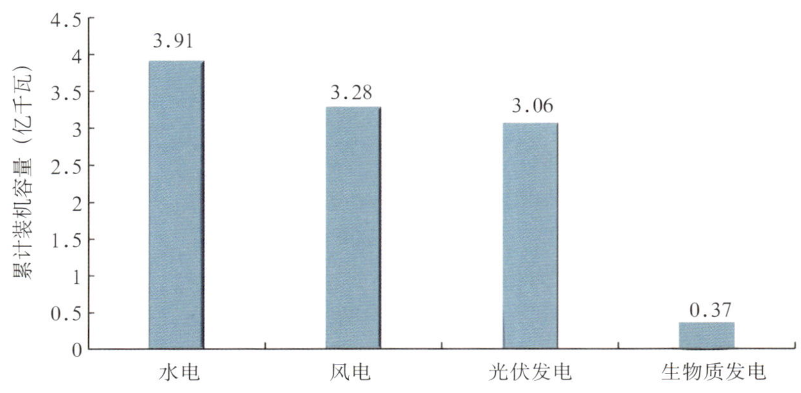

2021年我国可再生能源累计发电装机容量

甘蔗生物能源有着巨大的发展空间。甘蔗是一种多年生、热带和亚热带糖料作物，主要用于制糖，蔗糖约占全球食糖总产量的65%。作为一种典型的C_4植物，甘蔗是目前已知作物中生物产量最高、太阳能转化效率最佳的作物之一，其日生物量积累可达550千克/公顷。生物燃料可分为三种——第一代、第二代和第三代。第一代生物燃料以糖、淀粉、植物油或动物脂肪为原料，采用传统技术生产，又被称为初级生物燃料。鉴于其原料也是食物的来源，“食物还是燃料”成为一个重要命题。相对的，第二代和第三代生物燃料又被称为高级生物燃料。第二代生物燃料以木质或纤维生物质为原料，生产过程较为复杂。与第一代生物燃料相比，第二代生物燃料能节省更多的温室气体排放。第三代生物燃料来源于藻类中藻糖的发酵。甘蔗的生物产量最高，每年可达39吨/公顷，其次是芒草，可达29.6吨/公顷，玉米则为17.6吨/公顷。此外，甘蔗的平均干木质纤维素年产量约为22.9吨/公顷，某些甘蔗品种的生物产量甚

甘蔗乙醇动力足

至每年可达到80 ~ 85吨/公顷。近年来，甘蔗被越来越多地作为第二代生物燃料的原料，即基于木质纤维素的燃料。因此，甘蔗是一种具有重要经济价值的生物能源作物，占全球燃料乙醇产量的40%。

甘蔗作为生产乙醇燃料的优势在哪里呢？甘蔗光合效率高，生长速度快，生物产量高，是生产生物乙醇的能源作物中的佼佼者。甘蔗耐旱性好，对不同地理环境的适应性广。一般而言，作物在缺水地区难以保持高产稳产，而甘蔗却可以比较容易做到。在我国，80%种植甘蔗的田块没有灌溉条件，甘蔗在缺水的土壤条件下，却可以保持良好的适应性，正常生长发育，收成有保证。甘蔗为多年生草本植物，一次种植可收获多年，一般宿根2 ~ 5年不减产，这不仅与一年生作物相比具有明显优势，还有利于环境保护。此外，甘蔗具有高净能比的特性，单位面积乙醇/酒精产量明显高于其他作物。

甘蔗具有高净能比

作物	净能比
甘蔗	1.90 ~ 2.70
甜菜	0.56
玉米	0.74
木薯	0.69 ~ 0.35
甜高粱	1.00

数据来源：中国知网。

甘蔗具有较高的酒精产量

作物	作物产量（吨/公顷）	酒精产率（升/吨）	酒精产量（升/公顷）
甘蔗	40 ~ 120	70	2 800 ~ 8 400
木薯	10 ~ 40	180	1 800 ~ 7 200
甘薯	10 ~ 40	125	1 250 ~ 5 000
甜菜	10 ~ 40	120	1 200 ~ 4 800
甜高粱	20 ~ 60	55	1 100 ~ 3 300
玉米	1 ~ 4	400	400 ~ 1 600

数据来源：中国知网。

甘蔗作为生物燃料能源在中国发展有着广阔前景。目前，世界上有100多个国家种植甘蔗，中国是较大的甘蔗生产国之一。在中国，甘蔗主要分布在热带和亚热带地区，其中广西拥有全国近70%的甘蔗种植面积，其次是云南、广东和海南。大多数研究认为，以甘蔗为乙醇的生产原料更符合我国的地理条件，因此乙醇在生物能源方面的发展潜力是不容忽视的。此外，中国有着和巴

西相似的地理环境，有着得天独厚的自然条件资源，与其他作物相比，发展甘蔗作为能源作物具有更为明显的优势。但是，与巴西、美国和印度这些国家相比，中国能源甘蔗的研究起步相对较晚。在科研人员的努力下，目前我国已取得一定的进展，一批优良能源甘蔗新品种和一批优良材料已被选育和储备，一旦发展生物燃料的时机成熟，甘蔗生物燃料的发展即有望快速推进和发展。福建农林大学国家甘蔗工程技术研究中心选育的福农91-4710和福农94-0403这两个能源与蔗糖两用甘蔗新品种，新植蔗和宿根蔗平均每公顷蔗茎产量分别达128.3吨和129.5吨，平均公顷可发酵糖量分别高达46.18吨和46.69吨。广西甘蔗研究所育成的能源与蔗糖兼用甘蔗新品种桂糖22（桂辐97-18），平均每公顷蔗茎产量为121吨。另外我国甘蔗科研机构也通过生态适应性试验和评价，鉴定了能源专用或能糖兼用甘蔗品种对地理气候和土壤的适应性及丰产性、宿根性和抗逆性；同时，通过试验、示范，优化植期、合理密植、配方施肥、节水灌溉、病虫草害防控、适期收获及多年宿根栽培等单项技术，组装、集成和配套形成了可供大面积推广应用和产业化开发的高效、低耗能源甘蔗生产技术规程。以上研究，为我国能源甘蔗产业的发展提供了强有力的理论和实践基础，无疑是极其重要的技术储备。

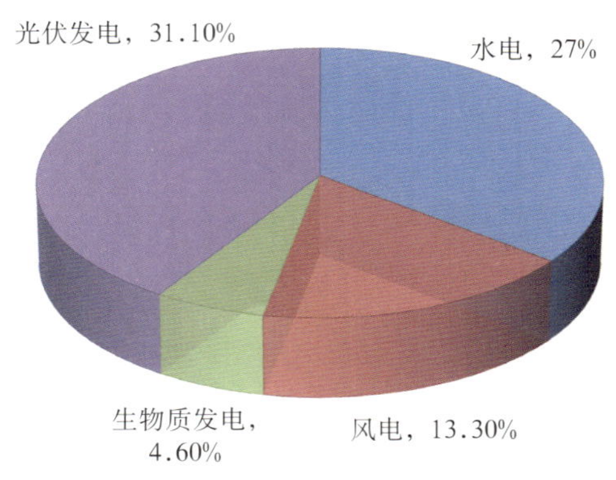

2021年我国可再生能源发电装机容量占比

甘蔗作为生物燃料，势必会影响蔗糖产量，因此协调好甘蔗糖业和甘蔗乙醇产业之间的平衡十分重要。在此方面，可参考巴西的糖能联产发展模式。为了满足国内外的乙醇/酒精市场需求，巴西大力发展甘蔗酒精产业。与此同时，巴西的食糖生产，仍然能够保持世界食糖供应的领先地位。我国可以通过借鉴巴西的发展模式，来有效平衡我国食糖产业发展与甘蔗能源产业之间的关系。首先，在国家农业产业发展规划基本盘下，尽量扩大甘蔗种植面积，投资建设新的糖厂和酒精厂；另外，大力加强优良甘蔗品种选育，提高甘蔗产业的生产力。其次，实行蔗糖-酒精-热电联产，不断拓展其综合利用；同时，不断改进适用燃料酒精的汽车发动机，从汽车产业端助力生物能源产业。最后，政府可以制定并推广相应的优惠政策，结合当地特色，因地制宜，鼓励企业建设乙醇生产加工厂，完善产业链，确保农民得到最大利益，使农业增产、农民增收、产业增税。但是，目前情况下，我国食糖供应不足，尚需进口补充，甘蔗生产只能优先保证食糖供应，至于甘蔗生物能源，只能储备技术，一旦时机成熟，即可以快速优化和完善产业链。

“危机危机，危中有机”，全球能源危机中，蕴含生物能源发展契机。福建农林大学曾经在国内首倡能源甘蔗研究，在主持国家“九五”甘蔗育种科技攻关期间，首次将“高光效、高生物量育种”列入攻关内容，在能源甘蔗品种选育、栽培和推广上取得了良好进展，在应对全球能源危机方面，有力赋能农业生产及生物能源应用。在此，我们愿同广大科研工作者一道，积极投身生物能源产业的理论研究和产业实践！

撰稿人：王东姣　赵振南　苏亚春　吴期滨　李大妹　许莉萍　阙友雄

精准大潮流 蔗园新趋势

中华文明以农而立其根基，因农而成其久远。纵观历朝历代，农业兴旺、粮食充裕，则国泰民安、衣食无忧。“务农重本，国之大纲”，古人曰，“古先圣王之所以导其民者，先务于农”“农，天下之本，务莫大焉”。《尚书·尧典》曰“食哉唯时”；先秦诸子曰“不违农时”“勿失农时”，重视气候对作物生产的影响；《吕氏春秋·音初》曰“土弊则草木不长”，古代人民意识到用地和养地要相结合；《吕氏春秋·任地》还明确指出“地可使肥，又可使棘（瘠）”；《韩非子·解老》曰“积力于田畴，必且粪灌”，即采取多种手段来改良和恢复地力，培肥土壤。此外，王祯的《农器图谱》收录了100多种农具，为农业生产技术奠定了基础。在长期的农业生产实践中，我国智慧的劳动人民采取了很多方法来提高农业生产力。

《吕氏春秋·音初》

精准农业（precision agriculture，PA），又名精确农业、精细农业，是一种将信息技术与农业生产相结合的新型农业，也是第四次农业技术革命的核心。20世纪80年代初，PA的概念首先出现在美国。该概念的来源得益于全球定位系统（global positioning system，GPS）的启发，一方面，对农作物实施精准的定位管理，并根据实际需要进行变量投入；另一方面，根据信息、生物和工程三大技术，建立一套现代农业生产管理系统，其中信息技术主要包括遥感（remote sensing，RS）、全球定位系统（GPS）、地理信息系统（geographic information system，GIS）和变量控制技术(variable rate technology，VRT) 等；生物技术主要包括基因工程和细胞工程；而工程技术则囊括农业机械化和作物收获加工等技术。

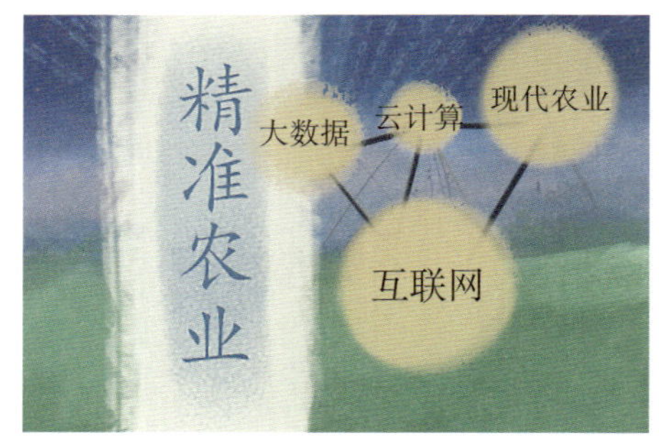

以物联网、大数据、移动互联、云计算技术为支撑和手段的精准农业

精准农业是全球农业发展的潮流，更是提高农业生产力，实现我国农业现代化的必由之路。精准农业可以通过监控农作物生长发育过程中的需求来实

现精准补给。在农作物种植过程中，依托包括精确播种、水肥一体化、土壤肥力探测、气象预报和病虫害防治等精准的管理技术，可以有效实现土地面积、土壤墒情及其肥力等农业生产资源的合理分配与利用，并提高农业生产力。此外，精准农业还能保护自然生态环境，例如，精准的水肥管理，不仅能节约水资源，还可以保护土地资源、防止水体富营养化、减少农业面源污染；又如，精确的病虫草害管理，可以实现对症下药，减少化肥农药的滥用，从而发挥保护生物多样性和保障农产品质量安全的作用。同时，一旦能够精准地分析地理环境的状况，就能因地制宜实施农作物的种植计划，实现特色产业、观光农业的科学发展，促进现代农业的多元化。在大数据和物联网的支持下，精准农业可以为种植方案的改进、农产品品质的改善，以及投入产出比的优化等提供大量有用信息。综上所述，精准农业是农业可持续发展的有效途径，是实现优质、高产、绿色、环保农业模式的最佳依托。现代农业的主要发展目标也终将是以机械化为主体、数字化技术为凭依的精准农业。

精准农业

从全球范围看，精准农业的发展水平参差不齐，只有少数国家的精准农业模式已走向成熟。在以色列，精准农业以节水灌溉、水肥一体化为基础，并以其特有的精准滴灌技术，实现了“沙漠变绿洲”的奇迹。在美国，精准农业的技术体系已高度市场化，主要以农场规模化实施为代表。目前，80%以上的美国农场都能采用GPS自动导航、物联网、变量作业等精准农业技术。1837年，铁匠约翰·迪尔（John Deere）创立了约翰迪尔公司，目标是为农场主提供配套设备及技术服务，设计并制造出世界上首台耕地时不会粘连泥土的钢犁。凯斯纽荷兰公司（CASE IH-NEW HOLLAND）是当今世界较大的农业机械制造公司之一，长期致力于精准农业和无人驾驶，提高了生产力水平，充分发掘了生产潜力，其中农用拖拉机和联合收割机的全球销售量第一。该公司在中国推广的农业机械品牌主要为凯斯（CASE IH）和纽荷兰（NEW HOLLAND）。产品涵盖拖拉机、联合收割机、采棉机、葡萄收获机、甘蔗收割机及各种牧草机械等，能够为用户提供全面完整的产品线，充分满足不同农

业的生产需求。在德国，农机由大数据和人工智能控制，可以实现精准种植作业以及精准灌溉施肥。比如，德国阿玛松（Amazone）公司研制的牵引式变量撒肥机，配备有多种农用传感器，能够在实时采集农作物生长数据的基础上，快速计算出最适于农作物生长的施肥量。在日本，变量精准施肥、农机智能化水平和机器人作业等方面取得了重大成果，这有赖于公共平台上运行的全国性农业数据，包括土壤、气象、生长预测和农机作业等。在意大利，基于遥感、导航等空间信息技术，农场采用智能化农机装备自动控制系统，实现了农业精准化。在英国，将定位、自动导航、传感识别、卫星监测、电子制图、智能机械等技术集成于一体，针对智能农机、导航、精准作业等方面进行系统研究，实现了农业精准作业及变量施肥施药，并建立了国家精准农业研究中心。

约翰迪尔联合收割机、自走式喷药机

凯斯 AFS® 远程信息处理系统和设备监控系统

中国的传统农业对于“精”有深刻的认识与经验。我国古代农业特点是精耕细作。与传统精耕细作不同，现在所讲的精准农业是以信息技术为支持的。20世纪90年代，中国也开始关注精准农业的应用研究。1998年，中国农业大学成立了国内首个“精细农业研究中心”，该中心主要针对3S（GPS、GIS和RS）农业技术、土壤参数测量与传感技术、光谱分析和智能农机技术等的应用与开发。同时，我国还于1998年建立了“北京小汤山精准农业示范基地”，这也是我国建立的第一个精准农业技术研究示范基地，2001年被科技部等6部委命名为北京昌平国家农业科技园区（试点），2010年通过验收。2015年，北大荒集团建设了国家级精准农业示范基地。目前，北大荒七星、红卫等农场全面实施农业无人化种植，耕地、播种等环节进行无人驾驶作业，智能化、远程化实时监控农业生产，提高了农业效率和种植效益，开创了未来农业新模式。同时，在新疆、吉林等地区也建立了许多精准农业试点示范基地，并且取得了很好的效果。

新疆棉花精准播种与收获

随着农业科技水平的不断提高，在精准施肥方面，我国已经研制出冬小麦精准变量施肥机、水稻地表变量施肥机等智能化装备；安装全球卫星定位自动导航系统的水肥一体农机也开始获得普遍使用。在精准灌溉方面，借鉴国外先进技术，原始创新和集成创新并重，也有了较大的发展，如中国农业科学院研制出现代信息感知变量精准灌溉系统，山东博云农业研发的节水灌溉、水肥一体化、无土栽培、水雾喷药等技术已投入使用，另有自主导航喷雾机器人在果园中得到广泛应用，实现了无人精准喷雾作业。在精准播种方面，罗希文院士团队研发的“三同步”水稻精量直播技术已在国内外地区推广应用，新疆地区根据北斗卫星导航实现了棉花种植中的精准播种、覆膜和覆土，控制航向误

气吸式免耕精量播种机

差小于2.5厘米。在病虫草害防治方面，植保无人机的使用，给病虫草害的精准管理插上了一双飞翔的翅膀。目前，我国植保无人机的装备总量和作业面积达到全球第一，飞防技术也达到了世界领先水平。在大田作物收获上，潍柴雷沃智慧农业研发出雷沃谷神收获机、雷沃拖拉机等现代化农机装备，实现了作物精准化收获；在蔬菜、水果的精准采收中，甘蓝智能无人化采收、温室番茄机器人采摘等正逐步推广应用。

精准农业在甘蔗产业上的应用，有望极大提高甘蔗的生产力与经济效益。甘蔗在形态特征方面与小麦、玉米、水稻等作物有明显的区别。甘蔗生长周期长，植株高大，高达3～5米，茎叶长约1米，种茎催芽播种，需培土、灌溉施肥和除草等管理，收获时需要大量人力、物力。于是，大力发展甘蔗机械化，能解放大量劳动力，提高生产效率。但仅单一提高机械化水平还远远不够，近几年，在精准农业新趋势的驱动下，国外一些发达国家已将精准农业应用到了甘蔗产业中，有效解决了生产效率低、耗能高，以及甘蔗种业“卡脖子”问题，促进了甘蔗产业可持续发展。纵观世界主要蔗糖生产大国，如巴西、澳大利亚、美国、泰国等已基本实现甘蔗生产良种化、规模化、信息化和全程机械化精准作业。美国利用卫星遥感技术来评价耕地质量、预测甘蔗产量、监测甘蔗长势动态以及常见农业灾害。澳大利亚利用GIS技术对土壤精准分析，建立了科学的土壤模型；采用大数据计算，深入了解蔗地环境，建立了理论水文模型，有效指导甘蔗生产。此外，利用大数据充分分析蔗地自然生产条件，精准选择高糖、高产、抗逆性强等良种，可引领甘蔗精准农业可持续发展。显然，精准农业技术在甘蔗产业中的应用可以提升蔗田管理水平和生产效能，促进甘蔗现代化精准管理。

植保无人机

我国甘蔗的机械化生产在持续推进，有效助力了甘蔗产业精准高质量发展。随着我国机械化水平的不断提高，互联网+农机+农艺的精准现代农业技术是我国发展甘蔗生产机械化的新趋势。甘蔗收获机产品的研发开始面向智能化、自动化、专业化方面发展。5G、卫星定位与遥感等技术逐步与智能收获机、拖拉机、播种机等甘蔗农机相结合，实现甘蔗作业无人化、精准化；已初步采用GIS技术，根据气象数据和冻害指标建立了冻害指标空间模型，以减少自然灾害对甘蔗生长的影响；使用装配可见光影像技术的无人机，能够精准检测甘蔗的长势状况，汇总数据为甘蔗生长管理提供有效参考。甘蔗智慧农业气象大数据系统也逐步得到开发应用，通过甘蔗种植区农业气象自动观测数据，开展甘蔗气象灾害、长势状态和产量监测评估以及主要病虫害监测和气象条件预报等，对甘蔗生产中的问题提供及时有效的解决方案，达到合理利用农业资源、降低甘蔗生产成本、改善生态环境的目的，实现甘蔗可持续高质量发展。

人工收获甘蔗与甘蔗收割机收获甘蔗

俗话说，“中国的甘蔗看广西。”广西是中国的“糖罐子”，其甘蔗种植量和产糖量位居全国第一。广西的“双高”糖料蔗基地，在生产规模化、种植良种化、生产机械化、水肥精准化上取得了明显成效。广西凯利农业有限公司为甘蔗“双高”基地量身定制了一套水肥一体化和测土配方定向精细施肥的管理体系，实现了精准浇灌和定向施肥。广西扶绥是全国首个甘蔗生产全程机械化示范县，拥有甘蔗核心示范区5万亩，综合机械化率达97%以上，形成了一套完整的机耕、机耙、机开沟、机培土、机收、机上车等甘蔗农业现代化模式。广西象州的蔗农们开始使用北斗导航辅助的驾驶系统，利用卫星定位导航系统指引，开展无人驾驶拖拉机作业，进一步推动甘蔗精准种植。广西南宁钛银科技有限公司研发制造出整秆式甘蔗收获机，实现了集甘蔗切割、输送、泥土分离、剥叶等于一体的首个系统新技术作业，助力甘蔗精准收获。柳工农机公司针对广西丘陵地形、小地块、坡度大、雨季长等作业条件而研制的新产品——4GQ-180切段式甘蔗收获机（履带式）性价比高，辅以国家糖料产业技

术体系张华研究员研发的农机农艺配套技术，采收效率非常高，形成了廖平农场模式，广受追捧，“铁牛”“啃”甘蔗，“吸睛”又“吸粉”。国内外众多公司研制的整秆式、切段式甘蔗收割机，你方唱罢我登场，各显神通。精准农业技术在甘蔗产业上有很大的应用前景，不久的将来，精准农业技术或覆盖甘蔗耕、种、管、收全过程，实现精准无人作业现代化甘蔗园生产。

无人拖拉机甘蔗种植作业

甘蔗精准节水滴灌

甘蔗高效节水喷灌

依托精准农业，阔步迈向甘蔗智慧农业。“线上甘蔗农场种植”模式或将不再是梦想，我们只需要一台电脑或一部手机，动动手指、点点屏幕，随时随地查看甘蔗的生长状况，App软件管家帮助我们精确计算出甘蔗的施肥、灌溉和喷药需求量，实现甘蔗种植、管理、收获甚至加工全过程的无人化作业，未来可期。但是，我们应该清醒地认知到，我国的精准农业起步较晚，尤其是以信息化技术为支持的甘蔗精准农业，还有很大的进步空间。人工收获费用占蔗农收入的比例高达1/3以上，因此机收是甘蔗生产全程机械化中最为重要的一个环节，也是甘蔗行业发展面临的最大瓶颈。“十三五”期间，我国甘蔗机收率仅从0.75%提高到约5%，然而同期我国甘蔗收获机具保障强而有力，数量快速增加，且大部分为国产。为何收获机数量的提升没能更有效地转化为机收率的提高？难点在哪？痛点是什么？该如何破解？我们真诚地希望各行各业的专家同仁们能够齐心协力、共同努力，参与到甘蔗的精准播种、精准施肥、精准病虫害防控以及高效机械化收获等工作中，实现以精准农业技术为核心的现代化甘蔗种植！

撰稿人：崔天真　苏亚春　吴期滨　李大妹　许莉萍　阙友雄

漫画 4 育种之路

蔗宝，你知道你的起源地是哪里吗？
据至今的记载，有三种甘蔗起源的主流说法：新几内亚起源、印度或孟加拉地区起源以及中国起源。
现如今的甘蔗栽培品种都是由热带种和割手密高贵化育种得到的。
甘蔗育种是有性杂交，却是无性繁殖。真是神奇！
同时也要适应机械化栽培哦。

甘蔗前今生 育种大乾坤

关于栽培甘蔗的起源，至今国内外学界争论不休、众说纷纭。遍查国内外的文字资料，记载较为详细的当属中国。无论诗词歌赋，还是古代医药典籍，都清晰地记载了我国甘蔗完整的栽培史、应用史以及加工史。

我国著名的甘蔗专家和农业教育家、福建农林大学甘蔗综合研究所首任所长周可涌教授认为，甘蔗起源于中国并传播至全世界。主要论点、论据和论证如下：在13世纪，中国泉州是世界最大的贸易港口之一，蔗种和蔗糖可能正是在那个时候，由中国直接或间接传播到世界各地。马可·波罗（1254—1324）在其游记中描述：“旅途所经各地，只有中国的几个地方产糖，和印度人到中国买糖的情况。”近代资料也显示，鸦片战争前，中国是世界上唯一的产糖大国。《中国经济年鉴》更是记载：“福建之漳州、泉州，广东之潮州，江西之赣州、抚州、饶州，浙江之处州，湖南之郴州，皆以产精著名，古有八州糖王之称。”这也从侧面佐证了中国的食糖贸易确实是领先于世界的，且中国生产蔗糖的历史比印度久远。以上这些古籍支撑的是甘蔗起源和制糖史。当然这也只是一家之言，不然也不会争论至今。

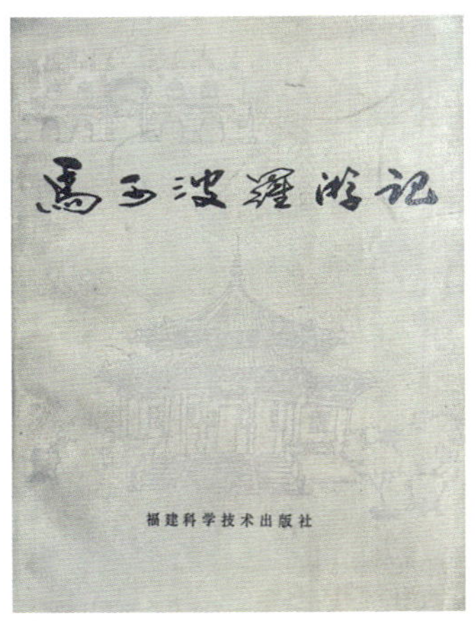

旅途所经各地，只有中国的几个地方产糖，和印度人到中国买糖的情况。

《马可·波罗游记》

福建农林大学周可涌教授及中国第一部《甘蔗栽培学》
（图片来源：福建农林大学）

人类栽培利用甘蔗（*Saccharum* spp. hybrids）已有4 000多年的历史，中国是世界上栽培甘蔗最古老的国家之一。但是，迄今甘蔗杂交育种只经历了120年的历程。而如今对甘蔗的起源主流的说法有三种。分别如下：

起源于新几内亚：新几内亚甘蔗热带种有一个明显的多样性中心，包括1 000多个无性系。20世纪20年代末，美国甘蔗专家布兰德斯在前往新几内亚考察并采集野生蔗后，提出甘蔗新几内亚起源的推论。

起源于印度或孟加拉地区：食糖在印度非常普及，古老的印度流传着这么一句谚语："如果你一点糖都给不了，那就说一些甜蜜的话吧。"历史学家考证，约在公元前400年，印度便已经出现通过蒸发原理来制造粗糖的技术。在甘蔗起源研究中，卡尔里特根据某些甘蔗野生种是孟加拉国和印度固有的，同时印度也是最早的制糖中心之一，认为甘蔗起源于印度或孟加拉地区。

起源于中国：我国关于糖的文字记录，最早可以追溯到公元前1200年，《诗经》中描述"周原膴膴，堇荼如饴"，这是对糖最早的记载。即使这个"饴"是否指的是蔗糖有待进一步商榷，但可以确定的是，据历代注释家的解释，公元前2世纪司马相如所著的《子虚赋》中出现的"诸柘"一词和公元前4世纪后期《楚辞》中提到的"柘浆"，都是甘蔗的古称。这说明我国在2 400多年前，就已经开始栽培甘蔗，而且已经脱离仅供"咀咋"的较为原始阶段，进入到加工成蔗浆后再食用的较高阶段。中国历代以来，有记录的甘蔗栽培品种都超过了30种以上，且中国甘蔗栽培种和野生种的分布十分广泛。除此之外，野生种割手密还广泛分布于我国广大地区，北至秦岭，南至海南。因此，苏联学者瓦维洛夫提出植物的八大起源中心，其中认为甘蔗的起源中心极可能就在中国。周可涌教授支持这一观点。相比之下，中国和印度甘蔗种植的可考证时间，二者的差距并不太大。

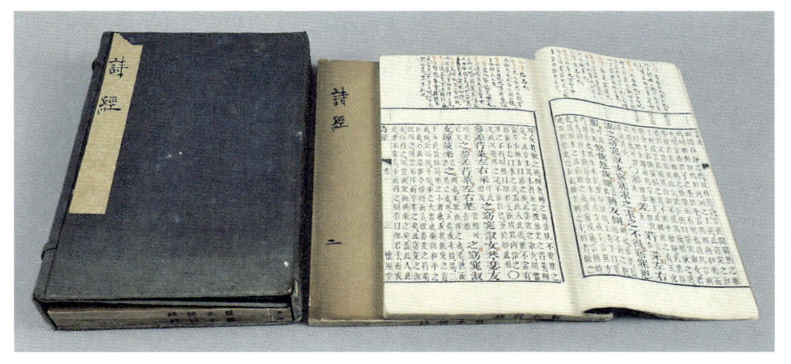

周原膴膴，堇荼如饴。

《诗经》

截至目前，甘蔗属中一共含有6个种。包括3个原始栽培种，即热带种（*S. officinarum*）、中国种（*S. sinense*）和印度种（*S. barberi*）；2个野生种，即大茎野生种（*S. robusfum*）和细茎野生种（又称割手密，*S. spontaneum*）；以及1个“蔬菜型”的肉质花穗野生种（又称食穗种，*S. edule*）。有研究推测，热带种是由大茎野生种进化而来的，而中国种和印度种则是热带种和细茎野生种的天然杂交种。

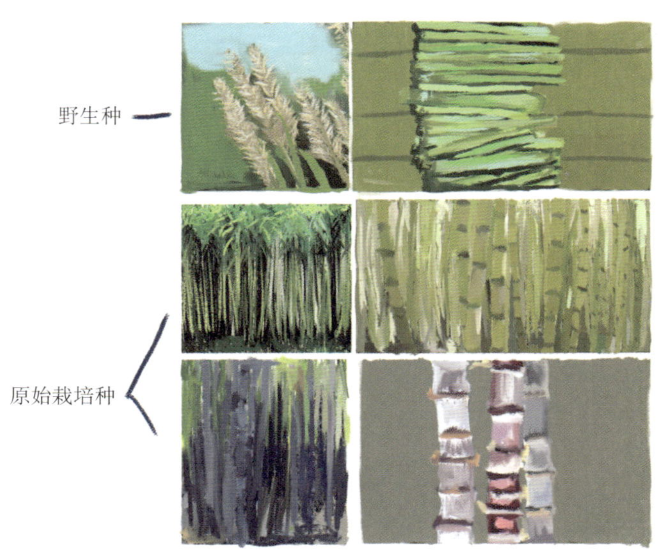

甘蔗种间的形态差异

甘蔗种不同，其原产地和起源中心各异。其中，热带种和大茎野生种起源于南太平洋岛国新几内亚一带，而中国种、印度种与细茎野生种则起源于中国的华南和云南地区，以及印度地区。此外，根据全球地壳板块学说，甘蔗属

割手密

五节芒

起源总体分布于南太平洋地区，包括印度、越南、中国及近亚洲东部的太平洋岛屿。根据目前的文献记载，在甘蔗物种间亲缘关系的研究中发现，甘蔗的祖先可以追溯到甘蔗属的割手密和芒属的五节芒，而我国南部和西南部地区，又恰好是世界上甘蔗野生种割手密和五节芒的一个最重要分布中心。因此，我们有充足的理由论证，中国种甘蔗起源于中国。

甘蔗的传播途径多种多样。早期，甘蔗在国际上的传播主要是通过邻国居民、旅行家、航海者、传教士、远征军等进行传播。公元8 ~ 9世纪后，甘蔗开始经由亚洲南部，分别向东、西两个方向传至各个国家。东线经琉球传至太平洋北部各岛，西线经伊朗、阿拉伯国家、埃及，传至叙利亚、意大利西西里岛等地，然后由地中海沿岸各国传至葡萄牙、西班牙。而后，葡萄牙人又将其传至非洲西北海岸的马德拉及加那利群岛。公元15世纪，哥伦布将甘蔗带到美洲大陆，使之分布于南北美洲的各个国家，最后又经由澳大利亚传播至各国的热带和亚热带地区。此后，甘蔗便传播至全球并开始被广泛种植。

甘蔗大致传播途径

20世纪初期，各个国家栽培的制糖甘蔗品种主要是竹蔗、芦蔗和Uba等中国种和Badila热带种等原种，以及Greole、Bourbon等热带种和印度种的天然杂交种。随着人类对高产高糖品种的迫切需求，甘蔗的杂交育种时代自然而然地开启了。近100年来，世界各国陆续系统地开展了甘蔗的杂交育种工作，选育出许多著名甘蔗新品种。这一划时代的全球甘蔗育种热潮还要得益于两位英国科学家哈里森和博伊尔的发现，他们相继在爪哇和巴巴多斯发现了甘蔗天然杂交种子的萌芽成苗。这一发现，成功揭开了甘蔗有性杂交育种的序幕。此后，各产蔗国家均以有性杂交育种作为甘蔗品种改良的主要方法，其中尤为突出的是以种间杂交创造出了许多优良品种，为世界甘蔗育种事业奠定了坚实基础。

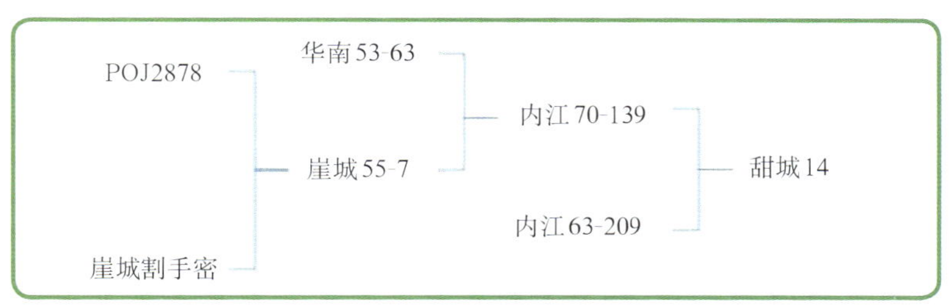

我国首次以POJ2878与崖城割手密杂交育成的后代

什么是甘蔗高贵化育种？其意义何在？20世纪初，荷兰甘蔗育种家杰斯维特提出了“高贵化”育种的理论，把大茎、高产、高糖但抗性差的热带种称为高贵种；把细茎低糖、抗性强、生长势好的割手密称为野生蔗。进一步，将两者杂交后的F_1代称为第一代高贵化，F_1代回交为第二代高贵化，F_2代再回交为第三代高贵化，这就是经典的甘蔗“高贵化”育种程序。20多年后，成功培育出一系列既含热带种高产、高糖基因，又保有野生种割手密的抗逆、抗病基因，育成了大茎、高糖、高产和抗病的优良品种，实现了甘蔗属内热带种与割手密种间杂交的突破。这其中以POJ2878最为著名，它被称为世界第一号“蔗王”，该品种蔗茎产量、蔗糖分、抗性和适应性十分突出，尤其抗当时当地最主要毁灭性病害“香茅病”，成为全球甘蔗育种的成功典范。同时，POJ2878的广泛推广使得甘蔗蔗茎的产量从原来的103.2吨/公顷，大幅度提高到124.8吨/公顷，蔗糖分也由11.02%提高到11.50%，并且POJ2878在很长一段时期内被世界范围内的甘蔗育种家作为重要杂交亲本，这也导致当今世界甘蔗栽培品种十之八九均与POJ2878有血缘关系。这也证明，高贵化育种法是甘蔗品种改良的有效方法。

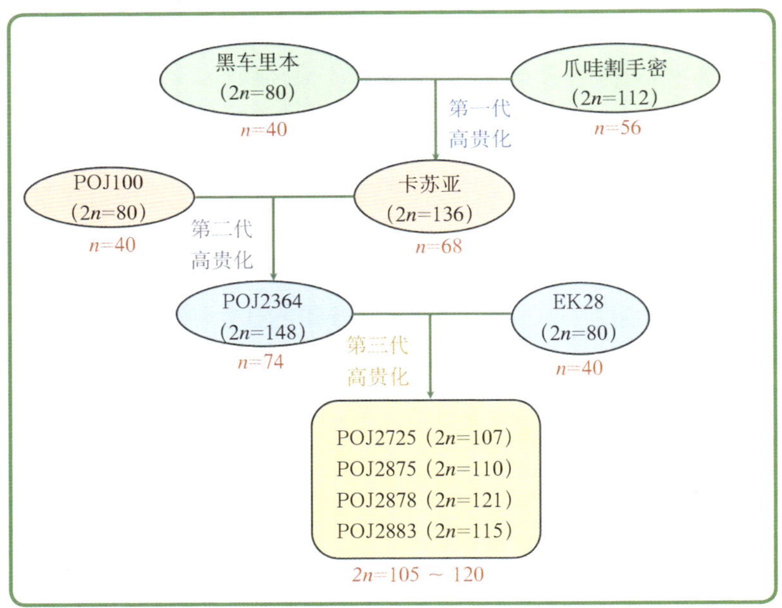

甘蔗品种的高贵化育种程序
（黑车里本、POJ100和EK28都为热带种）

印度甘蔗育种家万卡拉曼在甘蔗高贵化育种上也有突出性的贡献。在很长一段时间内，鉴于印度蔗区的自然环境恶劣，以两个种高贵化育成的二元

POJ系列品种，难以适应印度蔗区的生长环境，这成为制约印度甘蔗产业发展的痛点和难点。为了进一步增强甘蔗品种的抗逆性，万卡拉曼在荷兰科学家科布斯和英国人巴伯研究的基础上，通过三“种”杂交种扩大了甘蔗的适应性，扩大了种间杂交的种质利用，育成含有热带种、印度种和割手密三“种”血缘的C0281、C0213和C0290，成为20世纪甘蔗育种的第二次大突破，为人类利用多种优良基因改良甘蔗开辟了新路径。这些甘蔗品种是20世纪40 ~ 50年代印度的主要栽培品种，并且被中国、美国、南非以及澳大利亚等国家引进为栽培种，也成为在世界范围内重要的杂交亲本。此后，美国学者又提出“熔炉杂交法”和“丛植法”，首次估计了亲本的配合力，利用大茎野生种育成了含有热带种、割手密、印度种和大茎野生种4个种血缘的H32-8560，以及包含中国种在内的5个种血缘的H49-5等著名甘蔗杂交品种和优良亲本。不难看出，在甘蔗育种界，这些科学家以其不凡的创造力，大大拓宽了甘蔗育种的基础理论，也对我国的甘蔗杂交育种产生了深远的影响。

我国主要甘蔗品种亲本组合统计（部分）

（陈菌吕等，2021）

序号	品种	杂交组合
1	福农28	新台糖25 × CP84-1198
2	福农30	CP84-1198 × 新台糖10号
3	福农38	呼糖83-257 × 粤糖83-271
4	福农39	粤糖91-976 × CP84-1198
5	福农40	福农93-3406 × 粤糖91-976
6	福农41	新台糖20 × 粤糖91-976
7	福农42	桂糖00-122 × 新台糖10号
8	福农02-3924	新台糖25 × CP84-1198
9	福农04-3504	新台糖25 × CP84-1198
10	闽糖06-1405	闽糖92-649 × 新台糖10号
11	闽糖01-77	新台糖20 × 崖城84-153
12	桂糖21	赣蔗76-65 × 崖城71-374
13	桂糖29	崖城94-46 × 新台糖22
14	桂糖30	粤糖91-976 × 新台糖1号
15	桂糖31	粤糖85-177 × CP81-1254
16	桂糖32	粤糖91-976 × 新台糖1号
17	桂糖34	粤糖91-976 × 新台糖1号
18	桂糖35	新台糖23 × CP84-1198
19	桂糖38	桂糖73-167 × CP84-1198
20	桂糖39	粤糖93/159 × 新台糖22
21	桂糖40	粤农86-295 × CP84-119
22	桂糖41	粤91-976 × (粤糖84-3+新台糖25)

（续）

序号	品种	杂交组合
23	桂糖42	新台糖22×桂糖92-66
24	桂糖43	粤糖85-177×桂糖92-66
25	桂糖44	新台糖1号×桂糖92-66
26	桂糖46	粤糖85-177×新台糖25
27	桂糖47	粤糖85-177×CP81-1254
28	桂糖48	湛蔗92-126×CP72-1210
29	桂糖49	赣蔗14×新台糖22
30	桂糖50	桂糖92-66×新台糖10号
31	桂糖51	新台糖20×崖城71-374
32	样糖52	HoCP92-648×桂糖92-66
33	村糖53	湛蔗92-126×CP84-1198
34	桂糖54	桂糖00-122×星城97-47
35	桂糖55	新台糖24×云蔗89-351
36	桂糖56	湛蔗89-113×新台糖26
37	桂糖57	新台糖26×新台糖22
38	桂糖58	粤糖85-177×CP81-1254
39	桂糖59	粤糖00-236×新台糖22
40	桂柳05-136	CP81-1254×新台糖22
41	桂柳03-182	CP72-1210×新台糖22
42	柳糖2号	F172×CP67-412
43	桂柳07-150	粤糖85-177×新台糖22
44	云蔗01-1413	粤糖85-177×新台糖10号
45	云前03-258	新台糖25×粤糖85-177
46	云蔗03-194	新台糖25×粤糖97-20
47	德蔗03-83	粤糖85-177×新台糖22
48	云蔗04-621	云蔗89-7×崖城84-125
49	云蔗05-326	CP72-1210×新台糖10号
50	云蕙05-596	新台糖10号×云瑞03-394
51	云蔗05-51	崖城90-56×新台糖23
52	云蔗05-39	崖城90-56×新台糖23
53	云静06-189	新台糖22×云瑞99-113
54	云就06-407	粤糖97-20×新台糖25
55	云蘸06-362	新台糖25×桂糖11号
56	云前06-193	CP80-1827×梁河78-85
57	云意06-160	由糖90-1023×云瑞99-113
58	云前07-2800	湛蔗92-126×CP88-1762
59	黄07-2178	桂糖92-66×HoCP93-750
60	云前08-2060	粤糖93-159×Q121
61	云首08-1145	云蔗94-343×粤糖00-236

（续）

序号	品种	杂交组合
62	云萨08-2177	闽糖92-649×L75-20
63	云范08-1609	云燕94-343×粤糖00-236
64	云蔗08-1095	CP84-1198×科5
65	德蔗07-36	桂糖92-66×CP67-412
66	德蔗09-78	桂糖94-119×新台糖10号
67	黔糖9号	云蔗94-343×新台糖22
68	黔蔗8号	内江00-118×桂糖94-119
69	黔蔗7号	新台糖10号×崖城84-125
70	黔蔗6号	新台糖10号×崖城84-125
71	川蔗28	湛施92-126×粤糖89-240
72	川蔗27	CP72-1210×崖城90-3
73	粤糖05-267	粤糖92-1287×粤糖93-159
74	粤糖00-236	粤农73-204×CP72-1210
75	粤糖03-393	粤糖92-1287×粤糖93-159
76	粤糖07-913	HoCP95-988×粤糖97-76
77	粤糖09-13	粤糖93-159×新台糖22
78	粤糖08-196	Q208×（QC90-353+QS72-1058）
79	粤糖08-172	粤糖91-976×新台糖23
80	粤糖03-373	粤糖92-1287×粤糖93-159
81	粤糖04-245	粤糖94-128×CP72-1210
82	中糖1号	粤糖99-66×内江03-218
83	中糖2号	热引1号×新台糖22
84	中糖3号	粤糖99-66×新台糖28
85	中糖4号	K86-110×HoCP95-988
86	热甘1号	CP94-1100×新台糖22
87	中蔗1号	新台糖25×云前89-7
88	中蔗6号	新台糖25×云蔗89-7
89	中蔗9号	新台糖25×云藤89-7
90	中蔗10号	CP49-50×CP96-1252
91	中蔗13	HoCP01-157 ×CP14-0969
92	中蔗福农44	桂糖25×新台糖11
93	中蔗福农45	新台糖22×桂糖00-122
94	中蔗福农46	粤糖93-159×云蔗91-790
95	中蔗福农47	CP65-357×崖城97-40
96	桂热2号	粤糖91-976×新台糖20
97	桂南亚08-336	粤农73-204×新台糖22

近年来，我国甘蔗育种中以Badila为母本，与崖城割手密进行杂交，育成崖城58-43和崖城58-47。该组合是我国开展本土割手密高贵化研究以来，产

生品种最多的一个种间远缘杂交组合。该杂交组合产生的后代品种达30个。其中，崖城58-43的后代品种有6个，崖城58-47的后代品种有24个。其中有些品种至今还在应用于生产实践当中！

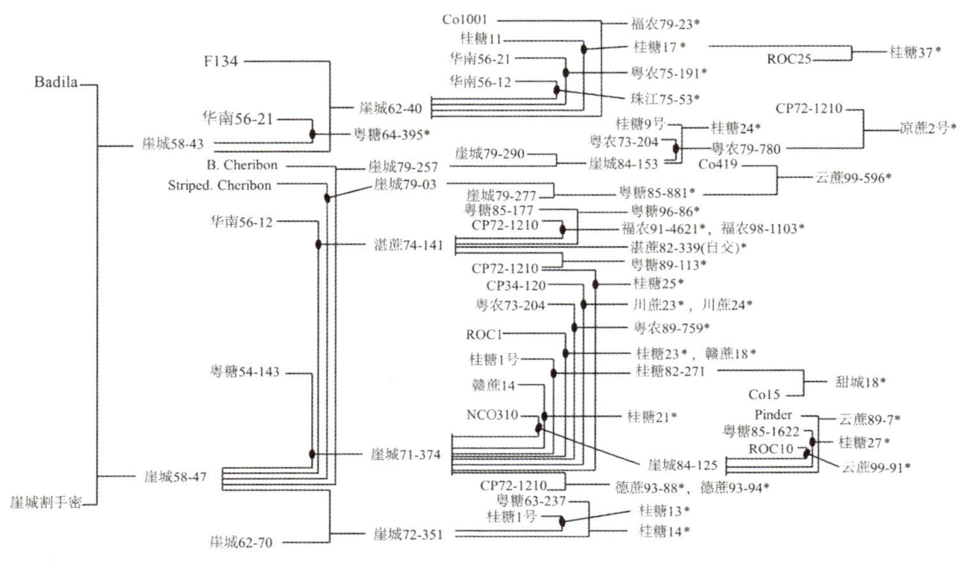

热带种Badila与崖城割手密杂交后代品种系谱
（邓海华，2012）

甘蔗育种需要有性杂交，而繁殖却是无性繁殖，因此品种内的每株甘蔗都是相同的基因型，除非偶然发生突变，否则性状非常一致。目前，世界各国育成的品种大多是3～5个甘蔗原种的杂交后代，继而进行品种间杂交和回交等育成的，基本上是同质遗传型组成品种的再组合，这也就导致了甘蔗品种的近亲繁殖，遗传基础狭窄，血缘相近，从而使得在近30年来的甘蔗育种工作中，不论是在产量还是含糖量上，抑或是抗性上，都没有取得突破性的进展。因此，在甘蔗育种界都十分关注甘蔗种质资源的搜集、研究和利用，以期扩大血缘，丰富遗传基础，培育出突破性的亲本材料和优良品种。目前被成功培育出的品种也十分丰富。如美国佛罗里达州的CP系列、澳大利亚昆士兰州甘蔗试验管理总局的Q系列、南非纳塔尔的NCO系列、我国台湾糖业研究所的F和ROC系列。特别值得一提的是，近年来，云南省农业科学院甘蔗研究所在异质复合抗逆高产高糖育种与实践上孜孜不倦，取得了重要进展，为我国现代甘蔗育种的科学理论探索和品种选育实践，注入了新鲜的血液和强劲的动力。

牢牢端稳『糖罐子』，保证食糖自由！

我国自1953年在海南建立杂交育种场以来，全国各地的甘蔗科学研究单位都相继开展甘蔗新品种的选育和研究，迄今为止成功选育出桂糖、粤糖、闽糖和云蔗等系列品种供生产使用，极大地推动了我国蔗糖产业的发展。最新数据显示，2021/2022年榨季，我国自育的具有自主知识产权的以桂柳05-136、桂糖42、桂糖49、粤糖93-159、粤糖00-236、云蔗05-51、云蔗08-1609等为代表的甘蔗新品种的种植比例已经高达94.5%，长期占据主导地位的新台糖22等品种的种植比例，已经降低到5.5%，真正实现了我国糖料甘蔗的又一次品种更新，为世界糖业尤其是中国糖业的发展做出了巨大的贡献。

迄今，我国甘蔗主要栽培品种的更新历史大体可以分为5个阶段：

1950年之前，竹蔗、芦蔗等的种植和栽培为第一代；

1956年以后，引进和种植以F134为代表的F系列品种为第二代；

1980年起始，以桂糖11为代表的优良品种的选育和推广为第三代；

2002年开始，引进和种植以新台糖22为代表的ROC系列品种为第四代；

2013年以来，桂糖42和桂柳05-136为代表的优良品种的选育和推广为第五代。

证书

获奖项目：甘蔗品种的资源鉴定、利用及新品种选育

获奖单位：福建农业大学

奖励等级：一等奖

奖励日期：一九九五年十二月

证书号：13-1-003-01

国家科学技术奖励委员会

福建农林大学在全国糖料界获得的迄今唯一的国家科技进步一等奖
（图片来源：福建农林大学）

可以毫不夸张地说，这一个多世纪以来甘蔗糖业发展的历史，就是甘蔗种质创新和品种改良的历史。正是这些品种的选育和推广共同支撑了我国甘蔗产业的良性健康快速发展，才使得我国能够牢牢地端稳“糖罐子”，保证了我们的食糖自由！

蔗有多高、蔗有多大、蔗有多甜、抗不抗病、抗不抗旱、抗不抗寒……这些都是一个优良甘蔗品种最重要的评价指标。然而，“蔗里乾坤大，蔗皮弄潮儿”，对最为直观的蔗皮，关于其颜色，你又了解多少呢？喜欢吃甘蔗的人都知道，一般常见的甘蔗颜色有紫皮（也称黑皮）和青皮这两种。不同颜色的甘蔗是什么原因造成的呢？甘蔗皮能够保护甘蔗生长并起机械支撑作用，其占甘蔗总重量的20%左右。花青素是让植物世界变得五彩斑斓的最重要的天然色素之一。根据报道，青紫素的衍生物是甘蔗外皮中最丰富的成分，是影响甘蔗外皮颜色的主要因素。前人发现，关于蔗皮颜色形成的因素，主要包括基因、光照和进化三个方面。有研究从基因水平鉴定出甘蔗皮层组织的7个花青素生物合成相关基因，推测甘蔗表皮颜色的不同可能是由于这些基因的差异

表达所调控的。此外，光照强度的不同也会影响甘蔗表皮的颜色。有研究发现，充足的光照也可以有效提高蔗皮中的色素积累，甚至会使同一品种有不同的颜色（如同苹果一样，晒阳光的一面通红，不晒阳光的一面青绿）。从进化角度看，蔗皮颜色的改变可能是由进化压力导致的，目的是适应生长环境的改变，但具体机制尚不清楚。

不同颜色的甘蔗品种

那么甘蔗皮是否具有营养价值呢？答案是肯定的。不同颜色甘蔗皮在营养上有什么差别吗？答案是中性的。因为即使不同颜色蔗皮营养成分有差别，但其不宜直接食用，其利用价值在于其中对人体有益成分的提取和加工以供食用。甘蔗皮是生产糖类的副产品，富含大量的蛋白质、氨基酸、木质素、植物甾醇和天然色素等高附加值物质。根据科研工作者的研究，蔗皮硬质皮层的主要成分是氧、碳，以及微量的氮、硅和钙等元素。甘蔗皮中还含有大量红色素，这种色素具有一定的抗氧化能力，对各种自由基具有很好的清除作用，是一种高效的天然自由基清除剂，其中蔗皮红色素具有一定程度的清除亚硝基作用。因此，甘蔗皮中的红色素在天然食用色素领域的应用前景是十分广阔的，比如在腌制食物中，添加适量甘蔗皮中的红色素可以降低亚硝基的含量！此外，甘蔗皮中还含有大量的多酚及类黄酮化合物，其中多酚类提取物（如花青素、花黄素、儿茶素）具有很强的清除自由基的能力和较高的抗氧化活性，对人体健康和补充营养也具有十分重要的意义。当然好处可不止这些，甘蔗皮上的蔗蜡，富含高价值的天然活性产物，如二十八烷醇、植物甾醇等，其中二十八烷醇是一种高效的抗疲劳物质，不仅可增强体质，还能够提高机体的代谢率和人体对氧的利用率，并有效降低甘油三酯和胆固醇含量。植物甾醇甚至被发现在抑制肿瘤发生、保持人体内环境稳定、调节应激反应、抗病毒侵染等方面有重要作用。甘蔗皮中的木糖醇含量也非常丰富，木糖醇可以改善肝功能、防龋齿、降血糖和减肥，并被认为是最为健康安全的一种甜味剂。《纲目拾遗》中记载：“蔗皮，可治口疳，又干者垫卧，可去郁热。”《本草汇》中：“接气沐龙汤，亦用蔗皮煎制。”因此，甘蔗皮还是一味很好的中药，具有清热解毒之

知糖知蜜更知皮

功效，可以用于治疗小儿口疳、秃疮、坐板疮。相信在可以预见的将来，“将蔗皮端上餐桌”和“将蔗皮装进药袋”，一定不是梦，一定会实现，以更好地造福人类！

甘蔗前今生，育种大乾坤。纵观历史长河，自人类发现并种植甘蔗开始，迄今已有4 000多年的历史。在此期间，甘蔗在一代代先民的栽培和繁育的过程中，不断得到改良，极大促进了农耕文明的发展和进步。从甘蔗的起源和发展历程不难看出，我国甘蔗的渊源极其深远。翻查这千百年来的史料，古今中外有关我国甘蔗资料的描述都不尽相同，但都证明我国甘蔗种植历史悠久、经验丰富、产业发达。甘蔗的种植与生产加工早已深深地渗透进我国古代人民的日常生活之中。我国不仅植蔗制糖在世界占有重要的一席之地，在世界蔗糖贸易中也充当着先行者的角色。“人生犹如吃甘蔗，心态早已定成败”，这也更需要、更要求新一代甘蔗研究工作者能够继往开来，深入挖掘“蔗里乾坤”。

撰稿人：赵振南　叶文彬　苏亚春　吴期滨　李大妹　许莉萍　阙友雄

甜蜜甘蔗好 品种知多少

甘蔗是世界上最重要的糖料作物，属于热带和亚热带草本植物。甘蔗在南、北纬度35°以内都可种植生长，其中南、北纬10°—23°之间为甘蔗的最适宜生长区域。甘蔗是一年生的宿根作物，其光饱和点高，二氧化碳补偿点低，净光合速率高，是一种高光效作物。与一般栽培作物相比，甘蔗在逆境条件下也能相对较好地利用太阳能，具有较大的生产潜力。

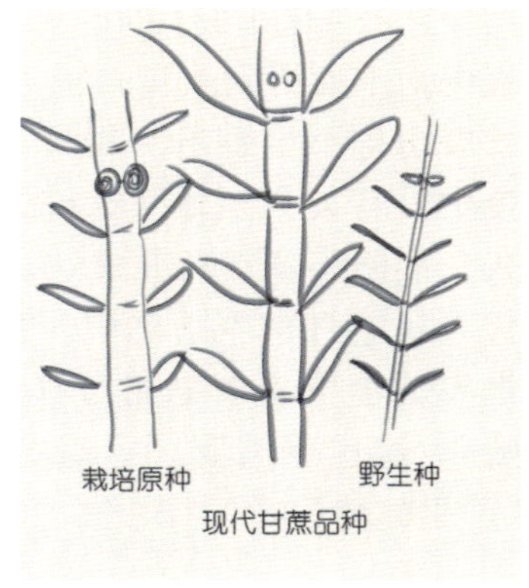

甘蔗家族史

甘蔗在植物学上属于种子植物门单子叶植物纲禾本科甘蔗属，其中在甘蔗属中有6个种，即热带种、中国种、印度种、大茎野生种、细茎野生种和肉质花穗野生种，现代甘蔗栽培品种都是栽培原种和野生种种间杂交、回交的后代，因此现代甘蔗品种被称为甘蔗种间杂种。甘蔗大多在春天（2—4月）种植，收获期则集中在秋季（9—12月）。那么，关于甘蔗品种在生产中的常见知识还有哪些呢？不妨一起来简单了解一下。

1. 甘蔗良种特性

甘蔗良种是产蔗量和产糖量高且稳定，适于当地生态环境、栽培制度和制糖工艺要求，经济效益显著，工农双方都乐意接受的好品种。一般而言，甘蔗良种具有高产高糖、纤维适中、宿根性好、抗逆性强、糖分转化慢等特性。甘蔗良种具有一定的区域适应性，推广良种时必须因地制宜，坚持试验、示范和推广相结合，根据不同蔗区的自然环境条件、土壤类型、耕作制度与管理水平，选择适合该地区栽培的甘蔗良种，有组织、有计划地进行种植。同时，还要选择与良种相适应的田间栽培管理措施，做到良种良法相配套，最大程度上发挥出良种的增产潜力。此外，还要做到良种布局区域化，良种熟期搭配合理化，从而发挥甘蔗良种的最大效益。

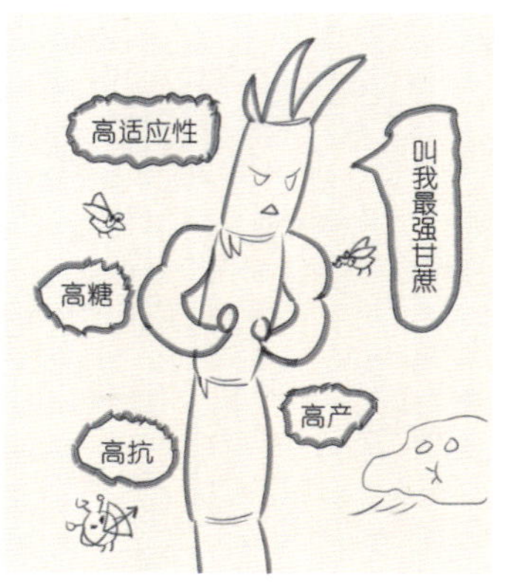

甘蔗良种

2. 甘蔗品种引进

“一方水土养一方人”，甘蔗更是如此。每个甘蔗品种都是在一定的生态环境条件下培育出来的，有一定的区域性和适应性，需要一定的生态条件才能充分发挥其优良特性。世界上没有一个甘蔗品种能够适应所有地区和一切栽培条件，当环境条件改变时，甘蔗品种可能由于对新的温度、光照、水分和生产条件的不适应，其优良特性不一定能表现出来，因此引进品种必须遵守气候和生态条件相似性的原则，经过田间试验筛选，表现优良后才能在生产上应用。同时，要特别注意的是，甘蔗引种，特别是从境外引种，必须经过国家引种审批和检疫，未经隔离检疫和检测，不能进行批量繁育、调运和推广，否则，可能会导致境外危险性和毁灭性病虫草害传入我国，给我国造成生态安全隐患。

甘蔗引种

3.甘蔗品种改良

普遍认为，品种改良在甘蔗生产科技进步中的贡献率达60%以上。因此，改良品种是提高甘蔗产量和品质的最重要手段，也是提高我国蔗糖产业竞争力的必由之路。甘蔗品种改良是经由遗传变异，然后进行定向综合选择的过程，主要包括杂交育种和分子育种两个途径。甘蔗杂交育种主要是指通过优良亲本开花杂交创造遗传异质性的育种群体，从中选择优良个体。目前，几乎全部栽培杂交品种都出自有性杂交育种，可以说这是现阶段也是将来甘蔗育种最为重要的手段。分子育种指的是将分子生物学技术应用于育种中，在分子水平上进行育种，主要有分子标记辅助育种和遗传修饰育种（转基因和基因编辑）。甘蔗品种在生产中的繁育和推广是有时效性的。在生产上任何甘蔗品种被利用的时间都是有限的，当该地区的生态环境和种植条件发生变化时，原有的品种可能会不适应。此外，由于甘蔗是无性繁殖作物，随着栽种年限的不断延长，种茎内积累的病害越来越多，种性退化必然发生，所以要对甘蔗品种进行持续不断的改良。

甘蔗品种改良

4.甘蔗品种鉴别

“龙生九子不成龙，各有所好。”在生产中，甘蔗品种繁多，如何识别甘蔗品种的真伪，以免鱼目混珠，是十分必要的。我们可以从甘蔗的外部形态特征、生长特性和分子特性等方面来识别甘蔗品种的真伪。甘蔗的生长受环境条

件和栽培水平的影响，不同甘蔗品种外部形态特征不同。在田间，主要通过观察形态特征及其生长特性来识别甘蔗品种的真伪，包括叶片形状、颜色、厚薄，叶鞘颜色、毛群，叶耳的有无、长短，脱叶的难易程度，茎的形状、茎色、蜡粉颜色、节间的长短，木栓的有无、多少及形状，芽的形状、位置，芽沟的有无、长短和深浅，生长裂缝的多少和长短等。在明确甘蔗品种的形态特征相似基础上，还可根据其生长特性来区分，如出苗特性、分蘖力、抗病性、抗虫性、抗旱性和宿根性等。当然，如果这些性状都极为相似，还可以进一步通过分子鉴定来识别。

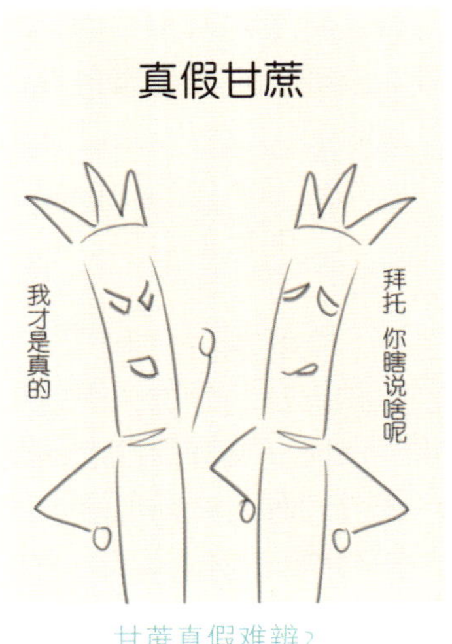

甘蔗真假难辨？

5.甘蔗种苗脱毒

种苗脱毒技术是提高甘蔗单产和节约成本的核心技术之一。根据国内外研究、试验示范和技术推广实践，脱毒种苗由于除去了蔗种中的病原，提高了光合作用与养分和水分输送效率，对甘蔗生长有明显的促进作用，田间群体建成快，该技术已成为提高甘蔗单产和蔗糖分、延长宿根年限、保障齐苗、使发芽整齐、有利新植蔗高产群体建成和宿根蔗发株与稳产的有效技术，并且早已在巴西、美国等得到商业化推广应用，获得了很高的经济和社会效益。然而，甘蔗种苗脱毒技术的商业化运作和产业化推广需要考虑三个方面：一是脱毒种苗从组织培养综合脱毒到培育出脱毒种苗原种、基础种、生产用种各个不同衍生代的种苗的繁育与管理技术；二是依据什么样的标准或规范来对脱毒种苗产品的质量合格与否进行检测与判定；三是用于脱毒种苗产品质量检测与鉴定的技术是否已经建立并形成标准。为此，笔者所在团队与全国农业技术推广服务中心密切配合、紧密协作，制定了两个农业行业标准《甘蔗种苗脱毒技术规范》(NY/T 3172—2017) 和《甘蔗脱毒种苗检测技术规范》(NY/T 3179—2018)，为甘蔗种苗脱毒及检测技术的规范和推广打下了坚

NY

中华人民共和国农业行业标准

NY/T 3172—2017

甘蔗种苗脱毒技术规范

Technical specification for deprivation of pathogens in sugarcane planting stock

2017-12-22 发布　　2018-06-01 实施

中华人民共和国农业部 发布

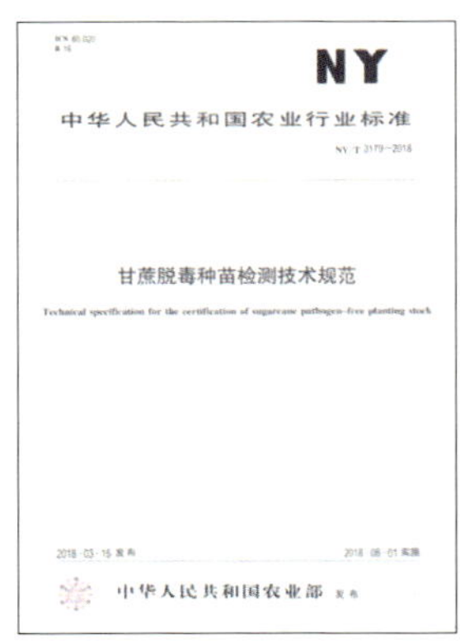
NY

中华人民共和国农业行业标准

NY/T 3179—2018

甘蔗脱毒种苗检测技术规范

Technical specification for the certification of sugarcane pathogen-free planting stock

2018-03-15 发布　　2018-06-01 实施

中华人民共和国农业部 发布

甘蔗脱毒种苗生产及其检测技术标准

实的基础。

“春种秋收何时了，甘蔗品种知多少。”我们坚信，有了对甘蔗良种、品种引进、品种改良和真伪鉴别的了解，加上种苗脱毒的应用及种苗质量控制，在生产中就可以根据需要，因地制宜引进甘蔗良种、科学合理改良甘蔗品种、供求平衡生产健康良种，有效促进甘蔗生产，最终营造出农业增产、农民增收和政府增税的三赢局面。

撰稿人：黄廷辰　高世武　吴期滨　罗　俊　苏亚春　郭晋隆　李大妹　许莉萍　阙友雄

精选蔗基因 开启新糖业

——甘蔗转基因，糖业振兴和腾飞的一双美丽翅膀

众所周知，糖类（碳水化合物）、脂肪和蛋白质是人体能量的主要来源。三者在人体内消化的部位不同，糖类一进入口腔就开始消化，蛋白质到达胃部才开始消化，而脂肪只有当其抵达小肠内才开始消化，由此可见糖类是最优先、最直接被身体利用的营养物质。糖类是人类不可或缺的营养物质，不仅能为人体提供活动所需的能量，还发挥构成人体组织、维持肌肉运动、保持体温等作用。在日常饮食中，糖类的比重远远超出我们的想象，如果去观察超市货架上的食品，看看食品包装上的配料表，你会发现，不含糖的食物屈指可数，甚至有些从没有与糖联想在一起的东西，比如各种肉制品、腌菜、酱料等，都因为糖的存在而风味倍增。

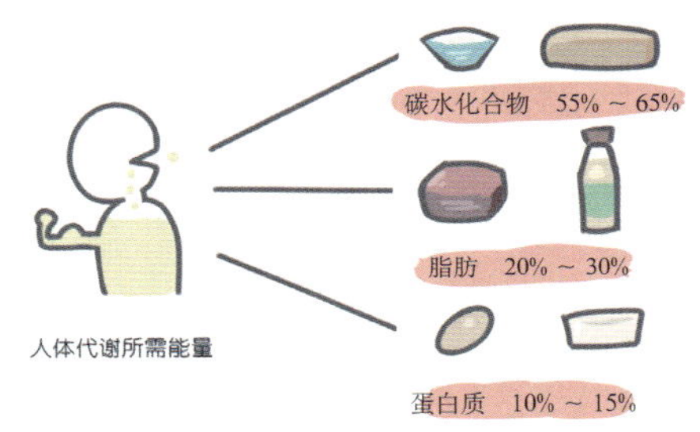

人体代谢需要的能量

通常，糖是由甘蔗或者甜菜作为最基本的原料制作而成的，其中甘蔗是我国最重要的糖料作物，约85%的食糖都源于甘蔗。果蔗在我国南方各省份广泛种植，但对于糖蔗而言，广西、云南、广东、海南4省份占据了中国糖料蔗种植面积和产量的90%以上（不包括台湾省在内）。即便如此，我国食糖仍旧供不应求，从国外进口补充已成为新常态。中国海关数据显示，2016—2021

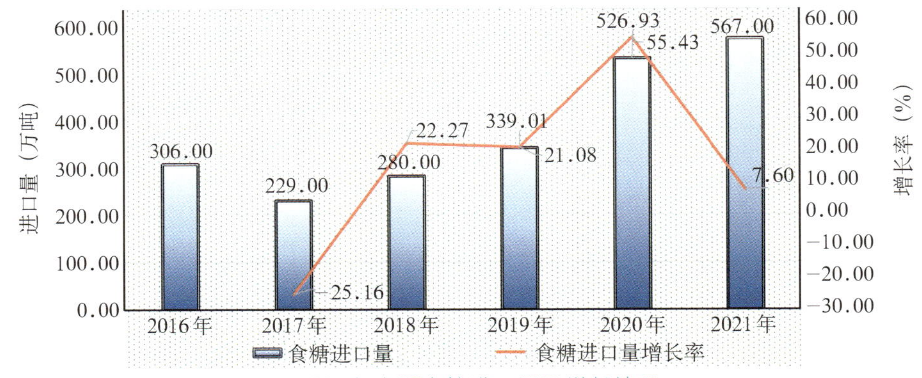

2016—2021年中国食糖进口量及增长情况
（数据来源：海关总署）

年中国食糖进口量在2021年再创新高。或许有朋友会问，为什么不扩大甘蔗种植面积？为什么不提高产量？首先，我国适合种植作物的面积是有限的，必须优先保证水稻、小麦和玉米等主粮的自给率，故而，甘蔗的种植面积保障主要依靠重要农产品生产保护区。其次，虽然我国蔗糖生产技术取得了长足的进步，但受限于品种和资源禀赋，以及极低的机械收获率，生产成本较高，同时受气候影响，甘蔗产量不稳定，经济效益相对较低。因此，若想有朝一日能够在食糖上自给自足，只能寄希望于依靠科技大幅增加其单位面积产蔗量和产糖量。

如何有效提高甘蔗的单位面积产量？考虑到甘蔗植株高大，生长周期又长达一年，培育和种植抗病、抗虫品种是减轻经济损失最有效的措施，也是千万户蔗农最乐意的举措。甘蔗杂交育种所取得的进步支撑了上百年来世界蔗糖产业的发展，但近年来，世界甘蔗单产平均水平变化幅度不大，可以说达到了一定的技术瓶颈，因此，传统甘蔗杂交育种面临巨大的挑战。现阶段，国际甘蔗育种界认为，通过完善成熟的转基因技术途径，培育高产、高糖、高抗、强宿根性和适合机械化的突破性甘蔗新品种是解决全球，尤其是我国食糖安全问题的关键途径。

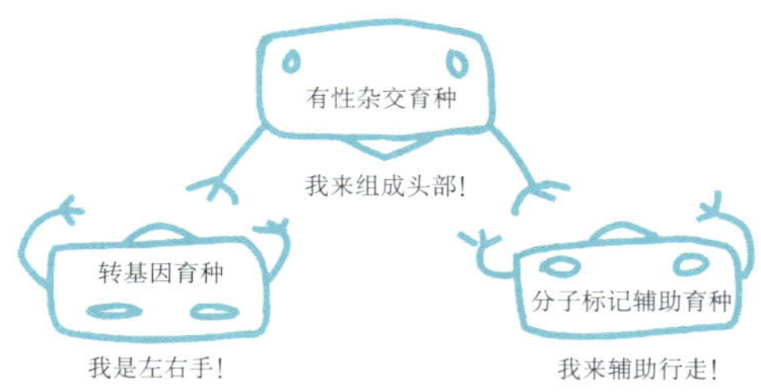

甘蔗育种的方法

转基因让人欢喜让人忧，那么转基因究竟是什么呢？当人们面对未知的事物时，总是充满忐忑的。因此，“转基因”这个词一经面世，便褒贬参半，甚至饱受争议。有人当它是洪水猛兽，唯恐避之不及；有人认为它是现代农业的希望，是生物技术发展的必然趋势。转基因技术，又称为基因工程、遗传转化技术，该技术通过现代科技手段，将控制产量、抗性、品质等生物性状的功能基因，转入目标生物体中，使得受体生物在保留原有遗传特性的基础上，增加了所转导目标基因控制的新的功能特性，最终获得新的生物品种（转基因品种），可用于生产新的生物产品及其制品。

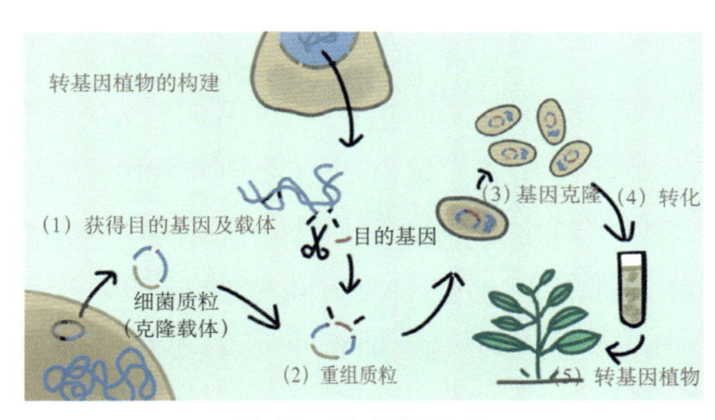

转基因植物的构建

俗话说：“龙生龙，凤生凤，老鼠的儿子会打洞。”话糙理不糙，但是，“王侯将相宁有种乎”的疾呼，千百年来更是让无数英雄豪杰热血沸腾，与命

运抗争。生物学上，人类很早就观察到遗传现象，例如孩子的长相多随父母，高鼻梁的欧洲人，生出来的后代基本都是高鼻梁；苹果种子只种出来苹果，不可能长出香蕉，同样香蕉种子也不可能长出苹果。早在公元前300多年前，希腊著名的科学家亚里士多德指出“遗传是物质的，而不是精神和情感的”，他甚至指出长颈鹿是豹子和骆驼的后代。直到1865年，我们熟知的“现代遗传学之父”孟德尔公布自己的豌豆杂交试验，他通过长达8年的潜心研究发现了“遗传因子”，认为其决定了生命的形态和规律，遗传因子后来也被称为基因。1933—1968年，“基因是什么”的一系列研究先后诞生了13位诺贝尔奖获得者，最终为其下定义为：基因是具有遗传效应的DNA片段，支持着生命的基本构造和功能。1972—1980年，基因工程迅猛兴起。1972年，“基因合成的奠基人”科拉纳带领团队利用人造核苷酸合成了第一个人造基因。1973年，科恩和博耶合作发表了“重组DNA技术”，一举轰动学术界。1974年，科恩将金黄色葡萄球菌质粒上的抗青霉素基因，成功转入大肠杆菌体内，大肠杆菌由此产生了青霉素抗性，揭开了转基因技术应用的序幕。1977年，美国率先在大肠杆菌内克隆表达了人的胰岛素基因，1978年由Genentech公司利用发酵工艺将人胰岛素量产，为广大糖尿病患者带来了福音。1979年和1980年，人生长激素和人干扰素也先后成功在重组细菌中合成。1980年至今，基因工程得到实际应用和推广。1982年，重组人胰岛素成为第一种获准上市的重组DNA药物，标志着世界第一个基因工程药物诞生。1983年，世界上最早的转基因作物（抗病毒烟草）诞生。1994年，美国孟山都公司研制的延熟保鲜转基因番茄在美国农业部（USDA）和美国食品与药品管理局（FDA）批准下上市，这是全球首例转基因农作物产品。

踏上转基因浪潮！

为了不错过转基因技术的浪潮，1986年3月，我国启动实施了“高技术研究发展计划（863计划）”，计划中把生物技术列入国家发展重点，在这之后转基因技术走向了国家整体战略规划位置。2008年7月，我国“转基因生物新品种培育科技重大专项”正式启动。根据转基因专项实施办公室对该重大专项实施效果的总结，累计克隆鉴定了3 000多个功能基因，有1 000多项发明或实用新型专利获得授权，尤其在水稻转基因的理论研究上取得重要突破，在转基因抗虫棉的产业化上取得重大经济和生态效益。2016年，我国直面种业大而不强的现状，进一步加快推进转基因技术的研究和应用步伐。2020年，一系列针对市场监管、知识产权等与转基因相关的政策密集落地。2021年底，农业农村部对多部法律规章进行了实质性的修改，在转基因品种的研发、审定到生产经营全环节为转基因产业化进一步开闸。可以自豪地说，在转基因的浪潮上，我国一直踏浪前行。

发展"转基因"

转基因作物产品在我国已有一定市场。农业农村部已批准上市的转基因农产品可以分为三种类型：第一种是可以并已经在中国大规模商业化种植的转基因作物，目前只有两种，棉花和番木瓜；第二种是批准进口用作加工原料的转基因作物（只能进口但不能种植），目前有以下四种，大豆、玉米、油菜和甜菜；第三种是被淘汰的转基因作物，包括甜椒和番茄，这两者曾经在中国种植，现在已经淘汰。此外，值得关注的是，我国对转基因产品实行按目录定性强制标识制度。2002年，农业部发布了《农业转基因生物标识管理办法》，制定了首批标识目录，对在我国境内销售的大豆、油菜、玉米、棉花、番茄5类17种转基因产品，进行强制定性标识，其他转基因农产品可自愿标识。

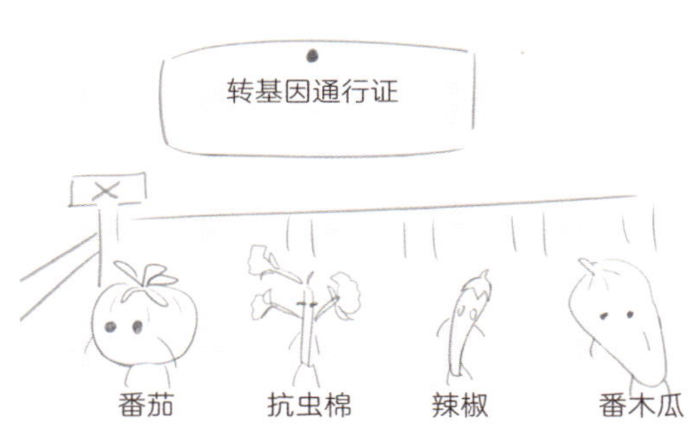

我国发放的转基因作物生产应用安全证书

或许你有所不知，甘蔗是最适合转基因改良的物种之一。第一，甘蔗开花结实需要极其严格的光温条件，育种上多采取集中杂交，一般通过选择合适的地点种植亲本并采取光周期诱导使甘蔗花芽分化，商业栽培品种在生产上一般不开花，即便开花种子基本也是败育的。第二，甘蔗为工业原料作物，其产品蔗糖为纯的碳水化合物，不含蛋白质成分，同时加工蔗糖需要经过107 ℃的高温炼煮，即便存在外源基因表达的蛋白质，其在加工过程中也会被完全分解，而燃料乙醇也是纯化学品且非食用品。第三，甘蔗无性繁殖的特点，使得外源基因发生漂移的机会大幅度减少，同时由于采取无性繁殖，转基因后代基本不存在分离，一旦获得优异的转基因单株，即可通过腋芽繁殖快速扩大群体。因此，无论是在国际上还是在国内，甘蔗是转基因安全风险等级最低（I

级）或安全性最高的作物之一。

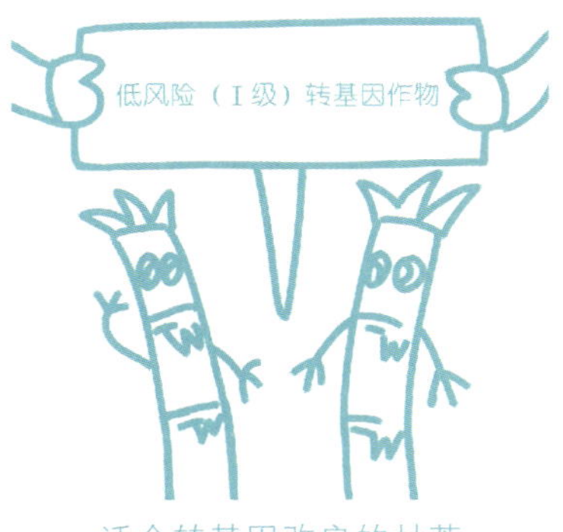

适合转基因改良的甘蔗

现代甘蔗品种是蔗属复合体（*Saccharum* spp. hybrids），通常认为决定其产量和蔗糖分性状的基因来源于甘蔗热带种（*S. officinarum*），抗逆基因则主要来源于细茎野生种（*S. spontaneum*），在目标性状基因聚合过程中，客观上存在不利基因的连锁问题，因此，试图单纯依赖常规杂交育种实现高产、高糖、抗病虫和耐逆（旱、寒等）等多种性状兼具的聚合品种几乎是不可能的，所以常规杂交育种途径培育的商业化种植品种，总存在某些性状的不足。传统上，甘蔗栽培种都是采用有性杂交技术培育而成的，然而，由于甘蔗基因组大，遗传背景复杂，收获物蔗茎为营养体导致产量等性状的表现受环境的影响大，所以常规杂交育种一般需要经过10年左右才能从性状广泛分离的大群体中选育出一个优良甘蔗品种。可见，通过杂交育种获得一个优良甘蔗品种是一个人力和物力耗费巨大的过程，随着年代的推移，通过杂交途径提高甘蔗栽培品种的蔗糖含量和生产力的贡献已经明显下降，而且还经常会因为某一突出的不利工农艺性状导致育成的品种难以进行商业化推广。理论上，利用转基因技术可以将精选的“蔗”基因成功转入任一甘蔗品种，定向改良其目标性状。甘蔗转基因方法主要有农杆菌介导转化法、基因枪介导转化法、电激法等。国内研究中，在转基因甘蔗植株的获得上，基因枪介导转化法和农杆菌介导转化法齐头并进。

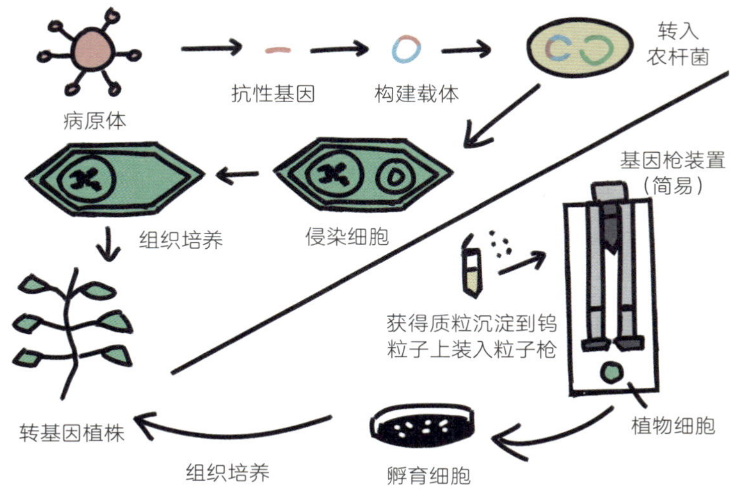

转基因方法

纵观甘蔗的转基因技术发展，聚焦在生物胁迫方面（抗虫、抗病和抗除草剂等）的研究最多。农作物病虫害是影响农业持续、稳定和健康发展的重要因素，全球每年因病虫害造成的损失高达数千亿美元，而长期以来，农业病虫害的防治主要依赖化学杀菌剂、杀虫剂，致使许多病菌、害虫的抗药性日益增强，同时环境、食物链和水资源也受到严重污染。利用转基因技术，将抗病虫基因导入农作物植株中，使其在寄主细胞中稳定地表达和遗传，能够培育出抗病虫的作物品种，有效地降低病害和害虫的侵扰。就甘蔗转基因而言，最早开展的是抗虫品种的培育。1992年，昆士兰大学报道了首例利用基因枪获得转基因甘蔗的研究，之后，在国际甘蔗技师协会（International Society of Sugar Cane Technologists，ISSCT）的积极倡导和促进下，国外先后通过基因枪或农杆菌途径，成功培育出包括转*Bt*基因、*cry*（cryptochrome）基因、*gna*（*Galanthus nivalis* agglutinin）基因和蛋白酶抑制因子基因等一系列抗虫转基因甘蔗。我国甘蔗转基因研究起步迟，但也获得了一系列抗虫性显著提高的转基因株系，并先后获准了转*cry1Ac*和*cry2A*基因的甘蔗中间试验安全性评价，且旨在提高抗虫持久性的基于多个基因叠加的多价转基因甘蔗创制也有报道。转基因抗虫品种有很多优点，可简要罗列三点。一是具有连续性保护作用，可控制任何时期内发生的害虫，并且只杀死摄食该作物的害虫，对非靶标生物没有影响。二是抗虫物质只存在于作物体内，不存在环境污染问题。三是相比于研制其他新型杀虫剂，成本少，投资低，也不会导致害虫的耐药性增加。转基因甘蔗在抗病性改良方面的研究基本上是针对病毒病，比如针对花叶病和黄叶病，尽管也有针对真菌性病害（如黑穗病、赤腐病等）的报道。主要原因是由于甘蔗基因组破译的滞后，导致基因鉴定进展缓慢，而病毒病的改良，则可通过干扰病毒蛋白基因，来改良寄主甘蔗品种的抗病性。我国抗病毒病的甘蔗转基因研究始于1996年，福建农林大学通过基因枪轰击技术，培育出以热带种Badila为受体，转SCMV-E株系的*SCMV-CP*基因的转基因系，13株转*SCMV-CP*基因的甘蔗株系中，有5株抗病性得以提高，且蔗茎的锤度可提高3个百分点（绝对值），并率先获准在福建省和浙江省进行环境释放安全性评价。甘蔗基因工程改良也涉及非生物胁迫（抗旱、抗寒、耐盐等），其中干旱作为甘蔗生产中影响最大的非生物胁迫因子，研究比较深入。研究表明水分减少严重影响甘蔗的产量。甘蔗的生长发育对温度的要求极高，随着全球温室效应持续增强，极端气象频发，耐寒甘蔗品种培育也是研究热点。以植物作为生物反应器有利于实现低成本、高可扩展性和安全性的蛋白质生产。甘蔗由于高生物量而成为最具潜力的、生产重组蛋白的生物反应器。已报道的有：用于生产人类的细胞因子、可水解纤维素的葡聚糖酶、半胱氨酸蛋白酶抑制剂、细胞生物水解酶Ⅰ和Ⅱ。最近，还报道了利用甘蔗生产具有抗病毒、抗真菌和抗肿瘤活性的雪花莲凝集

素（*Galanthus nivalis* agglutinin，GNA）蛋白，每千克甘蔗茎秆和叶片组织中分别含12.7毫克和29.3毫克GNA蛋白。

甘蔗逆境胁迫

近年来，基因编辑在甘蔗上也得到应用和推广，方兴未艾。基因编辑，号称“基因剪刀”，是一种能够取得转基因效果，又可以避免外源基因安全疑虑的技术，主要包括人工核酸酶介导的锌指核酸酶技术（ZFN）、类转录激活因子效应物核酸酶技术（TALEN）和RNA介导的CRISPR/Cas技术，最典型的为CRISPR/Cas9基因编辑技术。借助这把“剪刀”，人们可以像编辑文字一样对甘蔗中承载遗传信息的DNA编码序列进行修改，从而改变其所控制的遗传性状。研究者利用TALEN介导的定向共突变技术，编辑甘蔗中木质素生物合成咖啡酸-*O*-甲基转移酶（COMT）基因，大幅度提高了木质素的糖化效率，也大幅度提高了木质纤维素生物质转化乙醇的产量，但并未明显影响被编辑甘蔗的农艺性状表现。采用序列专一的核酸酶对基因组进行编辑可能是一种更强有力的对作物进行改良的方法。大多数的基因组编辑方法需要位于靶序列或者在靶序列附近，发生DNA双链断裂（DSB），而定向的同源修复是为了矫正DSB。但是，高多倍体（例如甘蔗）的定向突变比二倍体难度大得多，因为大量的同源染色体导致功能冗余。不过，这也有好处，那就是共突变等位基因时会产生不同拷贝数的转基因个体，从而形成一系列不同的表型，类似于RNA干扰的转基因后代。因此，想得到表型改变的基因编辑甘蔗材料，需要建立可同时编辑多个等位基因的平台。最近，佛罗里达大学在甘蔗上报道了第一例针对多个等位基因进行有效编辑的研究，其目的是编辑镁螯合酶亚基Ⅰ，而该酶是叶绿素合成的关键酶。该研究通过基因枪轰击，成功实现了在甘蔗栽培品种CP88-1762上共突变一个等位基因的49个拷贝，导致了再生植株叶绿素含量的严重减少。该研究还比较了采用基因枪轰击导入基因编辑剂处理后4天，愈伤组织保持在28℃培养，或37℃热处理培养48小时后再转到28℃培养的情况，发现热处理使得编辑频率提高了2倍，同时，还大幅度地促进了共编辑多个等位基因，而这是产生可观察到的与野生型不一样的表型所不可缺少的。尽管该基因编辑株系的叶片不是呈现绿色，而是呈黄色，但却并不影响其在土壤中的生长，同时，也没有明显可见的生长量下降和生长延缓现象。特别需要指出的是，该研究双位点的编辑效率高达32.2%。此外，佛罗里达大学还在甘蔗上建立了有效且可重复的基因定向编辑技术体系，实现了同时精确编辑多个等位基因，其基因编辑也是通过CRISPR/Cas9可编辑的核酸酶诱发，借助模板介导和定向同源修复（HDR）使DNA双链断裂。以上工作为利用基因编辑改良甘蔗品种和种质提供了技术体系，积累了基础，指明了方向。

CRISPR 基因"魔剪"

转基因技术是作物分子生物学的核心，在降低资源投入、保护环境安全、保障粮食供给等方面显示了巨大的潜力，已成为现今应用最为迅速的生物技术。鉴于日益迫切的提高甘蔗生产力的需求和产业可持续发展在甘蔗栽培管理上遭遇的急需更轻简、更高效以及减肥减药技术的挑战，甘蔗转基因技术的推广和应用势不可挡。近年来，先正达公司也开始进军甘蔗产业，并于2008年收购了巴西（世界上甘蔗栽培面积最大的国家）甘蔗生物技术研究力量雄厚的私人公司——甘蔗技术中心（Cane Technology Center，CTC）。此外，国际甘蔗技师协会（ISSCT）甘蔗生物技术协作组成员国美国、澳大利亚、印度、巴西、阿根廷等14个甘蔗生产国家早已在多年前就陆续进行了一系列针对抗病、抗虫、抗旱、抗除草剂、改良蔗糖分以及利用甘蔗作为生物反应器生产糖尿病人可食用的被称之为"健康糖"的蔗糖异构体的转基因研究，也进行了一系列甘蔗转基因田间试验，积极为转基因甘蔗商业化种植进行技术、物质等方面的储备。由此可见，转基因甘蔗的商业化种植已有较好的国际背景。随着2013年世界上第一例转甜菜碱合成酶基因改良抗旱性的转基因甘蔗事件获准进行商业化种植，转基因甘蔗在更多国家进行商业化种植即将成为现实。

商业化种植转基因作物

最近的报道显示，目前已有6例转基因甘蔗获准商业化栽培。尽管最早于2011年印度尼西亚批准了2例旨在提高耐旱性的甘蔗转基因品种，即通过把大肠杆菌胆碱脱氢酶（CDH）基因*EcBetA*导入甘蔗；并且2013年该国又批准了2例，具体是转苜蓿根瘤菌胆碱脱氢酶基因*RmBetA*提高了甘蔗耐旱性，不过均未见大面积商业种植的后续报道。之后，2017年巴西批准了该国首例转*Cry1Ab*基因改造抗虫性的甘蔗品种CTB141175/01-A的商业化应用，次年（即

2018年）就开始了商业栽培，面积约为400公顷。此外，2018年巴西又批准了另一例转*Cry1Ac*基因改良抗虫性的甘蔗品种的商业化释放。根据农业部2014年发布的转基因作物商业化应用分步实施的总体策略，提出先安排非食用作物，如棉花等，再安排间接食用作物，最后考虑直接食用作物，并加强对转基因产品的监管。鉴于甘蔗是工业原料作物，蔗糖为化学纯食品，转基因甘蔗生产的蔗糖中未检出外源基因成分，加上以甘蔗为原料的燃料乙醇属非食品，因此，预计转基因甘蔗在中国的商业化进程将有望加快。

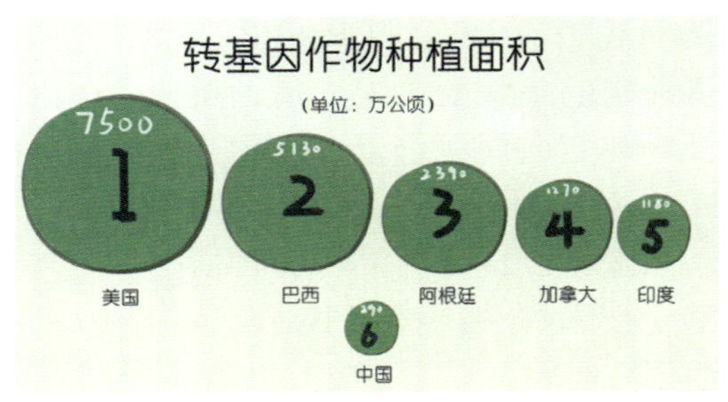

转基因作物种植面积

转基因甘蔗作为转基因技术与传统甘蔗品种结合的新型产物，仍有许多困境需要破解。一是转基因技术仍有待完善。如基因枪转化法仍存在转化效率较低、嵌合体比较多、外源基因插入拷贝数比较多和所获得转基因株系遗传稳定性较差等问题。农杆菌介导法也存在不足，由于在愈伤组织的使用上沿用了基因枪转化法的愈伤继代诱导方式，愈伤组织本身分化效率偏低，导致最后转化率偏低，且作为介导的农杆菌在愈伤组织培养后很难被彻底清除，导致培养阶段污染严重；在筛选过程中难以区分抗性芽与被筛选剂杀死的芽，也是导致转化率降低的原因之一。二是我国安全管理体系不够健全。在宏观层面，转基因甘蔗的信息数据库的建立、健全与适合转基因甘蔗特点的安全管理体系都尚未建立，这就难以保证商业化过程中转基因甘蔗溯源机制的实现和风险防控。虽然转基因技术先进国家兼甘蔗生产大国巴西、澳大利亚以及印度尼西亚都在积极筹备转基因甘蔗商业化，但是由于世界各国原本的转基因产品安全管理体系较为薄弱，研发速度的相对过快导致转基因甘蔗的安全管理体系无法立即对接，从而严重阻碍了转基因甘蔗的商业化进程。三是公众认知不完全甚至具有恐惧感。由于转基因产品对人类健康的影响与转基因作物对环境安全的影响，不仅需要提供一系列的安全证据，而且，非从事转基因相关工作的社会公众因为不了解其原理，容易受到媒体舆论导向的影响，同时，社会公众的个体因素如性别、年龄、受教育程度、收入水平等，尤其是受教

转基因甘蔗发起的挑战

育程度和对转基因的了解程度，都是导致公众对转基因产品的认知存在明显差异的直接因素。

甘蔗是最具商业化潜力的转基因作物产品之一，但要想实现商业化发展还有很长的路要走，或许可以参考以下四项建议。一是完善相关政策法律体系。作为转基因产品，其对生态、环境以及人类健康等方面的影响是其能否被批准进行大规模种植的重要因素，应该制定更加明确具体的规定或条例。就转基因甘蔗而言，需要考虑的内容应当包括转基因甘蔗品种的认定标准、登记程序，转基因甘蔗的种植与加工、产品销售中涉及的法律法规，转基因甘蔗产品基因成分检测有关元件（如内标准基因的筛选与鉴定、相关的检测技术等），只有这样才能在保证安全性和可控性的前提下进行转基因甘蔗商业化应用。二是建立具有自主知识产权的转基因甘蔗技术体系。甘蔗是无性繁殖作物，且转基因甘蔗在外观上与传统品种差异不大，因此，转基因甘蔗商业化在短期内必然会遇到品种的假乱杂现象，而中国传统物权法中“一物一权”法理观念以及小规模农户种植形式，难以厘清转基因甘蔗所涉及的各种技术和知识产权问题，必然造成传统的知识产权保护相关的法律、法规无法适用于通过转基因技术创造的甘蔗新品种；加之部分国家在转基因商业化后可能凭借世界贸易组织（World Trade Organization，WTO）立法框架的漏洞，以生物产品的绿色壁垒的名义，将自身具备的生物技术知识产权优势作为生物产品垄断和掠夺的合理依据。因此，中国在批准转基因甘蔗商业化种植前，非常有必要明确其产权问题，以不涉及国外产权保护为佳，借助政、产、学、研、用联合的效应，综合推进转基因甘蔗的技术成果转化，为中国转基因甘蔗产业的战略发展提供必要的保障。三是构建转基因甘蔗安全管理体系。构建安全管理体系是转基因作物商业化最为重要的环节。目前，中国转基因作物安全监管体系较为完整。然而，为了加快推进转基因甘蔗的商业化种植，有必要根据甘蔗本身特性，健全安全管理体系，比如建立转基因甘蔗信息数据库，以实现转基因甘蔗推广进程中长期持续的跟踪与反馈，并针对出现风险及时有效地采取相应的防控措施。四是强化转基因甘蔗推广的公众参与机制。公众是转基因技术及其产品的最终消费者，由于信息的不对称与部分媒体的极端炒作，导致目前已有的转基因作物在商业化过程中面临严重的困境，其中，最主要的原因还在于舆论信息的传播与反馈，因此应当切实强化公众

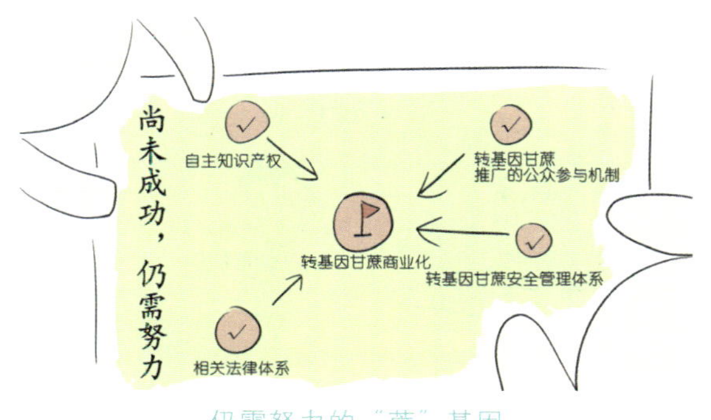

仍需努力的“蔗”基因

参与机制建设。

科技是一把双刃剑，享其利必先去其弊。转基因生物因可以兼具高产、优质、耐抗性强等优良品质，为人类生产生活所急需，并且其创造的巨大经济和社会效益，也是不容小觑的。然而，对转基因产品安全性的问题一直存在激烈的争论。“转基因食品会产生基因变异，下一代就毁了”“转基因食品会破坏免疫力导致癌症”“转基因食品会导致不孕不育”等种种质疑的声音频繁出现在我们周围，而这些疑惑引来了更多不知情的人对转基因食品的恐惧。谨慎再怎么都不为过，恐惧却大可不必，且听笔者一一道来。

转基因食品安全吗？

转基因食物进入肚子里真的会引起基因变异吗？理论上，这种担忧在科学上是站不住脚的。在化学本质上，天然食品和转基因食品没有区别，遗传信息的载体都是核酸，进入人体之后，都会在消化道中被分解，无法到达人体细胞的细胞核，更没有与人体基因杂交的隐患。目前，尚未发现转基因食物危害人类健康的证据，美国食品药品监督管理局认为，转基因食物跟同类的传统食物一样安全。有意思的是，欧盟从130个研究项目、涵盖25年的研究及500多

转基因食物会引起基因变异吗？

个研究团队的研究中得出结论：没有任何证据表明，转基因作物对人类的危害大于传统农作物。转基因食品会破坏免疫力导致癌症？目前，尚没有任何一项研究揭示癌症如何产生的确切机制，这与个人身体素质、生活习惯及生活环境息息相关。转基因食品会导致不孕不育吗？2010年2月2日，某网站刊文称，“多年食用转基因玉米导致广西大学生男性精子活力下降，影响生育能力。”据核实，广西从来没有商业化种植和销售转基因玉米。该报道将广西医科大学第一附属医院某博士关于《广西在校大学生性健康调查报告》的结论，与并不存在的食用转基因玉米挂钩，混淆视听，得出上述耸人听闻的“结论”。“转基因食物完全无害”，本身就是一个在科学上无法证明的命题，但在没有充足的科学依据能证明它有害之前，我们不应该定它死罪。

吃了转基因食品拉肚子，就是转基因食品的错吗？事实上，日常摄入的食品中，有的就含有毒性物质或者抗营养因子。比如，未成熟的青色番茄含有生物碱，如果一次摄入过量，就会出现头昏、恶心、呕吐等中毒症状，甚至可能危及生命；而生食豆类和木薯，其中的生氰糖苷可能导致慢性神经疾病甚至死亡。同样的，辣椒中大量的辣椒素可成为致命毒物，人体在一次性摄入过量辣椒素后，会出现呼吸困难、蓝皮肤及抽搐等症状。发芽、未成熟或者出现黑斑的马铃薯中，会产生茄碱，又叫龙葵素，食用0.2～0.4克便可引起急性中毒，严重亦可致死。餐桌上这样的食品比比皆是，但是人们并没有因此而拒绝它们，相反还成了不少人的偏好。因此，相比完全拒绝，我们更需要的是对食品健康和饮食安全有更加科学的认识，了解其正确的食用方法，然后可以放心地享用。

吃了几千年就安全吗？

理性看待转基因技术绝不是诋毁科学创新，更不是人云亦云、造谣惑众，而是需要清晰地了解转基因技术的原理和操作流程，以及潜在的风险及其防控措施。转基因技术的发展及其应用一直伴随着质疑、担忧甚至反对的声音。理论上说，万一有人有意或无意在作物中转入了能表达有毒物质或过敏物质的基因，那可能会对人体健康造成伤害，这种潜在的风险是存在的。但是，作为一项技术，转基因本身是中性的，由这项技术研发出来的产品都需要经过一系列的安全性评价，符合相应标准后才能上市。根据国际食品法典委员会的标准，转基因作物研发过程中，需要开展目标蛋白的毒性、致敏性等食品安全评价，

以及基因漂移、生存竞争能力、生物多样性等环境安全性评价，以确保通过安全评价、获得政府批准的转基因生物，除了增加人们希望得到的性状外，并不会增加过敏原和毒素等额外风险。因此，每一种转基因食品都是经过严格的食品安全评价体系才出现在人们视野中的，安全保证是足够的。甚至转基因食品还可以增加食用安全性，例如北京理工大学胡瑞法教授及其团队调查发现，转基因抗虫水稻的应用，减少了80%的农药使用，这对食品安全和生态环境安全的意义是不言而喻的。从这个角度看，转基因技术的应用可以进一步增加食品的安全系数。

理性看待转基因食品

转基因生物的安全性问题是可以认识、评测和控制的。世界各个国家都对转基因生物的研究、试验以及生产等各个环节有着严格的监测和控制管理。我国自开始主粮作物的转基因研究后，从研究、试验、生产、加工、经营等各个环节，实行全方位全过程的严格管控，对实验室研究和田间试验阶段中的潜在风险进行重点监测。目前，我国转基因技术发展的方针已明确为“大胆研究、自主创新”，但同时指出“严格管理、慎重推广”。我国转基因全过程的安全评价包括5个层次：试验研究、中间试验、环境释放、生产性试验和申请安全证书。在完成中间试验、环境释放、生产性试验后，才可申请安全证书，

加强转基因科普

获得安全证书是进入品种审定与种子管理程序的必要条件。同时，即使获得安全证书，并不意味着放松警惕了，每一个转基因产品在每个省份推广都需要申请1个安全证书，且只有5年的有效期。我国是世界唯一采用定性按目录强制标识的国家，要求生产、经营转基因食品等均应显著标识。我国自2016年10月1日起实施《农业转基因生物安全管理通用要求实验室》等10项标准（中华人民共和国农业部公告第2406号），以保证对转基因从实验室、温室到田间试验等全过程的严密监控措施，防止未经过安全评价的转基因作物扩散到环境和食物链。

转基因技术——老虎不吃人，但恶名在外，仍需继续加强科普，顺势利导。客观来说，转基因技术和转基因农作物具有两面性，这是值得我们认真审视和思考的。转基因技术最直接的优势就是增加了农业生产量。转基因技术是选择性地将一些优良的基因（如快速生长的基因、抗虫害的基因等）植入传统的农作物当中，所以传统农作物的生长特性也有所改善，生长期大大缩短，农作物抗病虫的能力也有了显著的提高，而转基因技术最大的问题是其应用带来的新品种优势，这是否可能导致某些常规品种的式微甚至灭绝？是否会破坏生物多样性和生态平衡？现有研究已经很好地做出了否定的回答。

转基因技术的两面性

精选蔗基因，糖业前景行。党中央、国务院高度重视农业转基因技术。近年来，中央1号文件多次强调，要加强农业转基因技术研究、安全管理、科普宣传和产业化发展。中央和省市设立专项资金，支持转基因产品的研发。目前，我国在水稻、玉米、大豆、棉花、番木瓜等农作物，以及畜禽疫苗的转基因技术研发上，已经取得了突破性进展。甘蔗属于转基因安全风险等级最低（I级）或安全性最高的作物之一，也是适合转基因改良的物种。当然，转基因技术的安全问题是很受大众关注的一个问题，也是科学家竭力解决的重要问题。总之，安全不安全，应该用科学来评价；能种不能种，应该由法规来决定；食用不食用，应该在政府、行业主管部门和科学家共同研判，确认安全无虞后，再交由消费者自己来选择。我们期待并坚信，基因工程在甘蔗遗传改良中的应用前景将越来越好。

撰稿人：张　靖　尤垂淮　苏亚春　吴期滨　许莉萍　罗　俊　阙友雄

机械花一开 甜蜜自然来

食糖是关系国计民生的战略物资和重要基础产业，在国民经济发展中处于基础性、战略性的地位。国务院《关于建立粮食生产功能区和重要农产品生产保护区的指导意见》将糖料蔗生产列入重要农产品生产保护区范围，充分表明我国甘蔗产业发展关系国计民生。我国主要制糖原料为甘蔗和甜菜，其中甘蔗糖占食糖总产量的85%左右。2020/2021榨季，我国食糖总产量1 066.7万吨，其中甘蔗糖913.4万吨，占比85.6%。

我国食糖生产概况

“花”开“蜜”来，有花才有蜜。假如说甘蔗机械化是朵花，该“花”一旦绽放，甘蔗产业的发展就将有充分的保证，产业的甜“蜜”可能自然就来了。反过来，如果机械“花”持续不开，劳动力成本高企和比较竞争优势消失趋势下，甜蜜的事业必将饱含苦涩。甘蔗生产属于劳动密集型产业，农村剩余劳动力大量转移、甘蔗生产机械化水平低、劳动力成本高等因素已经成为制约我国蔗糖产业可持续发展的重要因素，其中尤以机械化水平低为甚。生产全程机械化不仅是解决劳动力的根本途径，还是变革现代农业生产方式和技术、突破甘蔗单产瓶颈、节能降耗的重要手段。甘蔗生产全程机械化是一项系统工程，涉及耕整地、开沟、种植、中耕除草、施肥培土、植保、灌溉、收获、装载、运输、宿根破垄、蔗叶粉碎还田等主要环节。其功能与目的不仅可以体现在减轻劳动强度、减少人工耗费、提高劳动效率和实现系统收益四个方面，还能反映出机械化从低级阶段向高级阶段发展的不同特征和要求。从总体上看，由于受土地资源、技术、装备、组织和管理因素的影响，我国甘蔗生产全程机械化在经济上尚未能充分体现出系统的收益目标，在技术上也还未达到农机农艺融合的理想产量要求，我国甘蔗生产的全程机械化还处于发展的早期阶段。从历史维度看，机械化是现代农业生产水平发展的必然趋势和必备条件，一个农业产业的生产机械化水平也是其国际竞争力的重要影响指标和直接反映。从世界范围来看，生产机械化水平的提高，对甘蔗生产规模和生产水平以及对相关产业的辐射带动效应都会产生显著的影响，甚至是跨越式的提升和推进。甘蔗生产全程机械化是蔗糖产业提质增效的重点和难点。

甘蔗农机农艺融合的理论与实践

1.机械化生产对甘蔗品种的要求

我国现有自育的甘蔗品种都是几年或十多年前配制的杂交组合选育出来的，选育过程中基本上未考虑机械作业对品种种性的要求，导致近年来在机械收获试验示范中，普遍反映品种难以适应机械化作业。蔗田作业机械高效、节本优势的发挥，有赖于与机械作业相适应的品种和农艺措施的配合。在甘蔗品种选育方面，可从有利于提高机械作业效率、有利于降低原料蔗夹杂物和机收损失率、有利于延长宿根年限等性状上优先选择着手。这些性状主要包括以下五个方面：

适合机械化收获甘蔗品种的工农艺性状特征

（1）高产、高糖和抗当地的重要病害是对生产品种的共同要求。同时，蔗茎产量高低对机械收获的效率有直接影响，故选择品种时应对其丰产性有更高的要求。

（2）表型性状方面，要求株型直立，叶片挺直，易脱叶，抗风抗倒，无或少气根，以提高收获效率、降低收获损失率和原料蔗的夹杂物率。直立抗倒

的品种能够减少因严重倒伏导致的机械收获破头率，保证收获质量。

(3) 生长特性方面，要求萌芽、宿根发株、分蘖快，并且整齐度高、分蘖成茎率高，群体生长整齐，秋、冬笋少。下种后尽快达到齐苗、壮苗，形成生长健壮、均匀整齐的蔗苗群体，便于机械中耕，提高作业效率，最大限度地减少机械作业对蔗苗的损伤。

(4) 延长宿根年限是降低甘蔗生产成本的有效措施，机械收获时收获机和运输车都会压实蔗地土壤，对甘蔗宿根造成不利的影响。特别是土壤湿度过大或轮距与行距不匹配时，这种不利的影响就更为严重。选种宿根性强的品种是提高蔗田机械化作业整体效果的重要环节之一。为使蔗行免受收获机轮或车轮直接碾压，一般需适当调整轮距，或改变种植行距，以使两者相匹配。强宿根性品种具有分蘖发生快、分蘖力强、分蘖苗均匀的特点，以利于在较宽行距种植的条件下尽早封行。

(5) 机械化适宜品种不仅要高产、高糖、抗逆（病、虫、旱、寒、风、盐、瘠）、强宿根，还须注意适合机械作业的形态学特征、理化特性和工农艺性状。对机械化种植而言，芽体不暴凸、生长带不过分鼓胀、芽体陷入芽沟等性状都是保护蔗芽免受机械损伤的有益性状；对机械化中耕管理来说，应选择早生快发，对除草剂钝感，分蘖性强，主茎和分蘖长势整齐，封行迅速，梢部不易折伤，成茎率高的品种；而蔗茎纤维含量中高，直立抗倒，易脱叶或叶鞘松、薄，蔗肉组织致密，蔗糖分耐转化能力强则是适合机械化收获的优良性状。

适合机械化收获甘蔗品种的形态学特征

2.适合机械化甘蔗新品种的选育策略

(1) 调整育种程序，以多元化目标选择后代材料。随着甘蔗产业的发展，甘蔗的育种目标已拓展到以糖料品种为主，兼顾能源甘蔗、果用型甘蔗、饲料型甘蔗等各种类型品种选育的多元化目标。在甘蔗杂交育种中，只要对现行的育种程序做出适当调整，在亲本选配和后代培育与选择中，加强相关性状的选择，则可在同一育种程序下，实现“多元化育种目标”。适合机械化作业新品种的选育工作，可在传统甘蔗育种程序的基础上进行，重点关注适合机械化作业品种种性的共性要求，选择综合性状优良的品种，进行进一步的试验评价。在全程机械化作业条件下，或在宽行距条件下，实施杂交后代的选择工作，有助于选育出适合机械化作业的新品种。在早期选择阶段，按蔗田机械生产品种的基本要求，对杂交后代进行选择，将入选的优良材料进行机械作业的试验评价，是加速适合机械化作业品种选育的重要措施。

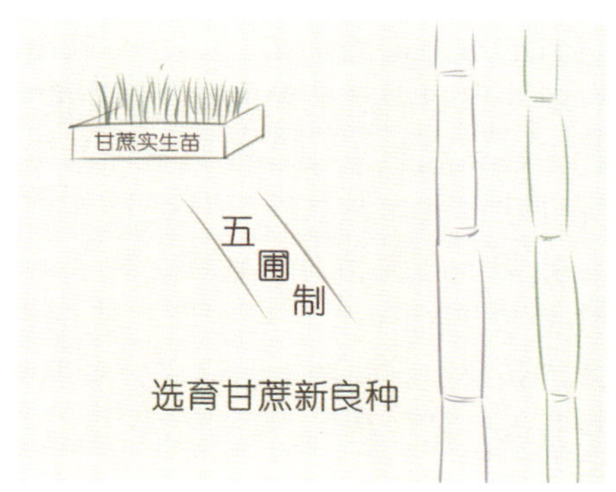

甘蔗选育程序

（2）从现有生产品种中筛选适合机械化作业的品种。根据蔗田机械作业对甘蔗品种的基本要求和品种的特征特性，从现有甘蔗生产品种中，筛选一批性状上适合机械化作业要求的甘蔗品种，进行进一步的农机农艺配套技术试验、示范和推广工作，最终筛选出优良的适合机械化作业的新品种，有利于加速蔗田作业机械化的进程。

甘蔗人工收获与机械收获

（3）加强亲本培育及其杂交利用。甘蔗亲本是杂交育种的物质基础。要选育适合机械化作业的优良新品种，必须从亲本抓起，重点是培育一批优良的、具有适应机械化作业主要性状的亲本材料，包括在创新育种材料、现有亲本、杂交育种各阶段的育种材料以及引进的品种、育种材料或种质中，进行筛选和进一步的杂交利用。

(4) 适合机械化的品种是今后的主要育种方向。适合轻简栽培作业的性状是提高作业效率、降低生产成本的根本需要。适合机械化作业是未来甘蔗品种选育的最重要方向之一。育种战略应该针对支撑和满足全程机械化作业的要求，相关性状包括方便作业与管理的育种目标性状，如不倒伏、分蘖快以实现主茎与分蘖茎高度相对一致等。在实现我国甘蔗栽培品种多品系布局和应对低温、霜冻和病虫害问题上，应充分考虑通过以上述品种为载体的配套技术，包括栽培技术、植保技术、农机农艺融合技术以及种苗技术等，获得稳定产量和实现均衡增产。

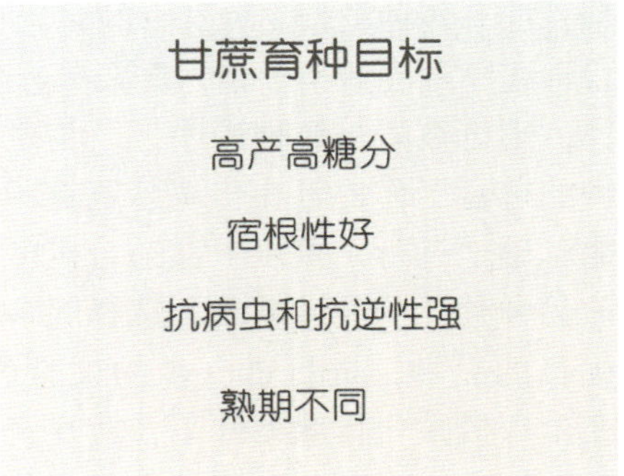

甘蔗育种目标

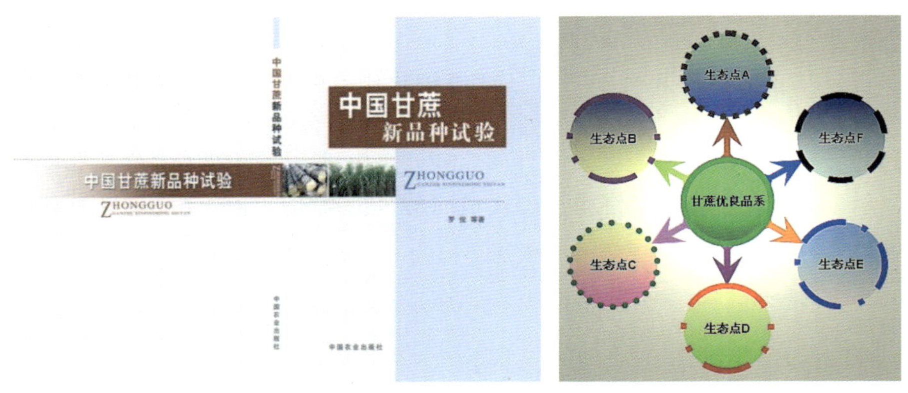

甘蔗新品种试验的方法与策略

(5) 新技术在甘蔗育种上的应用。甘蔗遗传背景复杂，商业栽培品种高度杂合，基因组大于10 Gb，为蔗属不同种杂交的高多倍体复合物，限制了通过回交途径的目标性状基因渗入。甘蔗目标性状连锁标记的开发尚缺乏高质量的栽培种基因组，迄今仅有与*Bru1*基因连锁的抗褐锈病标记在育种实践上得到应用。此外，筛选鉴定育种性状关联标记的进度在加快，但至今依然缺乏达到实用水平的标记辅助选择技术体系，甘蔗育种的提升尚无法通过生物技术改良途径实现。基因工程已经成为弥补甘蔗传统杂交育种缺陷和加快遗传改良进程的重要手段。近年来，甘蔗重要目标性状的形成和调控机制、甘蔗中具有育种应用潜力功能基因的克隆和鉴定、甘蔗抗虫性和抗病性以及其他目标性状的转基因改造、基因编辑技术在甘蔗上的应用，以及转基因甘蔗安全性评价与商业应用等领域的研究方兴未艾，有望在不远的将来掀起甘蔗育种现代化的浪潮。

3.我国适合机械化甘蔗品种的筛选及品种多系布局

（1）适合机械化作业新品种选育。我国甘蔗品种选育单位主要有广西农业科学院甘蔗研究所、云南省农业科学院甘蔗研究所、广西大学甘蔗研究所、广东省科学院南繁种业研究所、广州甘蔗糖业研究所、福建农林大学甘蔗综合研究所、广西柳城甘蔗研究中心、云南德宏州甘蔗科学研究所、福建省农业科学院甘蔗研究所、中国热带农业科学院甘蔗研究中心等10个单位。2017年国家启动非主要农作物品种登记制度，截至2020年12月共完成登记品种80个。其中广西农业科学院甘蔗研究所25个，广西大学甘蔗研究所5个，云南省农业科学院甘蔗研究所14个，德宏州甘蔗科学研究所3个，福建农林大学14个，广州甘蔗糖业研究所8个，中国热带农业科学院热带生物技术研究所4个。各育种单位筛选推荐的甘蔗新品种中，共有36个具有遗传多样性的新品种在国家甘蔗/糖料产业技术体系15个综合试验站进行集成试验示范，并进一步在75个辐射示范县进行示范与展示，其中11个品种产量和蔗糖分超过ROC22。在各甘蔗综合试验站进行集成示范，选育出一批在生产上发挥重要作用的优良品种和一批有潜力的品种。其中部分品种含糖量超过ROC22，生势强、宿根性

登记年份 作物名称 甘蔗 ▼ 申请单位

品种名称 登记编号 查询 重置

序号	登记编号	作物名称	品种名称	状态	登记年份	申请者	生产经营许	品种权	品种推广
1	GPD甘蔗(2020)440001	甘蔗	热甘1号	完成	2020	中国热带农业科学院南亚热带作物研究所	暂无	详情	暂无
2	GPD甘蔗(2019)450018	甘蔗	桂糖32号	完成	2019	广西壮族自治区农业科学院甘蔗研究所	详情	暂无	详情
3	GPD甘蔗(2019)450019	甘蔗	桂糖35号	完成	2019	广西壮族自治区农业科学院甘蔗研究所	暂无	暂无	详情
4	GPD甘蔗(2019)350023	甘蔗	百年蔗	完成	2019	松溪县农业局	暂无	暂无	暂无
5	GPD甘蔗(2019)450017	甘蔗	桂糖34号	完成	2019	广西壮族自治区农业科学院甘蔗研究所	暂无	暂无	暂无
6	GPD甘蔗(2019)530004	甘蔗	云蔗082060	完成	2019	云南省农业科学院甘蔗研究所;云南云蔗科技开发有限公司	暂无	详情	暂无
7	GPD甘蔗(2019)350013	甘蔗	中蔗福农44号	完成	2019	福建农林大学;广西大学	暂无	暂无	暂无
8	GPD甘蔗(2019)350007	甘蔗	闽糖061405	完成	2019	福建省农业科学院亚热带农业研究所	暂无	暂无	暂无
9	GPD甘蔗(2019)450020	甘蔗	桂糖55号	完成	2019	广西壮族自治区农业科学院甘蔗研究所	详情	暂无	暂无
10	GPD甘蔗(2019)530002	甘蔗	云蔗072178	完成	2019	云南省农业科学院甘蔗研究所;云南云蔗科技开发有限公司	暂无	暂无	暂无
11	GPD甘蔗(2019)450016	甘蔗	桂糖49号	完成	2019	广西壮族自治区农业科学院甘蔗研究所	详情	暂无	暂无
12	GPD甘蔗(2019)530005	甘蔗	云蔗081095	完成	2019	云南省农业科学院甘蔗研究所;云南云蔗科技开发有限公司	暂无	暂无	暂无
13	GPD甘蔗(2019)350010	甘蔗	福农42号	完成	2019	福建农林大学	暂无	详情	暂无
14	GPD甘蔗(2019)350011	甘蔗	福农043504	完成	2019	福建农林大学	暂无	暂无	暂无
15	GPD甘蔗(2019)350009	甘蔗	福农43号	完成	2019	福建农林大学	暂无	暂无	暂无

1 共 4 页 15 ▼ 显示第 1 - 15 条记录 检索到 56 条记录

甘蔗品种登记

（图片来源：农业农村部网站）

强、分蘖性好，能适合机械化作业的机器碾压。同时，这些品种在适应的生态蔗区，产量和蔗糖分都较大幅度地超过ROC22。因此，因地制宜地选用这些品种，可以达到增产、增糖和最终实现品种多系布局的效果，对甘蔗产业的生产安全起到有力的支撑。通过国家甘蔗/糖料产业技术体系的集成示范，筛选出了一批可在相适应蔗区推广的适合机械化作业的高产、高糖品种。

（2）科学的品种多系布局和合理的区试点选择。甘蔗品种的区域试验，不仅可以评价参试品种的丰产性和稳定性，还能筛选出适合特定区域种植的甘蔗新品种，从而促进甘蔗品种的多品系布局，是甘蔗新品种培育的重要环节。借助HA-GGE和GGE双标图，笔者所在团队筛选出18个蔗茎产量和蔗糖产量均超过对照品种ROC22的甘蔗新品种，推荐在甘蔗品种布局中因地制宜采用。其中，云蔗06-407、福农39、云蔗05-51等3个品种蔗茎产量和蔗糖产量稳定性均较强；福农38、柳城05-136、福农1110等3个品种蔗茎产量稳定性较强、蔗糖产量稳定性较弱；柳城03-1137、德蔗03-83蔗糖产量稳定性较强、蔗茎产量稳定性较弱。从蔗茎产量性状看，福农40和云蔗06-407适应范围较广，在多个试点蔗茎产量较高。此外，笔者所在团队通过聚类分析，对供试甘蔗品种（系）的蔗蔸形态、宿根性和生物量进行综合评价，筛选出德蔗07-36、桂糖42、桂糖08-2061和云蔗08-1095等甘蔗生物量高、宿根性好、根系较为发达的甘蔗品种（系），供生产中推广应用。

npg
Biplot evaluation of test environments and identification of mega-environment for sugarcane cultivars in China

Rational regional distribution of sugarcane cultivars in China
npg
Scientific Reports 5, Article number: 15721 (2015)
Scientific Reports 5, Article number: 15505 (2015)

科学的品种多系布局和合理的区试点选择

近年来，“双高”糖料蔗基地和糖料蔗生产保护区建设的推进、土地流转、规模化经营、农田基本设施和宜机化建设的开展，为甘蔗生产全程机械化，尤其是为实现全面机械收获奠定了良好的基础，引导并发展了一批种植大户和专业化服务组织，使得中国特色的甘蔗机械化模式逐渐明朗，技术路线日益清晰。通过选育适合机械化作业的甘蔗品种、农艺服从农机作业规范、农机为甘蔗高产提供装备技术支撑，同时注重机具作业的土壤结构改善和地力提升，实现高水平全程机械化条件下甘蔗生产力与土地生产力的协同提升，这已经成为业界共识。近年来，“智能化+大数据”加速融入，全程机械化研究方兴未艾，我国甘蔗生产全程机械化迎来了历史性转机。

撰稿人：罗　俊　张　华　苏亚春　林兆里　尤垂淮　阙友雄

百年蔗不死 宿根重又生

甘蔗是一种多年生禾本科作物，可多年宿根栽培。宿根甘蔗（简称宿根蔗）是指上一年甘蔗收割之后，在适宜的环境条件（如温湿度）下，留在蔗地中的蔗蔸萌芽再次生长出来的甘蔗。与新植蔗相比，宿根蔗具有早生快发、封行快、省肥、节省种苗和整地费用、前期管理成本低和提早成熟等一系列优点。蔗糖产业中，原料蔗是鲜活的农产品，砍收后必须尽快入榨加工，才能尽量减少原料蔗茎中的蔗糖转化为还原糖，提高出糖率，因此，在北半球，甘蔗砍收时间一般从冬季的11月中下旬延续到第二年的4月底，这段时间的温度总体不高且变化幅度大，而甘蔗起源于热带，属于喜温作物，20℃以上的温度才能形成有效的生长积温，故与新植蔗相比，宿根蔗因已有强大的根系，能更好地利用这段时间的光、温，为生长积蓄能量，从而较早进入生长阶段，积累更多的糖分，最终提早成熟。反观新植蔗，由于需要先生根尤其是永久根，而生根也需要有效积温，这导致新植蔗对该阶段的光、温利用效率低。因此，从能量利用方面看，宿根蔗具有显著的节能特点。据报道，宿根栽培每生产1吨甘蔗仅需要89 040 000卡能量，而新植蔗每吨则需204 550 000卡，可见，新植甘蔗栽培所需能耗为宿根蔗栽培的2.3倍。1959年，我国著名甘蔗专家、福建农学院甘蔗研究所所长周可涌教授在《福建农学院学报》发表《百年蔗》考证论文，首次对外证实在福建省松溪县郑墩镇万前村发现的“百年蔗”。“百年蔗”是世界上宿根年限最长的甘蔗品种，种植于公元1727年（清代雍正四年），已有近300年寿命，也是目前我国唯一仍然保存的传统制糖竹蔗品种。

早知松溪百年蔗，
何必去寻不老丹。

“早知松溪百年蔗，何必去寻不老丹”，同样的，如果能够破译甘蔗百年不死的基因密码，我国甘蔗宿根性研究将有望取得重大突破，强宿根性甘蔗品种的选育也将迎来新的春天。巴西甘蔗生产成本远低于中国，究其原因，除耕地成本低、土壤和生态条件好且采取甘蔗生产全程机械作业外，甘蔗生产性品种宿根性强也是最主要的原因之一。因为巴西的观点是：如采取的耕作制度是“一年新植、3年宿根”，即便在上述有利的生产条件下，种植者获利也不多。因此，在巴西，甘蔗一般宿根栽培5 ~ 6年。在印度，据报道，宿根蔗生产成本比新植低20% ~ 25%，但由于该国宿根蔗单产低（40 ~ 50吨/公顷），导致宿根蔗占比仅为40%，使得印度甘蔗生产的总成本也较高。中国宿根蔗种植面积占比虽较高，广西和云南两大产区的宿根蔗占比分别为50% ~ 60%和

70%，但宿根年限短，大部分实行“一年新植、两年宿根”的种植制度，也有部分因为黑穗病或虫害发生严重而只能宿根一年，此外，中国第三大产区广东湛江，由于病虫害严重，一般仅宿根一年，有些田块甚至因宿根差而仅有新植。宿根年限短是中国甘蔗生产成本居高不下的重要原因。

福建松溪百年蔗糖厂

1.甘蔗的宿根性

宿根能力（ratooning ability, RA）被定义为“第二次宿根（second ratoon, SR）蔗产量占新植蔗产量的百分比”、“随着宿根年限的增加，甘蔗维持产量的能力”、“宿根季产量占当家对照品种的百分率”或“新植或上造甘蔗收斩后，宿根发株的快慢强弱和数量，最终成茎率、有效茎数和产蔗量高低的统称”。宿根栽培在甘蔗生产上占据极其重要的地位，是各甘蔗生产国普遍采纳的种植制度，且宿根蔗面积比例一般在50%左右，也有高达75%以上的。同时，热带地区宿根蔗占比更高，达50%～55%，亚热带地区占比相对低些，为40%～45%。在中国，目前宿根蔗比新植蔗能节约成本30%以上，且随着劳动力成本的不断大攀升，成本差距还将进一步扩大，因此宿根栽培无疑是提高甘蔗种植效益的一种简单、易行的举措。鉴于宿根蔗能有效提高甘蔗的种植效益，宿根能力就成为一个优良甘蔗品种必须具备的性状。宿根蔗蔸形态学、产量性状与含糖量连同新植、宿根的发芽和分蘖率均是选择宿根性的直接指标；抗病性、抗虫性、生物量、发芽期的激素含量则是选择宿根性的间接指标。对于一个强宿根甘蔗品系而言，新植表现为蔗芽萌发速度快，萌发数量多，且分蘖率高，最终有效茎数多；宿根蔗表现为宿根发株数多，形成的有效茎数多于

宿根甘蔗的根系

新植蔗，产量较新植蔗高。单茎重、蔗产量、锤度和含糖量都是高可遗传性和高遗传进展的性状，根据这4个性状选择宿根性是有效的。由于新台糖22（ROC22）对甘蔗黑穗病抗性较差，而黑穗病在宿根蔗上更加严重，这直接影响了其宿根能力，因此，以其作为选育强宿根品种的对照品种，并非理想选择。

2. 甘蔗宿根生产力的影响因素

品种、环境和栽培措施均会影响甘蔗宿根的生长和宿根年限，但是，内因也就是品种的宿根能力或者说宿根性是影响宿根的最关键因素。在亚热带地区，提高宿根蔗生产力的一个主要瓶颈是冬季收获的甘蔗其残茬的萌芽差。同时，宿根蔗萌芽率差不仅影响单位面积的苗数，其在整个作物季还会产生大量无效分蘖，导致收获时有效茎少，而有效茎的数量对甘蔗产量的影响最大，占的权重最高。我国最大蔗区广西位于亚热带地区，因此，同样存在这一关键限制因素，如果能种植宿根能力强的品种，则是有效的、低成本的解决该问题的技术途径。由于宿根性直接影响下一季宿根蔗的萌芽率，进而直接影响甘蔗高产群体的建成，并最终影响产量，因此，宿根性也是甘蔗品种选育的重要目标性状之一，历来为育种者所重视。无论从降低成本还是从提高宿根蔗生产力的视角，选育并种植强宿根性的品种，是延长甘蔗宿根栽培年限和提高宿根蔗产量最为关键的和先决的因素。干旱、病虫害和管理粗放是中国甘蔗生产中面临的新常态。在低温、霜冻、干旱和病虫害，尤其是黑穗病、螟虫等发生严重的蔗区或管理粗放的蔗区，要延长宿根年限并提高宿根蔗的单产，甘蔗品种的宿根性就显得更加重要。

宿根甘蔗

3. 甘蔗宿根性形成的生物学基础

（1）遗传学基础。甘蔗育种性状遗传的研究基本是从配合力和遗传力两方面进行，甘蔗宿根性研究也类似。配合力指的是杂交组合中性状的配合能力。宿根性的配合力研究显示，宿根性受父本和母本的一般配合力和特殊配合力共同影响，杂交后代宿根性的好坏取决于父本和母本的宿根性。亲缘影响种性，甘蔗高贵化育种中把野生种引入热带种和现代栽培种的目的，就是为了把野生种的生势、活力、抗逆性、强宿根性的基因引入栽培种，提高品种综合能力。甘蔗种质和品种之间在宿根性上存在差异，这为强宿根品种的选育提供了遗传基础、科学依据和有效机会。无论其作为父本或母本，亲本对后代宿根蔗的影响都比新植蔗更为显著，且宿根蔗遗传力表现高于新植蔗，因此，一方面，在实生苗的宿根季选择单株，比在新植季更有利于获得宿根性强的株系；另一方面，新台糖系列作为杂交亲本对强宿根后代的选育贡献大，而且，在选育强宿根性的品种上，以其作为父本比作为母本效果更好。

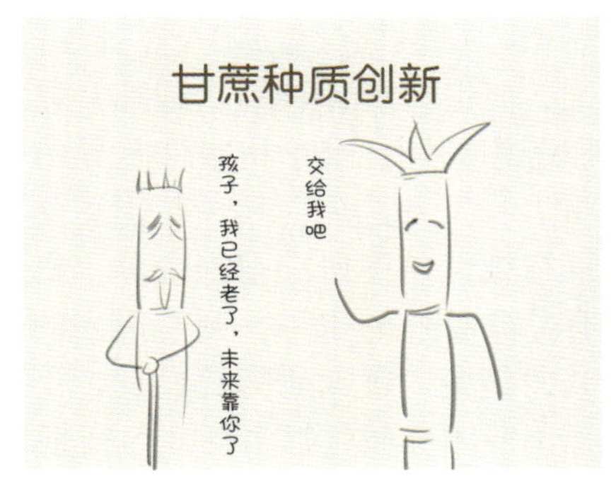

甘蔗种质创新

（2）形态、生理和分子基础。甘蔗强宿根性的蔗蔸根系形态学基础是根深扎（根长）、芽多且活芽数多及苗上永久根多。宿根蔗叶片的叶绿素荧光和气孔导度与宿根蔗产量呈显著相关。硝酸还原酶活性以及根-土壤界面的阳离子交换能力下降而渗漏加大是干物质积累下降，并最终导致宿根蔗产量下降的原因。此外，叶片大小、叶绿素含量、叶绿素荧光、分蘖等因素也会影响宿根蔗产量。在宿根萌发期，强宿根品系中脱落酸（ABA）含量显著高于弱宿根

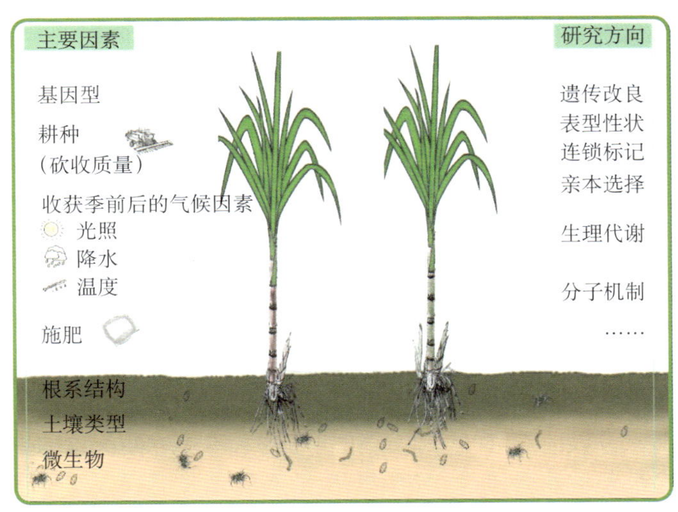

甘蔗宿根性研究

品系，宿根性越强ABA含量越高，且IAA/ABA和GA_3/ABA越低，宿根性越强，但生长素（IAA）、细胞分裂素（CTK）和赤霉素（GA_3）含量与宿根性无显著相关性。至于宿根性差异的分子基础，研究并不多，主要涉及分蘖发生与生长发育、分蘖相关基因克隆与功能研究。但是，迄今国内外均未见从甘蔗宿根性角度研究宿根性分子机制的文献报道，但同为单子叶禾本科并都具有分蘖特性的水稻，则有深入的研究，可以作为甘蔗宿根性差异分子基础研究的借鉴。前人研究还发现，不同品种根际细菌的多样性存在显著差异，但还不能明确微生物多样性与宿根性强弱之间究竟是什么关系。

4.甘蔗宿根性研究的展望

品种是支撑蔗糖产业发展的基本保障和主要根基，也是提高单位土地面积产出的核心技术。宿根蔗比新植蔗可大幅度节本，且由于劳动力成本总是逐年提高的，因此必然导致新植蔗与宿根蔗生产成本差距的进一步扩大。我国甘蔗育种已经取得较大的成绩，自育品种柳城05-136、桂糖42、粤糖93-159等的占比已达65%～70%，当家长达十几年的品种ROC22因感黑穗病引起缺株断垄，宿根蔗尤为严重，导致其第一年宿根产量就低于新植，占比从85%下跌到2020年的不足20%，但取代该品种且占比高达50%以上的2个自育品种柳城05-136和桂糖42仍然对黑穗病抗性较差，部分蔗区第一年宿根发病率就高达30%，因此，就中国而言，当家品种宿根年限短的问题仍亟待解决。

宿根性研究要与强宿根性品种的选育紧密结合。甘蔗杂交育种依赖巨大群体，基于表型性状选择宿根性虽然直观有效，但是，仍然难以实现同时对宿根性、抗病性和单产进行有效的鉴定与选择，更谈不上高效，尤其是抗病性，目前仍然缺乏有效的、通量高的、适合在低世代大群体中应用的技术。在实生苗宿根季选种虽有利于对宿根性的选择，但费用和占用耕地也是另一考量。在大田种植的杂交F_1代的宿根季选择强宿根性单株，有效但实生苗大群体占地多，管理成本大，并非成本高效的策略。如能在实生苗假植阶段或者大田密植条件下，采取一年多次剪去植株地上部的方法，来评价甘蔗亲本宿根性的一般配合力和组合宿根性的特殊配合力，并在制定生产性杂交育种计划时，注意选择一般配合力高的亲本和特殊配合力高的组合，就能提高杂交F_1代群体的整体水平，进而能较大幅度地提高强宿根性育种的遗传增益。同时，如能结合考虑拟推广生态区的土壤和气候条件，开展上述评价，将更有助益，因为甘蔗收获物是营养体，其表型性状的表现与环境的互作效应大。

甘蔗宿根性并非受单一因素影响，而是受基因型、环境（含试验地点土壤、温湿度、水分供应等环境条件）和栽培技术等多方面因素的影响，且甘蔗抗病性尤其是抗黑穗病既是产业急需解决的问题，又能间接选择强宿根性甘蔗品种。此外，单位面积的产糖量是强宿根性甘蔗品种选育的最终目的和体现，因此，强宿根育种需要同时考虑至少上述三方面的性状（即宿根性、黑穗病抗性和单位面积的产糖量），才能选育出能大面积种植、产业化应用延续周期长的强宿根性商业栽培品种，而要同时关注三个性状，无疑利用高通量测序技术结合标记分析群体，进行目标性状关联标记的筛选、鉴定与开发是关键。开发甘蔗目标性状关联标记尤其是具有育种实际应用价值的关联标记难度很大，但一旦开发出稳定关联的标记，哪怕标记还存在不足，其实际应用价值仍然很大。在上述工作基础上，挖掘优异性状形成的关键调控基因，阐明关键基因等位变异和单倍型的分布及其遗传效应也是破解甘蔗宿根性遗传的基础科学问题和未来基因编辑育种的重要基础。

福建松溪百年蔗园开镰

宿根性直接关系到甘蔗生产成本和种植效益，目前虽然已有一系列研究，但绝大多数只是针对几个基因型的研究，另有个别针对多达上百个甘蔗种质资源的评价，但目前只是从配合力和遗传力以及个别基因进行解析，对选育强宿根性甘蔗品种的技术支撑明显不足。

撰稿人：尤垂淮　汪洲涛　苏亚春　罗　俊　许莉萍　阙友雄

漫画 5 蔗根学问
甘蔗和糖的那些事

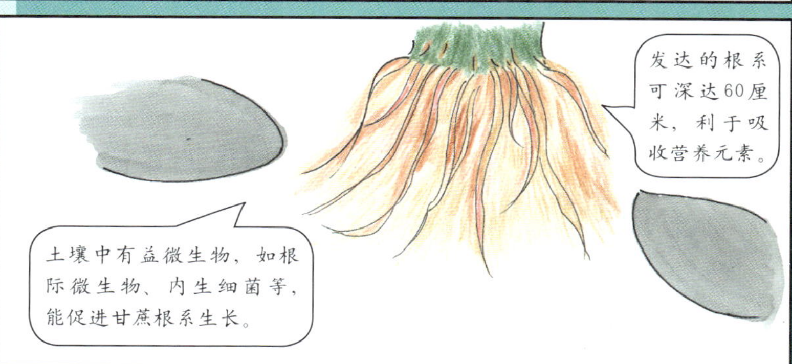
发达的根系可深达60厘米，利于吸收营养元素。
土壤中有益微生物，如根际微生物、内生细菌等，能促进甘蔗根系生长。

土壤微生物能够改善土壤结构，增强土壤肥力，为甘蔗提供良好的生长环境。
甘蔗是吸收土壤重金属元素的一大法宝！

我们中国还有百年蔗这种东西哦！据说从清朝年间流传到现在了。
百年蔗
我还是第一次听说呢！

微生物养土 甘蔗节节高

《管子·立政篇》中说：“五谷不宜其地，国之贫也。”可见土地对于农作物的生长发育是极其重要的。南宋农学家陈敷在《农书》中写道“盗天地之时利”，着重强调了天时与地利对农业生产的重要性。历史上对土壤耕作的最早经验总结见于西汉氾胜之所著农书《氾胜之书》。书中详细描述：“凡耕之本，在于趣时和土，务粪泽，早锄早获……杏始华荣，辄耕轻土弱土。望杏花落，复耕。耕辄蔺之。草生，有雨泽，耕重蔺之。土甚轻者，以牛羊践之。如此则土强。此谓弱土而强之也……及盛冬耕，泄阴气，土枯燥，名曰脯田。脯田与腊田，皆伤田，二岁不起稼，则二岁休之。”该书强调了耕耘需要结合气候；土壤结构需要改良，以令结构、温度和湿度相宜，以利作物生长；以粪肥保墒，增强地力；松土压土必须根据不同的季节条件和耕作年限进行。《氾胜之书》生动形象地说明，古人在生产实践中已经很好地了解土壤的基本性质并熟练地掌握了土壤改良的策略和方法。

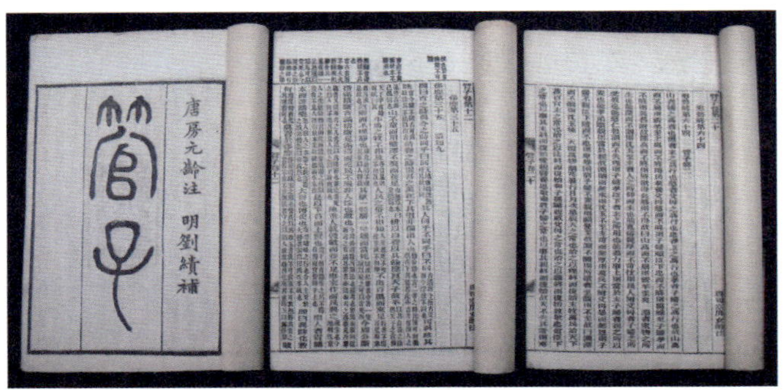
管子

唐房玄龄注　明刘绩補

五谷不宜其地，国之贫也。

《管子》

氾勝之書

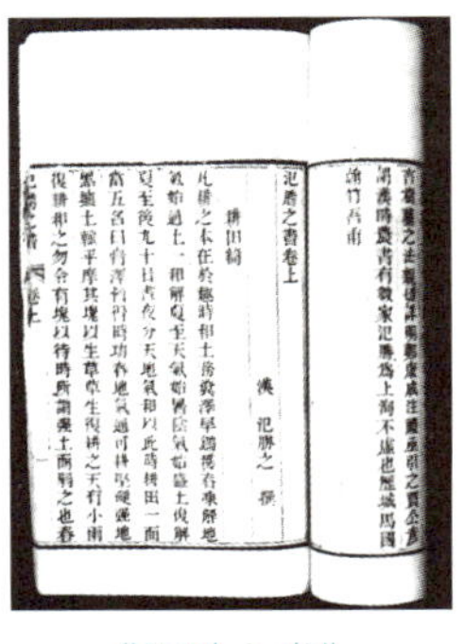

凡耕之本，在于趣时和土。

《氾胜之书》

适宜的土壤是满足作物正常生长发育的必要条件。作物在整个生长周期过程中，土壤不仅支撑着根系对养分和水分的吸收，同时还起到对植株的机械固定作用。前人研究表明，作物高产所必备的土壤条

高产土壤

件大致可以用“深、松、肥”三个字概括。“深”厚的耕作层用以保障充足的水肥供应能力。疏“松”的土壤可以维持良好的团粒结构，增加土壤的有机质和腐殖质，从而提升土壤的保水保肥和透气能力。而对于“肥”，一方面，良好的供肥能力，能长期保持养分的平衡，满足作物在不同生长时期对养分的需求；另一方面，良好的保水保肥能力，使养分更好地积累保存起来，满足作物在整个生长期的需求。

微生物作为土壤中最活跃的成分，在土壤构成和有机质分解等方面发挥重要作用。土壤中微生物虽然只占土壤有机质的3%左右，但其在作物养分的供应、转化与循环过程中，发挥至关重要的作用。同时，其丰富度或者活性的变化，还能够在一定程度上反映土壤的肥力或者污染程度。研究证明，土壤中，大部分微生物对作物生长发育都是有益的，它们通过影响土壤的形成、物质的循环和肥力的演变来产生影响。一般来说，土壤微生物主要有以下四种功能：第一，土壤微生物能够促进形成合理的土壤结构。微生物在活动过程中，通过代谢活动中氧气和二氧化碳的交换，以及有机酸的分泌等，助力土壤粒子形成大的团粒结构，最终形成真正意义上的土壤。第二，土壤微生物可以分解有机质，某些微生物还能够分解植物残渣，改善土壤的结构组成，促进土壤中养分的流通。第三，某些微生物（如固氮菌）具有固氮能力，进而提高土壤中氮素的含量。第四，一些土壤微生物可以通过与植物建立共生关系，增强植物的生存能力。以上说明，土壤微生物在农业生产中蕴藏着巨大的生产价值。可以毫不夸张地说，正是因为有了土壤微生物的默默耕耘，才有了生生不息的植物世界。

土壤微生物发挥重要作用

中国是世界上最主要的甘蔗生产大国之一，土地资源和土壤条件是甘蔗高产稳产的主要因素。甘蔗是热带和亚热带农作物，适合栽种于土壤肥沃、阳光充足、冬夏温差大的区域。2015—2020年，我国甘蔗种植面积由135.34万公顷增长到147.62万公顷，2020年同比2019年增长5.32%。这说明我国

蔗糖产业及其上下游不同产业链对甘蔗的需求量不断上升，甘蔗产业发展未来可期。

当前，我国甘蔗生产由于常年连作以及化肥的过度使用，蔗田土壤板结、酸化趋势明显，土壤营养成分比例失调等一系列问题也日益严峻，导致甘蔗产量和蔗糖分下降。土壤微生物作为土壤生态系统的关键组成部分，不但数量庞大，而且种类繁多，是极其丰富的“菌种资源库”。在农业生产的土壤中，几乎所有物质的转化都是在微生物参与下进行的，这些微生物主要包括：对农作物起到危害的土壤病原体、食草线虫，以及其他无脊椎动物等土壤有害生物群；抑或是诸如菌根真菌、非菌根内生真菌、内生细菌、固氮微生物或根际微生物等促进植物生长的共生菌；以及参与分解动物粪便、根系分泌物和土壤有机质等物质的分解微生物，它们通过直接或间接的方式调节土壤的理化性质，如pH、有机质含量、持水量、温度、土壤结构等。其中，对于能够促进作物根系对养分的吸收从而降低化学肥料的施用量，还能够进一步改善土壤结构、增加土壤肥力的微生物群落，称为有益微生物。因此，对于甘蔗科技工作者而言，如何着力开展关于利用和提高蔗地土壤中有益微生物的研究日益迫切。

土壤耕层分布

甘蔗与其他作物的间作或轮作能够有效改善土壤微生物活性或土壤微生物的分布。研究发现，甘蔗与凉粉草间作有诸多益处。首先，甘蔗与凉粉草间作形成合理互补，能提高土壤肥力，改善蔗田生态环境，降低杂草危害，增强糖料蔗的抗旱能力。其次，这种间作种植模式，不增加资源环境压力，又大幅增加产业效益。另外，相比于甘蔗单作，甘蔗与花生间作后，不仅根际的土壤细菌、真菌和放线菌数量分别提高了66.24%、186.34%和15.09%，其根际土壤脲酶和磷酸酶的活性也有了极大的提升。同时，还发现其根际土壤中铝含量显著降低，进而降低了田间的铝胁迫。除了间作，轮作也能改善土壤微生物分布。甘蔗与菠萝的轮作试验中，轮作能够增加一般好气

甘蔗—凉粉草间作

性细菌、真菌、放线菌等土壤微生物的总量，其中有益的氨化细菌和硝化细菌成倍增加，而无益的厌氧性细菌、反硝化细菌则受到抑制，最终达到的效果是轮作的产量和蔗糖分都显著高于甘蔗连作。

甘蔗栽培中，除了耕作模式的调整，还可以通过蔗叶还田和改变耕作策略来增加土壤微生物的总数。研究发现，蔗叶还田后其细菌总数、真菌总数、放线菌总数分别提高至常规栽培的2.38倍、1.80倍和2.74倍，且微生物群落的组成也发生了明显变化。此外，蔗叶还田还能增加土壤的有机质和速效养分含量，有力加快甘蔗的生长速度。还有研究表明，甘蔗种植的土层深度越大，对微生物群落丰富度的影响越大，其群落多样性也越高。因此，在一定程度上，深耕深种能强化根际微生物的活动，从而促进甘蔗根系的发育，有效改善甘蔗地上部的生长性状。

蔗叶还田

需要强调的是，在蔗地土壤中，类似于镉(Cd)、铅(Pb)、锰(Mn)等重金属污染对土壤微生物结构的破坏作用必须引起格外注意。在蔗田中，重金属污染对土壤微生物的种群大小、结构及活性都会产生一定的影响。不同浓度的重金属，对土壤微生物数量增长的影响不尽相同，这就要求甘蔗科技工作者，不仅要思考如何提高土壤微生物的活性及群落的多样性，还要注意研究重金属污染对土壤微生物的作用，加强对土壤重金属、土壤理化性状和甘蔗品种等多因素进行综合的定性和定量分析，以明确重金属对蔗地土壤微生物的影响及其机制。此外，还可以从不同程度重金属污染的蔗地土壤中，筛选专性耐受的有益微生物，进行相应的基因技术改造，使之适应污

重金属危害

染土壤并发挥修复功能，甚至还可以对某些特定功能微生物的重金属耐受及其转化机制进行深入研究，明确其分子机制，并在此基础上发展基于功能基因的生物修复技术。总之，以上这些研究将共同助力甘蔗的科学生产，为我国蔗糖产业的良性快速健康可持续发展打下坚实基础。

"微生物"养土，"甘蔗"节节高。从古至今，发挥科学技术的作用，实现甘蔗产业及生态的双丰收，是我国一代又一代甘蔗生产工作者以及科研人员不断奋斗的目标。土壤厚泽"蔗"，微生物助"糖"。我们可以通过生产实践和科学研究，加深对蔗地土壤的认识、利用和改造，真正做到"因地制宜、因土种植"。今后我们必须充分总结前人研究经验和切实继承前人研究成果，充分发挥蔗地土壤潜力，有效提高甘蔗种植技术，不断向甘蔗生产的深度和广度迈进，为端实、端稳和端好我国的"糖罐子"贡献力量！

撰稿人：赵振南　叶文彬　苏亚春　吴期滨　李大妹　许莉萍　阙友雄

土壤重金属 甘蔗来修复

《周易·离·象传》中说“百谷草木丽乎土”，说的是各种作物和草木都是依附于土壤而生存的，肥沃、富饶的土壤环境，有利于作物的营养生长和生殖生长；然而，当土壤瘠薄或者环境遭到破坏时，作物的生长必定会受到影响，导致产量降低的同时，还可能由于产品品质劣变而危害人体健康。《管子·水地篇》称土为“万物之本原，诸生之根菀也”，即土是世界万物的本源，是生物根深叶茂的基础，我们应该“辨于土”，针对不同的土壤环境，采取适宜的种植模式和耕作措施，才可以有好的收成，人们也能因此受益，也就是“民可富”，并据此提出“辨于土，而民可富”的思想。

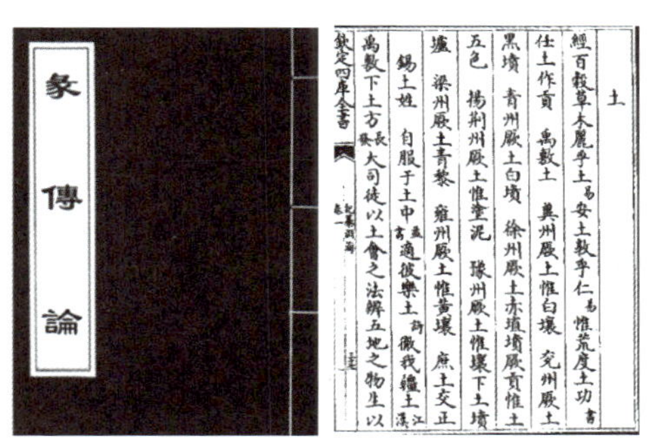

土
經百穀草木麗乎土易 安土敦乎仁易 惟荒度土功書
任土作貢 禹敷土 冀州厥土惟白壤 兗州厥土
黑墳 青州厥土白墳 徐州厥土赤埴墳厥貢惟土
五色 揚荊州厥土惟塗泥 豫州厥土惟壤下土墳
壚 梁州厥土青黎 雍州厥土惟黃壤 庶土交正
錫土姓 自服于土中 適彼樂土詩 徹我疆土
禹敷下土方長發 大司徒以土會之法辨五地之物生以
欽定四庫全書

《周易·离·象传》

百谷草木丽乎土

耕地是人类赖以生存的基本资源和条件，更是农业生产发展的最为重要的物质基础。我国部分地区的耕地土壤在重工业和经济的快速发展下受到重金属的污染，这已成为一种较为常见的现象。土壤的重金属污染有两个因素，一是自然环境本身的影响，即自然因素；二是人类行为活动所导致，即人为因素。自然因素指的是在自然条件下，成土母岩的风化分解和凋落的生物质腐化分解产生的物质，直接流入土壤，造成土壤中重金属的富集。人为因素主要包括固体废弃物及污水的排放、农药及化肥的不合理施用，以及冶金及石油开采运输等加工活动，这些过程中重金属在土壤中累积，污染日趋严重。

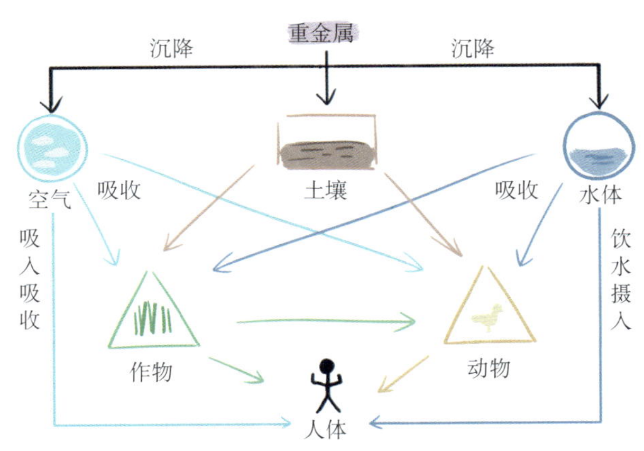

重金属的污染链

甚至有研究测算，我国耕地的土壤重金属污染率为16.67%左右，并据此推测我国耕地重金属污染的面积占比已经高达耕地面积的 1/6 左右。此外，受重金属污染的土壤存在不可逆性，这是由于，一方面重金属难以降解；另一方面，土壤耕性与孔性已经发生改变，难以修复。值得庆幸的是，目前我国受重金属污染的耕地大部分为轻度污染，通过自然修复和人工干预，基本不会对农产品的质量造成影响。

那么，重金属是如何在土壤中累积，又是如何被植物吸收的呢？溯源的重要性毋庸置疑。在日常生活中，包括电池、电子产品等在内的固体废弃物，其重金属元素含量较多，若长期堆放，在风吹雨淋下，会缓慢向土壤中释放有毒的重金属元素。这些重金属元素或通过静电作用，或通过化学络合沉淀作用，进一步与土壤颗粒结合，产生富集。土壤中的这类元素主要包括以下几种：

镉元素：镉元素显著影响植物代谢，引起植物体内的活性氧自由基剧增，当植物体内含量超出超氧化物歧化酶的清除能力时，根系的代谢酶活性受到抑制，根系活力随之降低。土壤中镉元素的存在形态包括可交换态、碳酸盐结合态、铁锰化合物结合态、有机质结合态和残留态。同时，不同存在形态具有不同的迁移能力和毒性作用，例如可交换态的镉元素能够较为容易地被植物吸收，而其他形态的镉元素，在一定的酸性条件下，可以转化为可交换态，进而被植物吸收累积。

汞元素：高浓度的汞元素会抑制植物种子的萌发，减缓植物的生长进程，降低根部和茎部的长度和重量。但也有研究显示，低浓度的汞在一定程度上能够刺激植物根系的生长。汞元素在土壤中主要以有机质结合态存在，植物不仅可以从根部吸收土壤和土壤溶液中的汞，还能从叶片表面吸收。

砷元素：过量的砷元素会降低植物的蒸腾作用，影响植株的生长发育。土壤中，砷元素大多以砷酸盐形态存在，同时，这些砷元素大部分被胶体吸附于黏粒表面，具有可交换性，易于被植物吸收。

铅元素：铅不是植物生长发育的必需元素，当其进入植物根部和叶片组织后，会影响细胞有丝分裂的速度，引起代谢系统受损，导致植物生长缓慢。

重金属一旦进入土壤环境，既不易移动，又难以被微生物降解，因此在土壤中不断累积，进而造成土壤污染，影响农作物的产量及其产品质量。鉴于植物在吸收重金属并转移至地上部收获物（花、果实和种子等）或者地下部收获物（块根和块茎等）的过程中，需经过一系列的生理生化过程，因此，从形态、生理和分子水平解析植物对金属离子的吸收、累积和解毒机制，进而将其应用于治理土壤重金属污染对植物生长的危害，具有重要意义。

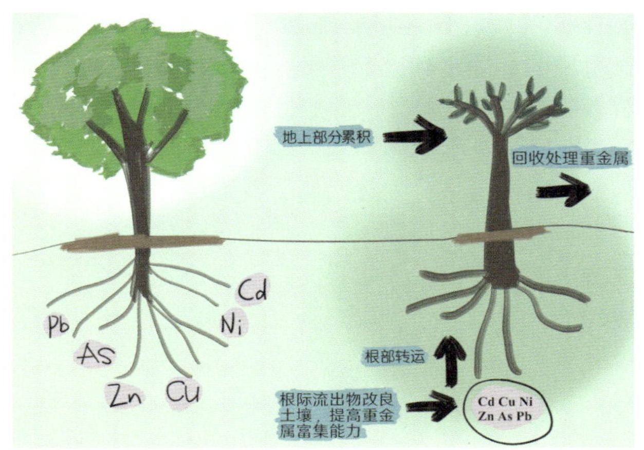

植物受土壤重金属的污染及其修复

植物的生长、发育、繁殖，甚至生存都会受到土壤中重金属污染的影响。植物在重金属污染的环境中生长时，过量的重金属进入植物体内，极易对植物细胞的膜系统造成伤害，进而影响细胞器的结构和功能，导致植物体内的各种生理生化过程发生紊乱。例如当植物叶绿素的合成受到抑制，相关的酶活性会受到影响，光合作用降低，供给植物生长的物质和能量就会相应地减少，最终抑制植物的生长。

植物受重金属污染后生长受到抑制

重金属对人体有什么危害呢？重金属危害人体健康，会导致人体产生一系列生理性或者病理性的病变。被重金属污染的土壤，其隐蔽性极强，非专业检测无法知晓。大多数情况下，重金属元素随着农产品食物链流动，最终到达人体，毒性积累到一定程度，会对人体健康造成危害，此时人们才后知后觉。有报道称，长期接触镉元素会导致体内钙的流失，引起骨负荷加大，从而导致

骨质增生。2000年，广西农业环境检测站对受污染的稻区进行检测，报告显示，镉元素成分超过国家规定标准11.3倍，当地村民在不知情的情况下，持续5年食用了污染地种植生产的大米，不少村民体内都检测出镉元素超标，生理上普遍表现为骨痛症状。重金属污染引起的各种问题值得深思，我们日常食用的粮食是否符合安全指标？一旦发现问题，我们该如何改变这种现状？对重金属污染，如何防患于未然？我们应该加强耕地重金属污染防治专项立法，确保有法可依；加强执法能力建设，违法必究；完善耕地重金属污染评价制度，从源头严格控制；综合应用多种技术途径，推进修复和治理；建立信息公开制度，扩大公民对耕地重金属污染现状、趋势、立法和整治的知情权、决策参与权和监督权。

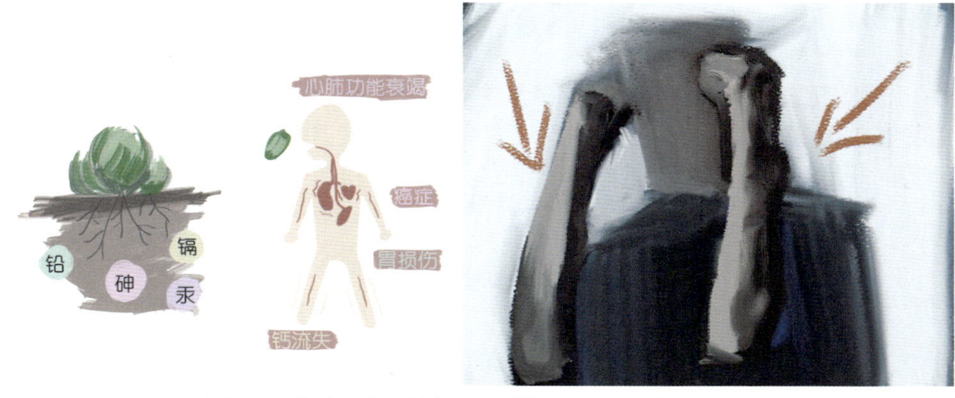

重金属通过“土壤—植物—人体”途径，危害人体健康

目前，科研工作者越来越重视对土壤重金属污染的修复，其措施主要包括物理修复、化学固定修复和植物修复技术三种。物理修复技术包括电动修复（重金属离子在通电情况下定向移动）、电热修复（被重金属污染的土壤受到高频电压处理，使重金属元素受热而挥发脱离土壤）、土壤淋洗（土壤固相中的重金属通过淋洗转移到土壤液相中，进而回收处理含重金属的废水）。化学固定修复技术是在土壤中加入外源物质（有机质和沸石等），改变土壤中重金属的物理或化学性质，重金属离子通过沉淀、吸附及氧化还原等一系列反应，与外源物质结合，减弱在土壤中的迁移性，最终降低植物对重金属的吸收。植物修复技术是借助某些植物对重金属有良好富集作用的特性，去除土壤中的超标重金属，这是目前主流的修复技术。需要强调的是，一般情况下，重金属对植物的生长发育存在毒害作用，但是，仍然有大量的植物，因长期生长在富含重金属的土壤环境中，通过体内发生一系列的形态、生理和分子水平响应等适应性进化，形成了特定的耐性机制，能够对环境中的重金属产生较强的耐受性。

植物修复技术是治理土壤重金属污染最重要的途径之一，但缺乏高生物量超富集植物修复物种。研究报道，甘蔗、油菜、大豆、甜高粱、薄荷、莳萝和罗勒等多种植物，能够有效应用于修复重金属污染的土壤，兼具能源、经济和修复三个方面的价值，具有较好的发展前景。因此，应用能够有效累积重金属元素的植物，有望成为修复和治理土壤中重金属污染的新途径。

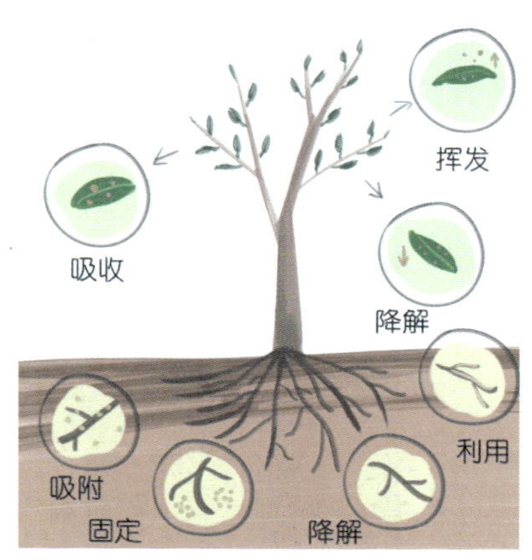

植物修复重金属污染土壤原理

甘蔗兼具高生物量、可多年宿根、重金属超富集和区域化超富集（蔗汁中含量远低于蔗渣且低于检测值）及工业原料作物的特点，具有开发为土壤重金属污染修复新物种的潜力。与其他重金属超富集植物相比，甘蔗作为重金属污染的植物修复物种，具有如下5个独特优势：①甘蔗是高生物量禾本科C_4作物，一般可达150～225吨/公顷，最高纪录为280吨/公顷；②甘蔗根系发达，主要分布在0～40厘米土层，可深达60厘米，有利于吸收深层土壤重金属元素；③甘蔗植株高大，可多年宿根，一次种植收获4～5年，种植甘蔗修复土壤重金属污染成本较低；④蔗汁中重金属元素的含量低于检测值；⑤甘蔗既适合水田，也适合旱地种植，作为修复物种适应性广。甘蔗的上述生物学特点以及体内重金属元素分布的区域化和作为加工原料作物的多种优势，使得甘蔗成为极具潜力的修复重金属污染土壤的新物种，而且，在修复土壤重金属污染的同时，还具备低成本优势和加工利用的经济价值，尤其是修复过程中地上部作为能源利用优势更加突出。甘蔗独特的生物学特点、农艺特性和丰富的基因资源可为植物重金属应答机制的研究提供新颖的视角。实践证明，甘蔗能够在各种类型的土壤，例如黏壤土、沙壤土和黄壤土中生存，甚至在一些较为贫瘠的土壤中也能获得高产，但是，当土壤中的盐碱含量达到0.15%～0.30%时，生长会受到抑制。甘蔗在pH4.5～8.0的土壤中都能健康生长。研究发现，由于甘蔗的根系具有较强的更新能力，不断地衰老与更新，长时间持续保持旺盛的吸收能力，所以对铜等重金属胁迫有较强的耐受性和吸收能力。甘蔗较强的环境适应性使其被应用于修复和治理受重金属污染的土壤具有良好的前景。在保证食糖供应安全的情况下，在某些区域将甘蔗应用于重金属污染的植物修复，将重金属从土壤移出，是修复重金属污染最为经济有效的途径。令人兴奋的是，甘蔗渣中含有大量木质素、纤维素及半纤维素等较为稳定的成分，适用于制作高性能的吸附剂。研究发现，均苯四甲酸二酐改性甘蔗渣，对冶金废水中Pd^{2+}、Cd^{2+}的吸附性能好、吸附容量高。还

有报道发现，利用柠檬酸对甘蔗渣改性，可以大大增强其吸附能力，显著提高其对重金属物质的吸附率。因此，对于重金属污染治理而言，甘蔗渣也是个宝。

甘蔗发达的根系

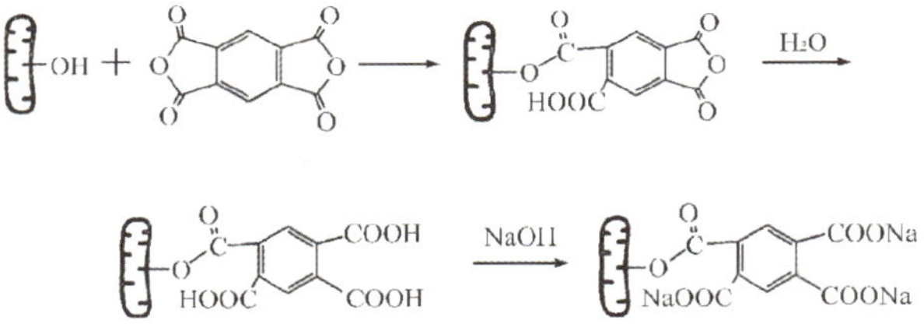

均苯四甲酸二酐（PMDA）改性甘蔗渣的制备路线

为了保证食糖安全，需要评价和筛选重金属低累积且适合当地种植的甘蔗品种。广西农垦甘蔗良种繁育中心及广西南亚热带农业科学研究所根据当地土壤污染程度和种植习惯发现，对于被砷元素污染的土壤，甘蔗品种园林17最适合在当地种植；而对于锌元素污染的土壤，甘蔗品种园林9号最适合在当地种植。此外，笔者所在团队揭示了甘蔗热带种中的金属硫蛋白（metallothionein，MT）家族在重金属解毒及细胞氧化还原调控中发挥的不同功能，且在缓解过量累积的Cd^{2+}、Zn^{2+}、Cu^{2+}对甘蔗组织造成的伤害方面有时空上的协同作用，这为进一步深入了解多倍体植物甘蔗中MT家族各成员基因在重金属耐受过程的协同作用奠定了理论基础。

“万物土中生”“食以土为本”“有土斯有粮”。土地是人们赖以生存和发展的最根本的物质基础，是一切物质生产最基本的源泉，而耕地是土地的精华，是人们获取粮食及其他农产品最基本的、不可替代的生产资料。人类的繁衍，源于土地的养育功能。鉴于植物修复是一种人为修复重金属污染土壤的有效方法，且已被广泛接受，而甘蔗作为植物修复的良好材料，筛选对重金属高吸收量的甘蔗品种应用于植物修复，同时培育对重金属低吸收量的甘蔗品种用于食糖生产，不仅可以为揭示隐藏在植物修复背后的机制提供理论参考，还对重金属污染的治理具有重要的实践意义。未来，我们不仅要懂得保护土壤，还要学会培育土壤。我们期盼并坚信，人类终将可以摆脱重金属污染的困扰，让作物生产和人类繁衍共同拥有一个更加美好的土壤环境！

撰稿人：陈　瑶　陈燕玲　赵振南　苏亚春　吴期滨
高世武　郭晋隆　李大妹　许莉萍　阙友雄

甘蔗上山去 水自天上来

——藏于山水之间的“蔗”些事

中国人吃糖必须以自己生产为主，还是依靠进口？我国是世界上第一人口大国，人口基数巨大。而食糖属于大宗农产品，每年对糖的消费需求是巨大的。糖与粮、油、棉一样，是关系国计民生的重要的战略物资，维系着我国社会的稳定和发展大局。因此，确保“糖罐子”牢牢握在中国自己手中，不受制于人，必要也必须。2013年1月15日，云南省农业科学院副院长、国家糖料产业技术体系首席科学家张跃彬研究员，登上《开讲啦》舞台，与大家欢聚一“糖”，并甜蜜地分享了中国人守护蜜罐、实现吃糖自由的秘密。借此机会，中国热带农业科学院/福建农林大学阙友雄团队也与大家共同探讨藏于山水之间的“蔗”些事，目的是集思广益，助力端稳“糖罐子”。

张跃彬在央视大舞台与大家欢聚一“糖”

我国是重要的食糖生产国和消费国，糖料作物种植在我国农业经济中占有重要地位，仅次于粮、油、棉，位居第四。食糖产业的原料主要是甘蔗和甜菜，其中我国甘蔗制糖已有2 000多年的历史，其种植面积占我国常年糖料作物种植面积的

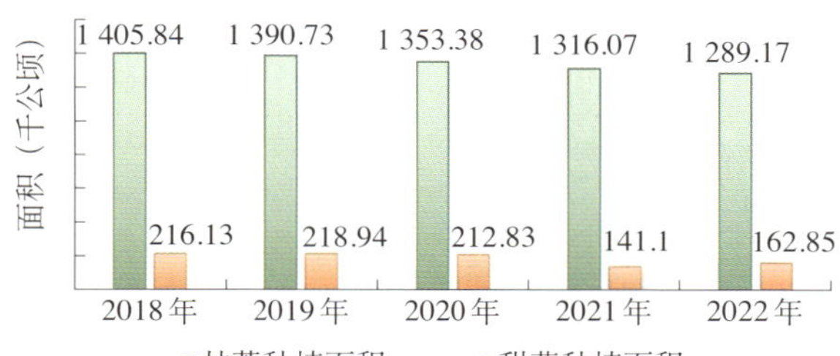

2018—2022年我国糖料作物种植面积变化情况
（数据来源：国家统计局）

85%以上，产糖量占食糖总产量的85%左右。但是，近年来，国内糖料作物种植面积逐年降低，2018—2022年，国内甘蔗种植面积从140.58万公顷下降为128.92万公顷，甜菜种植面积方面，2018—2022年，国内甜菜播种面积从21.61万公顷下降至16.28万公顷。

糖料作物种植面积的下降，使得国内食糖市场的供需矛盾进一步扩大，国内糖业产能难以支撑国民消费需求。因此，国内消费市场的1/3需要依靠进口满足。数据显示，2017—2021年，我国食糖进口量从229万吨增长至567万吨。此外，根据海关数据显示，2022年1—11月我国累计进口食糖475万吨，同比减少9.8%，但累计进口金额达到了231亿元，同比增加10.5%。我国作为一个有14亿人口的大国，国内食糖需求仍将稳步增长。因此，增加糖料作物的种植面积，提高其蔗茎产量和蔗糖含量，是我们自己端稳“糖罐子”的最佳途径。

2017—2021年我国食糖进口量及进口额变化情况

在中国辽阔的大地上，有雄伟的高原、起伏的山岭、广阔的平原、平缓的丘陵，还有四周环抱的群山，以及中间低洼的盆地。全球陆地上的5种基本地貌类型，中国均有分布，这为中国工农业的发展提供了多种选择和条件。中国山区面积占全国面积的2/3，通常人们把山地、丘陵和高原统称为山区。山区面积广大，提供丰富矿产、水能和旅游等资源，为发展农、林、牧各业提供了有利条件，同时也为改变山区面貌、发展山区经济提供了资源保证。

绿水青山，就是金山银山，万水中隐藏着千山，绿水中孕育出青山。例如千百年来享有“桂林山水甲天下”美誉的桂林，现如今不但风景宜人，而且在金秋时节，微风轻拂，果蔗飘香。因此，面对蔗粮争地，山地丘陵成了扩大甘蔗种植面积的首要选择。我国作为世界第一人口大国和粮食生产大国，人均耕地面积不足世界水平的40%，总量不足全球的9%。甘蔗适合栽种于土壤肥沃、阳光充足、冬夏温差大的地方，福建、广东、海南都曾是主要的甘蔗种植区域，蔗糖业也一度是珠江三角洲的优势产业。但随着城镇化的不断推进，沿海地区的农业产业结构急剧变化，甘蔗由于其自身经济比值较低于他经济作物，所以有限的优质耕地用于种植单位产值更高的作物，同时为避免甘蔗与粮食争夺种植地块，甘蔗生产重心开始西移，逐渐向桂中南、滇西南、粤

西、琼北等甘蔗优势种植区域集中。甘蔗种植地从平原向丘陵山地转移，“蔗上山”“上山蔗”成为一种必然的趋势和不二的选择。

我国各类地形占陆地面积的比例（%）

山地	高原	盆地	丘陵	平原
33.33	26.04	18.75	9.9	11.98

不同海拔高度占国土陆地面积的比例（%）

>3 000米	2 000～3 000米	1 000～2 000米	500～1 000米	≤500米
25.94	6.07	24.55	15.86	27.58

广西和云南是我国甘蔗的两大主产区。在广西，中山、低山、石山和丘陵的面积约占陆地面积的70.8%；在云南，山地面积占全省陆地总面积的比例高达84%，为33.11万千米^2。福建素有“八山一水一分田”之称，丘陵山地面积约占陆地总面积的80%，只要甘蔗能够顺利上山，也许福建蔗糖业迎来第二春不再是梦想。因此，开发山地丘陵是解决我国耕地资源稀缺尤其是甘蔗种植面积限制的重要途径。同时，甘蔗的适应性较强，且具有一定的经济效益，“上山蔗”还有助于乡村振兴。

蔗农获得丰收

“上山蔗”虽然能提高甘蔗的种植面积，但也面临一些问题。首先，最主要还是受地形的影响，由于山地丘陵的坡度大、石头多、地块较分散等因素，因此机械化操作难度大，大部分仍要依靠人工完成，而目前我国甘蔗种植中生产用工量大、劳动力严重短缺，导致成本居高不下，严重影响蔗糖产业的高效发展。其次，山地丘陵地区的土壤肥力有限，基础设施建设相对滞后，缺少灌溉排水等基础设施；甘蔗种植在无灌溉条件的干旱、贫瘠的旱地、坡地，大多依赖自然降雨，抵御自然灾害能力低；此外，蔗区道路等级低，维护滞后，在少雨干旱的冬春季节，运输条件差。再次，小规模种植居多，农户以一家一户的生产模式为主，大多不愿进行土地流转，种植基地分散、种植模式多样、种植行距过窄，不够规范统一，不利于推广机械收获；同时，品种宿根性不足，特别是适合机收的品种的开发利用急需推进，耕作的机械化效率长期处于较低水平。最后，地膜残留污染问题，中耕管理时，小地块种植的蔗地中地膜回收不便，残留的地膜量较大，污染日趋严重，不符合绿色生态、可持续发展的理念和要求。

山地甘蔗种植收获

那么应该如何解决这些问题呢？七管齐下，畅通有望。第一，可以通过增加基础设施投入，改善蔗区生产条件，加大道路、桥梁、机耕道、灌溉排水设施等农业基础设施建设。为了提高甘蔗机械化进程，可对坡度较缓的地块进行土地整平，坡度较陡的地块进行土地梯田化，形成标准化农田，高效统一耕种管收流程。第二，政府应引导农户进行合作化生产，改变小而散的经营模式，加强土地流转，推广规模化、集约化的经营模式，促进农业结构的调整和优化，提高甘蔗生产的规模化水平，为甘蔗生产发展全程机械化打下良好的基础。第三，因地制宜推广机械化及其配套技术。开展实用性强、可靠性高、性能优越的丘陵山地中小型甘蔗收获机的研制，着力突破甘蔗收获环节机械装备“瓶颈”，不断提升标准化种植、深耕深松、中耕培土、植保等的机械化技术水平。第四，加强甘蔗农机农艺融合技术研究和推广，如配套的地膜覆盖技术、中耕结合的新型肥料及施肥方式、宿根甘蔗配套管理技术等，科学种植管理，保障机械化生产模式下甘蔗的高产、稳产及种植收益。第五，增大甘蔗新一代良种的推广力度。改良甘蔗品种是提高甘蔗单产、蔗糖含量，农民增收、企业增效和政府增税的重要手段。大力种植高产高糖优良品种，如柳城05-136、桂糖42、云蔗08-1609等高产高糖抗逆性强的甘蔗新品种。第六，大力推广应用先进科学生产技术，如深耕深松、测土配方、地膜覆盖、蔗叶还田、病虫草鼠害绿色防控等先进技术，确保糖料蔗稳产增产。第七，进一步加快推广农膜回收技术和完全生物降解农膜。农膜所造成的“白色污染”问题越来越突出，绿色发展亟须解决甘蔗产区的农膜污染问题。大力加强宣传，普及正确使用农膜的知识，规范农膜的生产、销售和使用，杜绝不合格农膜上市、流通和使用，加强农膜回收管理，并提供政策支持，扶持废旧农膜的回收利用，大力推广降解农膜替代技术，保护蔗区生态，改善蔗区环境。

现代化山地蔗种植技术及其应用推广

机械化是产业发展的"推手"，是节约劳动力、降低生产成本和提高经济效益的最有效途径。20世纪六七十年代，美国、澳大利亚等国家就已经实现了耕、种、管、收全程机械化作业。目前，巴西和澳大利亚等糖料蔗的生产实现了全程机械化，成本在70～80元/吨，而我国甘蔗生产成本比世界先进水

甘蔗机械化生产及联合收获机耕作系统（AFS™）
（樊秋菊，2020）

平高出了近一倍，在110～150元/吨，这主要是由于机械化程度比较低。一方面，我国的甘蔗生产，受地形条件的严重制约，机械化水平较为低下，与发达国家相比糖料产业的比较效益低，使得我们在国际糖市中面临机械化程度高的对手时几乎毫无竞争力。虽然近年来我国甘蔗种植的机械化水平有了显著的提高，制糖原料成本明显下降，但受疫情的影响国际糖价也随之下跌，进而对国内市场造成强烈冲击。我国甘蔗产业仍然面临着巨大的危机。另一方面，糖又是重要的战略物资，发展本国的蔗糖产业对于国家安全与稳定具有重要意义。2022年，虽然我国甘蔗的综合机械化率已经达到53%，其中耕整地机械化率95%，种植机械化率50%，然而关键的收获机械化率仅为3.37%，其中多山的云南异军突起，收获机械化率达到了5%。因此，根据我国自身立地和经济条件，坚持走符合我国国情的甘蔗生产机械化道路不仅是必要且迫切的，也是可行的。

甘蔗丰收蔗农乐，乡村振兴“蔗”里兴。近年来，国家和地方以及蔗糖企业相继出台多项甘蔗种植补贴政策，保障农户利益，同时优质高产高糖甘蔗品种的种植面积正在不断扩大，助农增产增收，助力乡村振兴。例如：糖业公司通过采取有偿、无偿两种方式扶持农民种蔗，为蔗农提供蔗种、化肥、农药、农膜、机耕补助和蔗区基础设施建设维修。不少蔗糖企业还大力推广订单农业，形成了“政府+糖企+蔗农”的生产经营模式，实现了蔗农增收、糖企增效、产业增值。尤其是及时兑付蔗农蔗款，让广大蔗农的辛勤付出得到真金白银的回报。此外，科研院所、地方农机推广部门和蔗糖企业积极组织专家、农务技术员深入田间地头对广大蔗农进行良种良法、病虫害防治、田间管护、间套种、机械化等知识技术培训讲授，提高蔗农素质，让他们成为有文化、懂技术、会经营的新型蔗农，增强蔗农致富的信心。部分地区通过“双高”基地实施“基地甘蔗套种+玻璃观光养鱼+现代圈式养羊+农旅配套”种养模式，有效扩大了当地村民的增收愿景。

笑容满面的蔗农

甘蔗“挑起”了村民的好日子，走出了一条农业增收、产业兴旺的好路子。首先，甘蔗最广泛的社会用途就是加工蔗糖，我国白糖的加工85%左右都是以甘蔗为原料的。就糖业经济而言，食糖既是日常生活消费的必需品，也是食品加工行业及其他相关领域的重要原料。制糖工业既是食品行业的基础工业，又是化工、发酵、医药等多种产品的原料工业，在国民经济中占有重要地

位。其次，甘蔗是目前世界上用于生产燃料乙醇最成功的原料。能源甘蔗具有单位面积乙醇产量高、加工成本低、副产品价值高、废物易处理利用、可再生等优点，应用前景广阔。再次，我国的甘蔗产业发展历史悠久，一直是农民脱贫致富的支柱产业。随着乡村振兴战略的实施，良好的市场前景，必能有效吸引外出务工的村民回流，回乡发展甘蔗产业。最后，甘蔗种植又是一项投资少、周期短、风险小、效益高的产业。蔗糖加工厂在农村的扎根，客观地解决了农村就业率低的问题，使很多农民的收入提高，物质生活水平大大提升。我们坚信，随着农户的积极性提高，种植面积扩大、规模效应得到提升，甘蔗的产量和质量提高，就一定能稳稳地将“糖罐子”端在我们自己的手中。

撰稿人：陈燕玲　陈　瑶　苏亚春　吴期滨　郭晋隆
高世武　李大妹　许莉萍　阙友雄

抗旱保甘蔗 祈雨护甜蜜

“赤日炎炎似火烧，野田禾稻半枯焦”，旱灾乃农之所困，抗旱乃国之大事，古人通过挖渠排水治理水涝灾害，但在重大旱灾面前，唯有通过祈雨的方式，“桑条无叶土生烟，箫管迎龙水庙前”，以此来祈求风调雨顺。全球气候变幻莫测，洪涝、干旱、高温等自然灾害频繁发生，其中，干旱的发生频率最高、受害面积最广、造成损失最为严重。干旱对全球粮食生产是一个持续性挑战，一方面，造成土地荒漠化、水土流失和生态退化等问题；另一方面，更让农业生产蒙受严重损失。随着科学技术的不断进步，我们对干旱的概念又有了新的认知与分类，一般将干旱分为农业干旱、气象干旱、水文干旱和社会经济干旱四大类。我们这里聚焦的主要是干旱对农业的影响，即农业干旱，指农作物在生长过程中，由于降水量严重不足，加之高温蒸发过快，土壤水分不断消耗无法得到应有的补给，造成作物生长受到严重抑制，出现减产甚至绝收的现象。

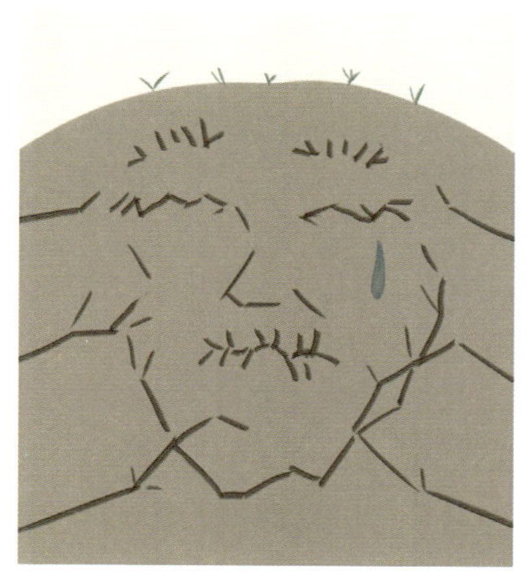

干裂的大地

我国是世界上第三大甘蔗生产国，近年来，受全球气候变暖的影响，干旱频繁发生、旱情逐年加重，加之我国85%以上的蔗区在旱坡地，因此，产量降低和品质变劣的问题尤为突出，严重制约我国蔗糖产业的可持续发展。甘蔗是世界上食糖和生物能源生产的重要原料，具有非常大的经济价值。甘蔗为大田作物，生长周期长；植株高，叶面积大；需水量高，每生产8 ~ 12吨甘蔗要消耗百万升的灌溉水，缺水可导致甘蔗产量损失高达60%左右，因此，甘蔗产量受到干旱胁迫的影响非常大。纵观其他国家，如澳大利亚、巴西、印度、南非等，甘蔗也在遭受干旱的影响，大部分甘蔗在生长过程中严重依赖灌溉浇水，随着干旱程度的增强，对甘蔗水分和糖分积累的影响也越来越大。

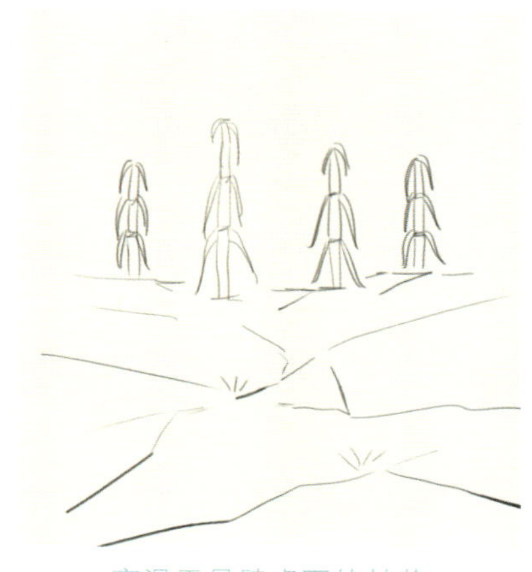

高温干旱肆虐下的甘蔗

干旱缺水情况下，植物发生显著的形态、生理和分子变化，导致功能紊乱，产量下降。对作物而言，首先，生长前期，尤其是种子萌发时期，对干旱胁迫的敏感性很强，缺水条件下种子萌发困难；营养和生殖生长阶段，当遇到干旱缺水时，叶片萎蔫、植株矮小、花蕾发育中断，甚至还影响到作物的成功结荚、籽粒的如期灌浆等，直接导致产量下降。植物光合作用主要发生在叶片上，干旱胁迫会导致叶面积减少，叶绿素含量发生变化；高强度蒸发导致渗透增加，气孔关闭、三磷酸腺苷（ATP）合成酶活性降低，限制植物进行光合作用，碳分配和代谢也随之改变，最终导致能量消耗和产量下降。其次，干旱胁迫条件下，植物产生过量的活性氧（reactive oxygen species，ROS），诱发氧化应激现象，导致细胞膜损伤、光合代谢功能紊乱，且植物细胞内的糖浓度变化也会导致渗透势随之发生变化。干旱胁迫下，植物的新陈代谢也会受到抑制，呼吸作用增强，体内物质水解加快，合成能力下降，同时还导致细胞原生质膜的结构发生变化，细胞膜透性被破坏。缺水条件下，土壤养分的有效性降低，根系养分的迁移进一步降低了植物组织中的离子含量，例如植物对钾离子（K^+）的吸收会减少，K^+的降低则导致K^+迁移率的降低、蒸腾速率降低和根膜转运蛋白作用的减弱。此外，干旱胁迫不仅影响根系分泌物，主要包括糖、氨基酸、类黄酮、激素等，还影响土壤微生物群落及根际群落。

干旱环境下的水稻、玉米和小麦

面对干旱胁迫，植物进化出自己的一套防御策略，以应对和适应恶劣环境。植物适应干旱的机制一般可分为：避旱性、御旱性和耐旱性，其中御旱性和耐旱性统称为抗旱性。干旱缺水时，植物会通过增强自身根的结构来寻求土壤深层中的水分，如长出更多的侧根和根毛等；或增强特定器官提高储水能力，如仙人掌的肉质储水组织、甘薯的块茎等；或减少叶面积，叶片卷曲和增加叶片表面蜡物质来减少水分散失，如干旱胁迫下的玉米叶片会发生卷叶，叶片尺寸变小；或快速关闭气孔，以此降低蒸腾作用；或改变植物由营养生长向生殖生长的转变，以避免种子败育。在生化反应方面，植

我国旱作节水农业技术

株也会通过渗透调节、水通道蛋白和抗氧化装置来提高植株抗旱性。

为了缓解干旱的压力，目前，科学工作者开发了抗旱品种结合先进农艺种植技术，以及传统育种方法结合基因工程等现代新兴技术。传统的育种方法已在水稻、小麦、玉米、高粱、大豆等重要作物上得到了应用。在现代育种技术中，借助标记辅助育种、QTL（数量性状基因座）定位、转基因和基因组编辑等方法，可筛选出更多抗旱基因型作物。研究发现，植物可以受到一些耐受基因的调控，这些基因能平衡植物的生长与防御机制的启动，抵抗不利的环境条件，因此，可将这些候选基因应用到作物改良计划中。利用现代育种技术，有望培育更多抗旱性强的作物品种，但育种时间较长，外界的环境条件又是不断变化的，在这种情况下，先进的农艺种植手段是必不可少的，这些技术主要包括调节灌溉方式、改善肥料种类和施肥方式、调整作物种植时期等。研究还发现，干旱胁迫下使用硅肥，可诱导作物抗氧化反应相关基因的表达，植株表现出较高的抗氧化活性和积累较多的光合色素，光合速率和水分利用效率提高，植株的分蘖能力增强、生长速度加快。此外，使用硒元素可以促进作物生长，增加因衰老而产生的抗氧化剂，并调节作物的水分平衡，增强抗旱性。植物根际促生菌（plant growth promoting rhizobacteria，PGPR）可用作生物肥料，通过提高根系的渗透调节能力和增强抗氧化防御系统，有效减少ROS对作物的有害作用，从而减轻干旱胁迫对作物生长的不利影响。喷施叶面肥、外源激素，也可提高作物的抗旱性。对于发生季节性干旱的地区，可以调整作物的生长期、生命周期或种植时间，以防止生长季节遭遇当地的季节性干旱；或选择生命周期短的作物品种，避免或减少季节性干旱的影响。

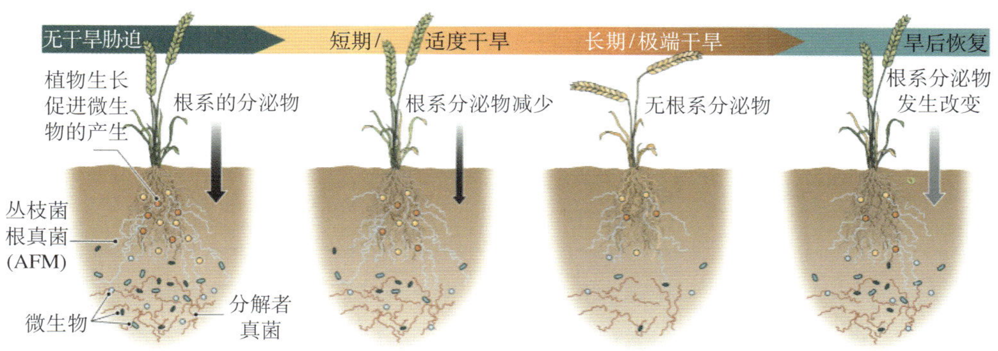

根际微生物可以增强作物的抗旱性并提高其产量
(Franciska et al.，2020)

农业干旱、水资源短缺引起了人们的广泛关注，促使越来越多的研究者投身到作物抗旱性的基础科学研究中，抗旱分子机制陆续被揭露。当外部干旱刺激植物细胞膜上的传感器，然后通过多个信号转导途径进行传递，最终激活转录因子，使响应干旱的基因得以表达并产生干旱适应。蛋白激酶（protein kinases，PK）在细胞信号识别与转导中起着至关重要的作用。干旱胁迫下，植物体内多种蛋白激酶，如钙依赖性蛋白激酶、丝裂原活化蛋白激酶，通过催化蛋白质的磷酸化作用来激活转录因子参与干旱反应，如水稻中的OsCDPK7被证明能积极调节干旱胁迫的耐受性。转录因子CBF/DREB、MYB、NAC、ZFPs等都与植物的抗旱性密切相关，它们能够调控抗旱基因的表达，在转录水平上响应干旱胁迫。这些与干旱胁迫信号相关的基因和转录因子，有助于积累不同的代谢产物、信号分子和渗透物质，增强植物的抗旱性。植物生长调节剂，如水杨酸、茉莉酸、细胞分裂素和脱落酸，在抗旱中起着关键作用，尤其是脱落酸（ABA）被认为与植物干旱胁迫最密切相关。ABA既是干旱信号中的关键化学信使，也是干旱信号转导的重要信号分子。干旱胁迫反应中，细胞内的ABA生物合成被诱导，转录因子的表达被激活，进而促进下游干旱胁迫相关基因的表达。同时，ABA的积累，也有助于通过磷酸化/去磷酸化调节信号转导途径，控制保卫细胞中K^+和阴离子的运输。渗透保护剂的使用是避免干旱胁迫造成损害的广泛适应性策略之一。目前，外源施用渗透保护剂提高水稻的抗旱性也已得到证实，如增加渗透保护剂如脯氨酸、酚类、生物碱等，可

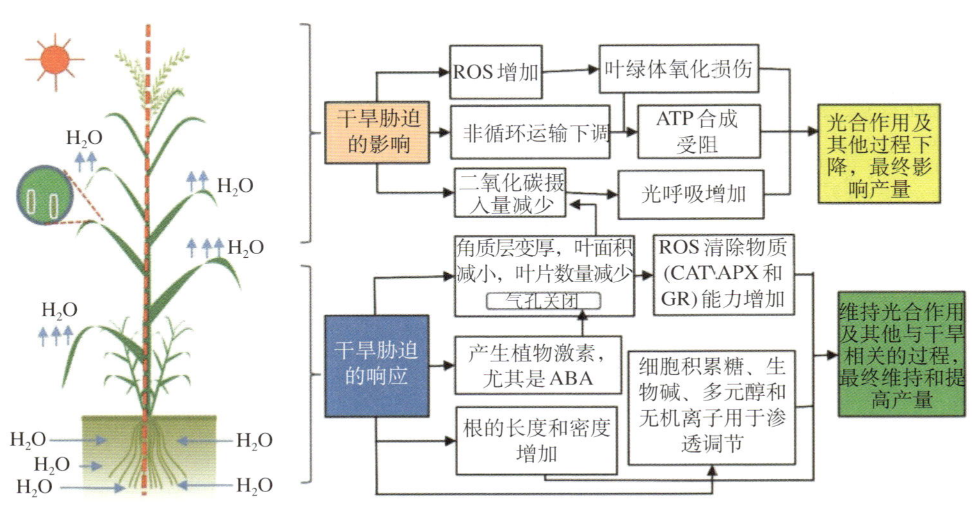

干旱对水稻的影响及响应

ABA. 脱落酸　APX. 抗坏血酸过氧化物酶　ATP. 三磷酸腺苷　CAT. 过氧化氢酶
GR. 谷胱甘肽还原酶　ROS. 活性氧　SOD. 超氧化物歧化酶
(Aslam et al., 2022)

调节细胞的渗透势，保护细胞免受脱水危害，保护细胞内的蛋白质系统平衡，避免ROS对应激细胞的毒害，进而缓解干旱胁迫对植物生长的影响。

甘蔗的生长速度、产量和含糖量与水分密切相关。干旱胁迫严重影响甘蔗形态特征和生理代谢等过程。不同生育期的甘蔗，对水分的需求不同，应对干旱的能力也不同。播种期、分蘖期和茎伸长期需水量较大；早期发育阶段，干旱胁迫会抑制茎的生长，生物量减少，生产力大幅下降。从生理角度看，干旱胁迫下，甘蔗体内水分缺失，会严重影响光合作用、呼吸作用、蒸腾作用、代谢活动和根系吸收作用等，使得营养物质的运输和积累减少，从而抑制其生长发育，造成严重减产。在干旱胁迫下，甘蔗的生长发育迟滞，包括叶尖和叶缘卷曲，叶片萎蔫、变褐、焦枯、脱落；叶片中的叶肉细胞外膜破裂，叶绿体基粒消失、外膜破裂，胞质中出现脂质球，线粒体嵴也消失。随着叶面积减少，叶绿素含量下降，光合能力降低，对氮的吸收能力也下降，干物质积累速度变慢；蔗茎中的水分含量减少，导致细胞壁软化，细胞间隙增大、增厚，长期水分供应不足，还将直接导致组织坏死；根的吸收和向地上运输的能力减弱，植株出现失水现象。长期干旱下，甘蔗根部发育不良、变细，吸收根明显减少或直接枯死，影响蔗茎的糖酸比等品质指标、蔗糖合成酶活性和蔗糖的合成速率，最终降低含糖量。

甘蔗响应干旱的机制研究
(Ferreira et al., 2017)

甘蔗主要生长在热带和亚热带地区，这些地区经常遭遇干旱。为保持甘蔗产业的可持续发展，目前，主要的手段是选育和推广高产、高糖、抗逆性强尤其是抗旱性强的优良甘蔗新品种。在受到干旱胁迫时，抗旱性强的甘蔗品种能发生一系列生理生化变化或产生一些保护性物质，来降低干旱带来的伤害；当干旱解除后，其各项生理功能又能迅速恢复到正常水平。在形态上，抗旱性强的甘蔗品种表现为叶片较厚、根系发达、根和茎中输导组织发达、保水能力更强，光合和水分利用效率更高；一旦受到干旱胁迫，叶片中的泡状细胞，会快速失水使得叶片卷曲，抑制叶片中水分的过多损失。干旱胁迫下，抗旱性强的甘蔗品种中，丙二醛的含量升高，质膜透性增大，质膜损伤较小；同时，脯氨酸含量显著增加，对渗透调节有重要作用；抗氧化酶的活性也增加，如蔗叶中过氧化氢酶活性增加速率更快，有效抑制了氧化反应对细胞的伤害作用。

近年来，甘蔗抗旱分子机制的解析和抗旱关键基因的挖掘取得了许多成果。甘蔗为高度杂合的无性繁殖作物，遗传背景复杂，转基因技术的应用能够突破常规育种方法难以实现的精准定向遗传改良甘蔗品种抗旱性状的缺陷。目前，基因枪和农杆菌介导法都在甘蔗抗旱转基因技术中获得了广泛应用。根据作用方式，我们可以将作物抗旱基因分为两大类，分别是功能基因和调控基因。甘蔗的抗旱性为多基因控制的数量性状，抗旱转基因的研究陆续从抗旱功能基因的克隆、上下游调控元件的鉴定等方面展开。Rodrigues等采用宏阵列方法，对在干旱胁迫下的甘蔗基因进行了一系列研究，揭示了参与信号转导、激素代谢、光合作用、转录和应激反应基因的差异表达，其中，功能基因包括渗透调节物质生物合成途径中的相关基因（如脯氨酸合成酶基因）和抗氧化防御体系相关酶基因（如超氧化物歧化酶基因、醛脱氢酶基因）。前人研究还发现，甘蔗干旱耐受基因型表现出强大的抗氧化系统，对耐受长期干旱胁迫至关重要。调控基因则主要包括感应和转导干旱胁迫信号的蛋白激酶（如促分裂原活化激酶、类受体蛋白激酶），以及bZIP、MYB、EREBP/AP2、WRKY和NAC等转录因子。

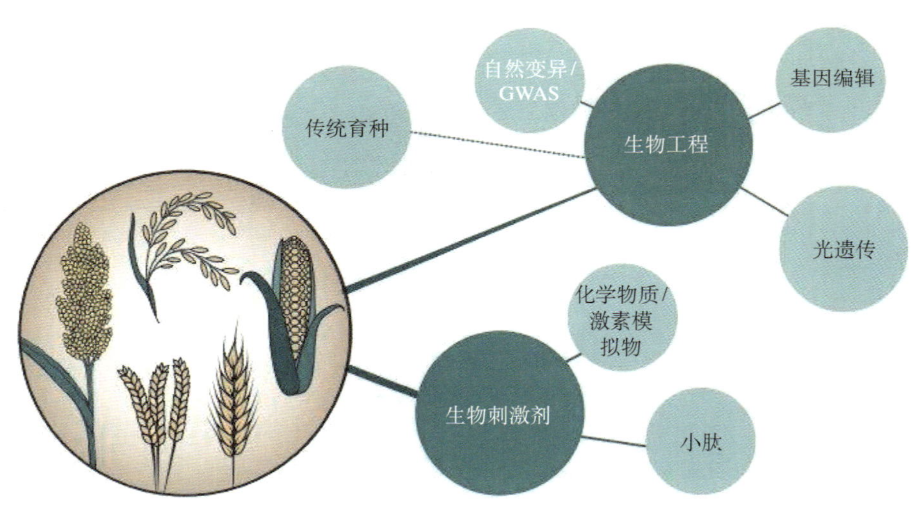

抗旱节水农业的希望
(Gupta et al., 2020)

抗旱节水的农艺措施是甘蔗高产稳产的重要保障，良好的栽培措施能有效增强甘蔗的抗旱性。甘蔗种植时，深松植沟、用草覆盖蔗畦、间种绿肥、蔗叶还田等措施不仅可以减少水分的过度蒸发，还能抑制杂草的生长，提高蔗田的保水抗旱能力。另外，还能通过缩小株距、适当密植、增施有机肥、合理使用氮磷钾肥、因地制宜推广良种等方式增强甘蔗品种的抗旱性。此外，在干旱胁迫下，生物刺激的应用，比如叶面施用基于海藻提取物的生物刺激剂，可有效提高甘蔗的蔗茎产量和蔗糖分，这为控制干旱胁迫导致的产量损失提供了新的思路。一氧化氮作为能够感知水分的化学信号，能刺激甘蔗根系的生长发育及其细胞壁重塑。前人研究发现，外源供给一氧化氮也能够提高甘蔗植株的抗旱性。喷施外源乙烯利、脱落酸、硅、甲基环丙烯等，也能提高甘蔗对干旱胁迫的耐受力。最新的研究表明，植物微生物群落可缓解干旱胁迫，同时也发现甘蔗根际细菌群落能调节甘蔗植株的酶活性和光合作用，进而提高抗旱性，其中根瘤菌和链霉菌是甘蔗响应干旱胁迫的核心菌群，在甘蔗品种的抗旱性中发挥重要作用。

优良甘蔗品种

宋代陆游在《太息》中感叹，"太息贫家似破船，不容一夕得安眠。春忧水潦秋防旱，左右枝梧且过年。"我国甘蔗的主产区广西、云南、广东等地经常遭受季节性干旱的危害，每年都会发生不同程度的干旱，严重影响甘蔗的生长发育，最终导致甘蔗产量降低和品质变劣。对于甘蔗产业而言，为了切实提高甘蔗品种的抗旱性，我们既要主抓品种改良，又要兼顾农艺措施，根际微生物群落的调节也可以齐头并进，立足于现有技术和先进装备等资源条件，加强甘蔗品种抗旱性的创新研究，突破生产中的关键技术环节，并将先进的农业技术成果应用到甘蔗抗旱生产实践中。

撰稿人：崔天真　尤垂准　苏亚春　吴期滨　李大妹　许莉萍　阙友雄

抗寒用蔗招 殊途又同归

生活中你见过非洲鸵鸟在南极海岸冲浪、南极企鹅在非洲草原上狂奔吗？显而易见，答案是否定的。地理起源往往影响生物对环境温度的适应性，不同生态类型的生物或同一物种的不同地理种群对环境温度的适应能力存在差异。例如，起源于热带水域的热带鱼，通常要求不低于15℃的水温，否则就有可能会出现被冷死的情况；世代生活在热带非洲的人种，通常要比长期居住在北极地区的因纽特人怕冷。与动物一样，温度同样也限制了植物（农作物）的地理分布，轻则影响着它们的生长发育、产量和品质，重则威胁到它们的生存繁衍。根据作物对温度的要求，习惯上把它们分为耐寒作物和喜温作物。例如，小麦、大麦等属于耐寒作物，大多生长于温带或寒带地区，生长发育所需适温较低，在2～3℃时也能生长，幼苗期能耐－6～－5℃的低温。水稻、玉米、大豆、棉花、甘蔗等为喜温作物，生长发育所需适温较高，一般在10℃以上才能正常生长，幼苗期温度下降到－1℃左右时，即造成危害。根据低温的程度和植物受害情况，低温危害可以分为冻害和冷害两大类型。从温度条件和受害机制看，植物生理学上的冻害是指气温低于0℃时，植物体冷却至冰点以下，引起细胞间隙和（或）细胞内结冰而造成伤害或死亡；冷害是指植物遇到0℃以上低温，物质代谢和酶促反应等生理活动失衡，作物生长发育遇到障碍导致减产甚至死亡的现象。此外，也有人将0℃以上10℃以下的低温危害定义为寒害，而将10℃以上的低温危害定义为冷害。作物受害的温度条件往往因发生时的天气条件、作物种类和生育状况而有±（1～2）℃的变动。

形态多样的芽

起源于热带的甘蔗也有点“怕冷”。类似的，遗传背景不同的甘蔗品种对低温的适应性存在差异，一些耐寒品种拥有各自的“招数”来抵御寒冷。例如，从表型上，有的甘蔗品种或拥有包裹得更紧密的叶鞘，或更致密的芽鳞，或更浓密的毛群，或更厚的蜡质等。毛茸茸的叶鞘紧紧地包裹着蔗茎和芽鳞，就如同寒风中的行人紧了紧身上的围脖，而厚厚的蜡质就像甘蔗给自己搽了点防寒面霜。当然，毛群和蜡质等性状在甘蔗育种实践中并不提倡，它们的生物学意义也主要体现在抗虫、抗病菌和减少水分损失。另外，甘蔗耐寒品种往往拥有更发达的根系和更加紧凑的株型。

甘蔗叶鞘上的毛群（左）及甘蔗茎上的蜡质（右）

咦？以上的这些套路听起来怎么有点熟悉啊？您是不是想到了——北极狐？聪慧如您！是的，北极狐与生活在其他气候带的狐狸相比，拥有更紧致的身体（降低暴露在寒冷空气中的表面积）、冬毛更加浓密多绒、皮下脂肪更厚。更有趣的是，甘蔗还会像人那样“吃块糖”“来两口”以补充体力并御寒哦！从生理上，在低温时，耐寒甘蔗品种的叶片往往能够更迅速地积累可溶性糖和黄酮类化合物等渗透保护物质，而后者的积累让甘蔗叶片如同“喝了点小酒的脸”那样变红了。这是不是有点像人们在寒冷的天气，往往会“来一口”，再“来一口”，于是脸就红了？从“搽点面霜”“紧紧围脖”到“来两口”，甘蔗还是有不少“蔗招”呀！动植物对大自然的适应性有的时候还真是殊途同归，赞美大自然的规律吧！

自然低温下两种甘蔗材料苗期的田间表型

经过科学家和育种工作者们的长期驯化，现代甘蔗栽培种对低温有了一

定的适应能力，热带起源的甘蔗现在可以也主要在亚热带地区种植。从纬度分布上看，甘蔗主要分布在北纬33°至南纬30°之间，尤其集中在南北纬25°之间的区域；从等温线上看，世界蔗区分布在年平均气温17～18℃的等温线以上。最适合甘蔗生产的水热条件为年降水量1 500～2 000毫米，生长期内≥10℃积温6 500℃以上。我国的甘蔗主产区主要分布在北纬24°以南的热带、亚热带地区，主要包括广西、云南、广东、海南和福建等地。

现代甘蔗栽培种中含有近80%的甘蔗热带种的血缘，低温对甘蔗生长的影响仍然比较突出。近年来，气候形势恶化导致全球极端天气频发，"水深火热""冰火两重天"等小气候屡见不鲜，给农业生产造成巨大损失。我国蔗区也常在冬春季出现长时间的极端低温和霜冻天气，对原料蔗蔗糖分、宿根发株、春季新植出苗等产生明显的不利影响，甚至还曾发生过较大面积的低温冻害而给蔗农和糖厂带来巨大的经济损失。对甘蔗而言，根据低温胁迫的成因、受害症状和对甘蔗的影响可分为干旱霜冻、阴雨霜冻或冰冻和阴雨冷害三种类型。干旱霜冻，影响产量与梢部甘蔗用种，气温回升导致蔗芽萌动长侧芽，蔗糖分下降；若霜冻后气温回升快则蔗汁品质迅速变劣，对甘蔗宿根影响则较小。阴雨霜冻或冰冻，对甘蔗的不良影响与甘蔗干旱霜冻相似，并对甘蔗宿根有明显影响，受害后还有绿色蔗叶，气温回升至12℃以上时，甘蔗从上向下逐渐恢复，若长时间处于低温状态，出现酒味或酸味，则较难恢复。阴雨冷害，属低温生理障碍而产生的灾害，发生较轻时，若灾后气温回升快，受害节间容易恢复；受害重时，若气温回升快，叶片枯死，中上部侧芽萌动，基部节间甘蔗变质，蔗蔸老根受到伤害；若持续时间长对甘蔗糖分和宿根出苗都有较

甘蔗冻害症状

大影响。根据受害等级，一般将甘蔗低温危害划分为轻度、中度、重度3级，轻度受害为−2.0 ~ 1.5℃，甘蔗植株叶片部分青绿，生长点死亡，侧芽不受影响；中度受害为−5.0 ~ −3.0℃，整株蔗茎受冻害，茎节芽冻死，蔗茎基部侧芽死亡；气温低于−6.0℃则为重度受害，整株甘蔗叶片枯死，生长点、侧芽全部死亡，整个蔗茎纵切面呈黄色透明水煮状；甘蔗冻后20 ~ 30天，蔗糖分损失可达5%～10%，同时还会出现还原糖成分增加以及蔗汁酸度和胶体增加的现象，使蔗汁品质降低。

面对低温胁迫的挑战，我们有什么办法吗？科研工作者从甘蔗栽培耕作和遗传育种的角度，总结了以下防范甘蔗低温冻害的主要措施。①熏烟：可采取熏烟保温防冻措施，在蔗地通风处的一边设烟堆，于夜晚燃烟，使浓烟持续到凌晨，一般熏烟可以提高蔗田温度1 ~ 3℃，达到保温防冻的目的。②灌溉：对有灌溉条件的蔗田，在寒害发生前，采用浅水过沟灌溉，保持田间土壤湿度，提高土壤热容量和导热率，缓解夜间降温，一般可提高田间温度2℃左右。③增施肥料：多施酿热性的有机肥和磷肥，能提高蔗田温度和甘蔗的抗霜冻能力，并对甘蔗后期单产提高有促进作用。④调整品种结构：强调因地制宜，比如霜冻灾害频繁的蔗区，秋冬植蔗引种耐寒力强的品种，可有效回避生产风险，防灾减损。

培育并应用抗寒品种是应对低温危害最经济且有效的途径，甘蔗生产上急需耐寒性强且综合性状优良的品种。前面提到，不同作物之间、相同作物的不同品种或生态类型之间的抗寒能力存在显著的差异，这就给科研人员指出了研究的方向：挖掘作物适应和耐受低温的秘密，进而有针对性地采取防寒措施，培育抗寒能力更强的作物品种。

甘蔗抗寒性研究

目前，科研工作者在甘蔗抗寒性研究方面已经做了大量的工作。在甘蔗形态学、细胞学和生理生化方面，前人对不同甘蔗品种应答低温胁迫的生理响应及耐寒性进行了综合评价，制定了国家标准《甘蔗耐寒性鉴定技术规程》(GB/T 35836—2018)。在甘蔗耐寒品种的选育方面，育成了一批在生产上广泛应用的抗寒品种，例如桂糖42、桂糖28、桂糖21、赣蔗18、ROC16和FN39等。在甘蔗抗寒基因的挖掘方面，研究人员应用cDNA 文库、基因芯片、组学测序及比较组学分析等技术，获得了一批受低温诱导差异表达基因和低温响应的关键候选基因，例如*miR319*、*SsNAC23*、*SsDREBs*等。在甘蔗抗寒基因功能

验证与利用方面，一些关键抗寒基因，如异戊烯基转移酶基因（*ipt*）、α 微管蛋白基因（*SoTUA*），被证明有效提高了转基因甘蔗对冷害的耐受性。笔者所在团队发现，甘蔗乙醇脱氢酶基因（*ScADH3*）的异源表达提高了转基因植物的抗寒性（Su et al., 2020）、*ScmiR393* 在转录后水平调控和提高了转基因植物的抗寒性（Yang et al., 2018）、启动子甲基化介导了MYB类转录因子在转录水平调控甘蔗对低温的应答，该MYB转录因子及其候选靶标基因*ScMT10*均提高了转基因植物的抗冻性（Feng et al., 2022）。

过表达 *ScMT10* 提高了转基因烟草对冻害的耐受性

我们清醒地认识到，尽管研究人员在甘蔗抗寒性研究方面取得了一定的进展，一些功能基因在提高甘蔗低温耐受性方面的作用也得到转基因证据的支持，但相关研究尚不够深入，涉及转录调控等更深层次的分子机制研究就更为罕见。显然，我们对甘蔗响应低温胁迫的信号转导和调控机制方面的了解与应用还远远落后于拟南芥和水稻等植物。与模式植物不同，甘蔗作为基因组复杂的高多倍体和非整倍体C_4作物，其响应低温胁迫的分子调控机制可能还有着自身不一样的特点，因此需要加快甘蔗抗寒分子机制与育种应用研究的步伐，助力甜蜜甘蔗事业的发展。

撰稿人：郭晋隆　冯美嫦　欧秋月　罗　俊　苏亚春
高世武　吴期滨　李大妹　许莉萍　阙友雄

漫画6 蔗最爱吃

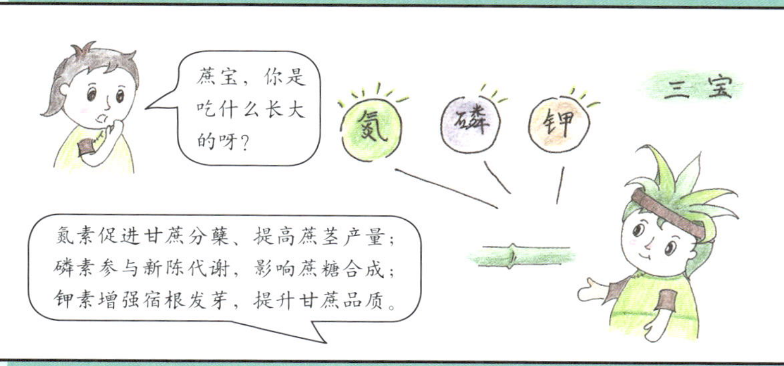
蔗宝，你是吃什么长大的呀？
三宝
氮
磷
钾
氮素促进甘蔗分蘖、提高蔗茎产量；磷素参与新陈代谢，影响蔗糖合成；钾素增强宿根发芽，提升甘蔗品质。

硅素改善甘蔗形态结构、生理过程，增强营养元素的吸收，提高其抗逆性。
硅
硒
硒素调控甘蔗体内叶绿素合成，增强酶活力，促进种子萌发，是良好的抗氧化剂。

可不能光顾着吃，也要记得保暖呀！

甘蔗一枝花 氮素大当家

俗话说得好，“庄稼一枝花，全靠肥当家。”氮素是作物第一大必需营养元素，是细胞核酸、磷脂和蛋白质等物质的重要组成成分，在作物生长发育进程中具有不可替代的作用。作为作物产量的主要限制因子，氮素对作物产量的贡献率高达50%左右。缺氮影响了作物体内的氮代谢和光合作用等生物学过程，植株往往表现出矮小、叶片呈黄绿色、茎秆细弱、分蘖少和早衰等现象，影响作物的产量和品质。土壤中的氮、磷、钾等营养元素通常不能满足作物生长发育的需要，须施用化肥来补足。目前，我国是全世界化肥施用量最高的国家，每年化肥的施用总量接近6 000万吨，每亩化肥用量约为22.1千克。在生产上，为了达到高产的目的，农民往往大量施用氮肥。然而，氮肥施用量也不是越多越好，过量施用氮肥，不仅作物的产量和品质得不到大幅度提升，还给生态环境带来巨大挑战，造成环境污染和全球大气变暖等现象。因此，适量施用氮肥对作物生长发育至关重要。

甘蔗是世界上最重要的糖料作物，由甘蔗生产的食糖约占全球食糖总产量的80%，中国蔗糖产量占食糖总产量的85%以上。氮素同样是影响甘蔗产量的重要限制性因素。合理施用氮肥可以显著增加甘蔗分蘖，促进植株生长，提高蔗茎产量。正所谓，甘蔗一枝花，“氮”素大当家。

自然界中的氮素循环

我国大部分甘蔗种植区已经连作20多年，每蔗季每公顷蔗田氮肥施用量为400 ~ 800千克，是巴西和澳大利亚等国家的2 ~ 3倍，远高于其他国家。甘蔗品种的氮利用效率(nitrogen use efficiency，NUE)相对较低，过多或过少施用氮肥均会影响甘蔗的正常生长。过量施用氮肥，甘蔗的产量并无法得到相应的提高，甘蔗的蔗糖含量则会显著降低，不仅增加生产成本，还会导致土壤酸化、水体富营养化、面源污染等一系列问题。研究报道，当每千克土壤的纯氮施用量在0.15克以上时，再增加氮肥的施用量，甘蔗的蔗糖分呈现下降趋势，甘蔗的品质下降，制糖的效益降低。氮肥供应不足或不能及时供给时，甘蔗出现叶片狭小、蔗茎细、节间短等症状，产量大幅度下降。如何在保持或提高甘蔗产量的同时，尽量减少氮肥施用量，已成为中国甘蔗产业面临的重要科学问题。

糖料作物甘蔗

甘蔗生产过程中，主要从育种和栽培两个角度来降低氮肥的过度施用。一方面，培育氮高效品种一直是甘蔗育种的重点目标。人们希望氮高效甘蔗品种的应用，在减少氮肥施用量的同时，仍然能达到稳产甚至增产的目的。此外，从作物育种途径看，充分挖掘甘蔗氮素吸收利用潜力，探究低氮胁迫下甘蔗的生理与分子机制，挖掘和应用氮素吸收利用的关键基因，有助于辅助培育氮高效的甘蔗品种。甘蔗氮高效分子育种对减少甘蔗生产中的氮肥投入，促进生产成本下降和改善农业生态环境具有重要的现实意义和科学价值。另一方面，从栽培角度看，不同品种甘蔗的氮利用效率类型不同，可以根据甘蔗品种各自的氮肥吸收利用特点，合理施用氮肥。这就要求在前期研究中建立有效实用的甘蔗氮效率评价技术体系，较为准确地筛选和评价氮高效甘蔗品种和育种材料，从而指导生产上根据品种所属的氮肥利用类型，进行合理的氮肥供应，同时还可为氮高效育种中亲本选择提供科学依据。

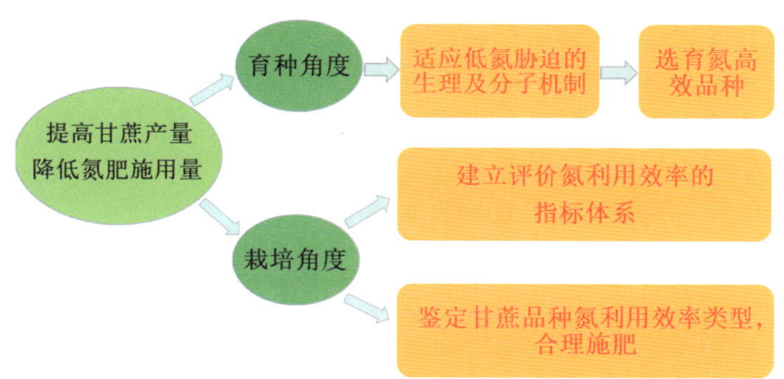

降低氮肥施用量提高甘蔗产量的途径

甘蔗氮素吸收和利用的生理和分子机制研究是培育氮高效甘蔗品种的基础。甘蔗根系对土壤铵态氮和硝态氮的吸收转运分别由铵态氮转运蛋白和硝态氮转运蛋白介导。在甘蔗初级氮同化过程中，作物吸收硝态氮，经硝酸还原

酶和亚硝酸还原酶催化，转化为铵盐，进而转化为氨基酸。铵态氮转化为氨基酸有两种主要途径：一种是由谷氨酸脱氢酶参与的谷氨酸合成途径；另一种是由谷氨酰胺合成酶和谷氨酸合酶共同催化合成谷氨酸途径。硝酸还原酶和亚硝酸还原酶是硝态氮同化的限速酶和关键酶，谷氨酰胺合成酶和谷氨酸合酶是铵态氮有机同化过程中的关键酶。这些氮代谢通路关键酶基因往往以基因家族的形式存在，家族中众多基因成员可能共同参与植物氮素吸收和利用进程，并受到众多转录因子（是一类与基因启动子区域中顺式作用元件互作，进而保证目的基因以特定强度在特定的时间与空间表达的蛋白质分子）和miRNA（microRNA，是一类非编码小分子RNA，长度为21 ~ 23个核苷酸）在转录前和转录后水平上的调控（Yang et al., 2019b）。上述氮代谢相关基因构成的通路、网络及其相互调控的关系已经成为氮素利用分子机制解析的热点和难点。

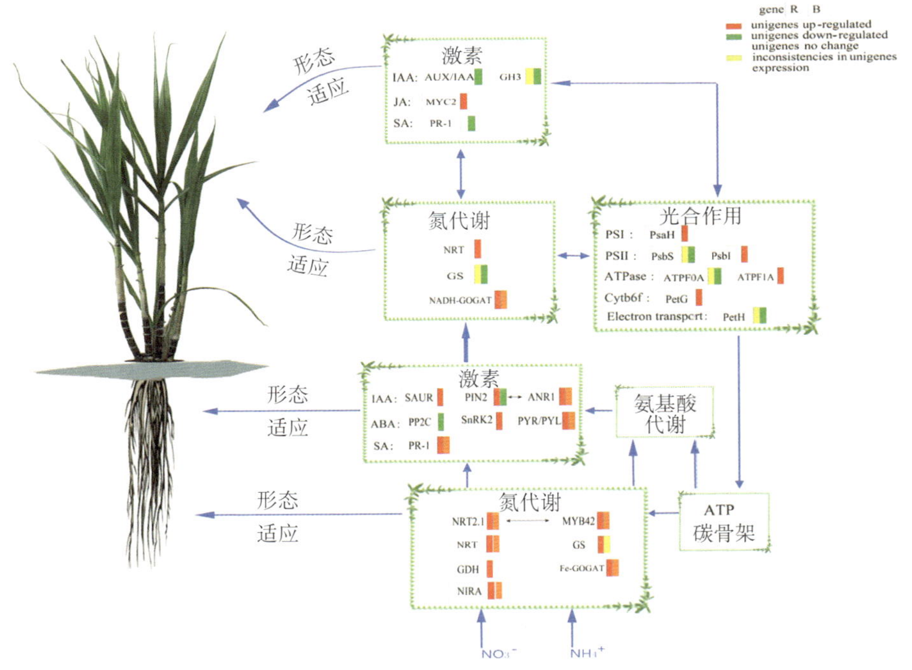

甘蔗叶片和根系响应低氮胁迫的分子模式图

甘蔗种质资源氮肥利用效率评价与筛选。关于氮高效品种的评价和筛选，众多学者从作物的农艺性状、生物学特性和光合相关参数等方面对其进行了研究。Fageria以作物产量为衡量标准，将作物利用氮素效率的类型分为：低效低响应型、高效低响应型、低效高响应型和高效高响应型（Fageria and Baligar，1993）。低效低响应型：无论养分供应多还是少，作物产量一直都比较低。高效低响应型：当养分供应水平较低时，产量相对较高，但随着养分供应量的增加，作物的产量增加较少。低效高响应型：当养分供应量较低时产量较低，但随着养分供应量的增加，产量显著增加。高效高响应型：当养分供应量较低时，产量相对比较高，而且随着养分供应量增加，产量仍有显著增加的趋势。笔者所在团队研究了低氮胁迫下甘蔗不同品种的株高、茎径等主要农艺性状，光合荧光相关参数，叶绿素相对含量，氮代谢关键酶的活性以及产量和品质指标，对甘蔗主要的种质资源进行了氮利用效率的评价和筛选，明确了甘蔗伸长末期谷氨酰胺合成酶、叶绿素含量（SPAD）和植物干重（plant dry weight，PDW）能够用于有效预测工艺成熟期氮利用效率（NUE），其中谷氨酰胺合成酶活性是预测NUE的最关键指标（Yang et al., 2019a）。

甘蔗高产种植的秘密——氮肥

氮高效分子育种是培育氮高效甘蔗品种的有益补充。氮高效分子育种的基础是不同作物或同一作物的不同基因型在氮利用效率上存在明显差异。甘蔗不同基因型的氮利用效率也存在明显差异，为培育氮高效的甘蔗品种提供了可能。然而，甘蔗遗传背景复杂，开花对光温条件要求严格，采用传统杂交育种的方法培育氮高效品种很困难。挖掘和鉴定能提高甘蔗氮利用效率的关键基因，研究其调控甘蔗氮利用效率的生理和分子机制，可为选育氮高效的甘蔗品种提供理论依据和实验指导。

甘蔗氮素利用研究

为了提高甘蔗的氮利用效率，降低氮肥的过度施用，在保护农业生态环境的同时，达到稳产乃至增产的目标，国家863计划、“十三五”和“十四五”国家重点研发计划、国家自然科学基金以及国家甘蔗或糖料产业技术体系的科学家们纷纷开展了甘蔗氮高效育种的基础研究和应用研究工作，取得了一系列成果。笔者所在团队聚焦甘蔗氮高效分子育种研究，先后针对甘蔗主要的种质资源进行了氮利用效率的评价和筛选，获得了关键指标（Yang et al., 2019a），并构建了低氮胁迫下甘蔗mRNA和miRNA数据库，挖掘出响应低氮胁迫的关键基因、转录因子和miRNA（Yang et al., 2019b）。同期，广西农业科学院、广西大学、中国热带农业科学院也有一系列甘蔗氮高效育种研究的报道，尤其是广西农业科学院李杨瑞教授课题组长期深耕甘蔗氮素利用研究，取得了极为全面系统和深入的研究进展。

撰稿人：杨颖颖　高世武　郭晋隆　苏亚春　吴期滨　李大姝　许莉萍　阙友雄

要想甘蔗好 磷素少不了

磷是作物三大主要营养元素之一，对作物生长发育和产量、品质的形成有着极其重要的作用。自然界中，岩石和天然的磷酸盐沉积是磷的主要储存库，也是人类开采磷酸盐的主要来源。岩石经由侵蚀、风化和淋洗等途径释放磷素。磷循环主要包括三个步骤：首先，植物从环境中吸收磷；其次，通过食草和食肉动物以及寄生生物在水体或陆地生态系统中进行循环；最后，通过微生物分解动植物尸体再回到环境中。但是，陆地生态系统中的一部分磷会进入湖泊和海洋，而磷从湖泊和海洋返回陆地是很困难的，因此磷循环是不完全的循环。

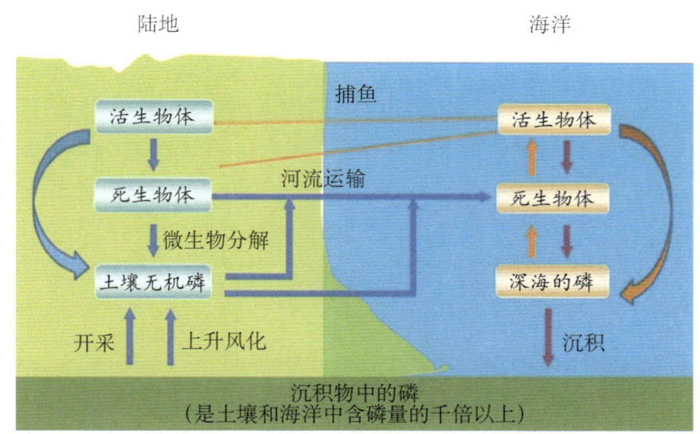

磷循环

磷肥是以磷为主要养分的肥料，其肥效主要取决于五氧化二磷的有效含量以及土壤性质、施肥方法和作物种类等因素。土壤中的磷含量很高，但这些磷绝大部分以难溶性的无机磷和有机磷的形式存在，无法被植物直接吸收利用。农业生产中，农民主要通过化学磷肥的施用来提高土壤中有效磷的含量，以促进作物的生长和发育，提高其产量和品质。磷肥不仅能促进植物根系生长，增加分蘖，还可以提高植物的抗旱能力，增强其抗寒能力和抗病性，同时施磷肥还能使植株提早成熟，提高作物产量，改善作物品质。缺磷时，植物生长缓慢，矮小，茎细，结实期延长，果实变小；磷过量时，则会出现磷中毒症状，植物生长受到抑制，同时还会抑制植物对铁、锌、锰等其他有益元素的吸收。长期以来，农民经常施用大量磷肥，然而过量磷肥进入土壤后，当季作物

植物缺磷的表型

只能利用10%～25%，余下的绝大部分磷肥会被固定在土壤中，造成土壤污染和生态环境破坏等潜在问题。

要想甘蔗好，“磷”素少不了。磷是甘蔗生长发育最主要的必需营养元素之一，是组成核酸、磷脂的重要成分，磷通过各种形式参与甘蔗多种代谢活动，影响甘蔗蔗糖的合成。甘蔗光合作用过程中的光合磷酸化需要磷的参与，磷还能促进甘蔗氮代谢的进程，促进碳水化合物的合成以及糖的运输等。此外，磷还与植物对其他元素的吸收有着密不可分的关系，比如，磷能有效促进甘蔗植株对氮和钾的吸收。

甘蔗是世界上最重要的糖料作物，不仅是生产蔗糖的原料，也是生产生物燃料乙醇的重要原料。我国主要甘蔗种植区以酸性土壤为主，磷含量虽然很高，但有效磷含量较低，难以满足甘蔗正常的生长发育，蔗农只能通过大量施用化学磷肥以达到提高产量的目的。然而，长期施用大量磷肥导致蔗区土壤的酸化程度更加严重，而且由于施入的磷肥（可溶性磷）更容易被土壤中的铝和铁等元素固定，磷肥当季的利用率只有10%～25%，限制了甘蔗产量的提高和品质的提升。如何促进甘蔗对磷的吸收，提高磷素利用率，是目前甘蔗产业发展急需解决的重要问题。

糖料作物甘蔗

育种和栽培是甘蔗磷素利用效率提升的两个主要途径。在甘蔗种植中，主要从两个方面来降低磷肥的过度施用。一方面，从栽培角度上讲，增加有机肥的施用，改善土壤中微生物的活性，促进土壤有机磷向无机磷转化，增加甘蔗的吸收。需要注意的是，在施用化学肥料时，要合理配施氮、磷、钾三种肥料，减少底肥一次性施入，通过水肥一体化，提高肥料的利用率。此外，蔗区土壤酸化，要采取措施调节其酸碱度，减少土壤对施入磷肥的固定，提高磷肥利用率。在施用时期方面，由于甘蔗生长发育前期对磷肥吸收较多，所以磷肥要更多施用在甘蔗的生育前期和中期，也就是在甘蔗伸长期之前施用磷肥，这样更能满足甘蔗生长的需求。另一方面，从作物育种途径上讲，充分挖掘甘蔗磷素吸收和利用潜力，探究低磷胁迫下甘蔗的生理与分子机制，挖掘磷素吸收利用的关键基因，培育磷高效的甘蔗品种。生产上迫切希望在减少磷肥施用量的同时，仍然能达到稳产甚至增产的目的，因此培育磷高效品种一直是甘蔗育种的重要目标。甘蔗磷高效分子育种对减少甘蔗生产中的磷肥投入，促进生产成本下降和改善农业生态环境具有重要的科学意义。

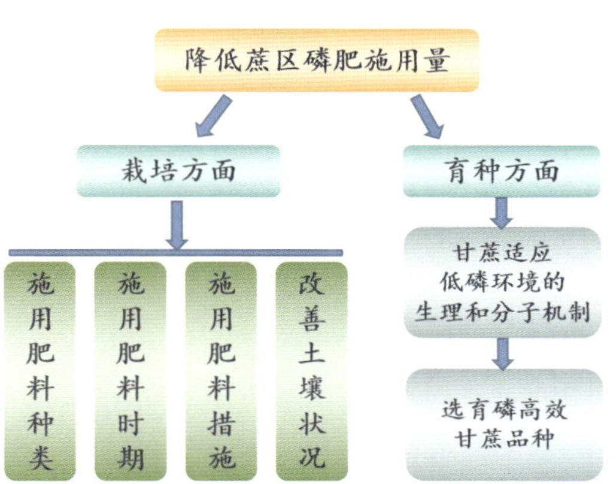

降低蔗区磷肥施用量

甘蔗的磷高效分子育种。不同作物或同一作物的不同基因型在磷利用效率上存在明显差异。甘蔗不同基因型的磷利用效率也存在明显差异。甘蔗遗传背景复杂，开花对光温条件要求严格，采用传统杂交育种的方法培育磷高效甘蔗品种是一件很不容易的事情。探究甘蔗中磷利用效率调控的生理和分子机制，挖掘和鉴定甘蔗响应低磷逆境的关键基因，有望为甘蔗磷高效品种分子育种的开展提供科学基础。甘蔗根据土壤有效磷含量的变化，通过改变根系形态结构，调控磷的吸收和利用，促进植株生长发育。甘蔗不同基因型磷吸收效率的差异是决定磷效率差异的主要因子之一。磷被根系吸收后，由转运蛋白转运到甘蔗体内。磷是否能被高效吸收和转运是决定磷效率高低的重要因素。在甘蔗磷吸收和利用进程中有许多基因共同参与，并受到转录因子和miRNA的调控。挖掘甘蔗响应低磷环境的关键基因，并研究其调控磷利用效率的生理和分子机制是磷高效分子育种的基础。

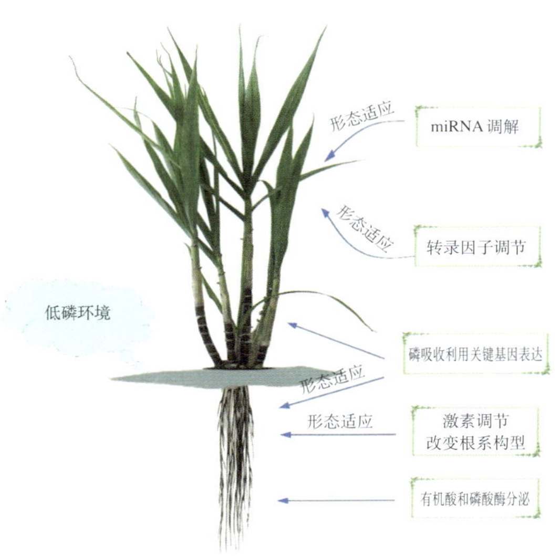

甘蔗叶片和根系响应低磷环境的模式图

为了提高甘蔗的磷利用效率，降低磷肥的过度施用，在降低土壤污染的同时，达到增产的目标，国家甘蔗或糖料产业技术体系科学家们纷纷开展了甘

蔗磷高效育种的基础研究和应用研究工作，取得了一系列成果。另外，广西大学、广东省生物工程研究所、广西农业科学院也有一系列甘蔗磷高效育种的研究报道，笔者所在团队也在积极推进甘蔗磷高效分子育种研究工作。

撰稿人：杨颖颖　高世武　翁梦静　苏亚春　吴期滨
罗　俊　郭晋隆　李大妹　许莉萍　阙友雄

只有钾素在 甘蔗才自在

钾素是影响作物生长发育所必需的矿质营养元素之一。钾是植物体内多种酶的活化剂，能促进光合作用和蛋白质的合成，并增强作物茎秆的坚韧性，有效提高作物的抗旱和御寒能力。在氮、磷、钾三要素中，甘蔗对钾的需求量最大，生产上每吨原料蔗通常需从土壤中吸收钾（K_2O）2.0 ~ 2.7千克。然而，全球蔗区土壤养分分布不均衡，多数蔗区土壤钾素含量仍处于低水平。我国广西、云南、广东及海南甘蔗主产区的土壤中钾素营养缺乏严重，处于低水平供应状态；泰国、巴基斯坦、巴西、印度、非洲等国主产蔗区也存在类似现象。钾素营养不充足不利于甘蔗的生长和蔗糖分积累，为满足甘蔗对钾素的需求，生产上常在甘蔗生长期施加大量钾肥。

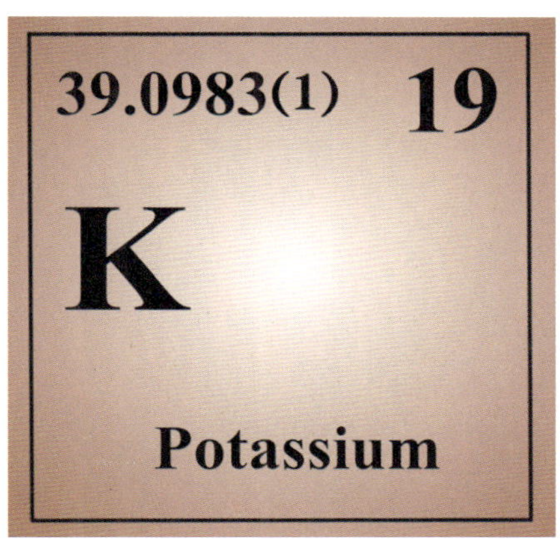

神奇的钾素

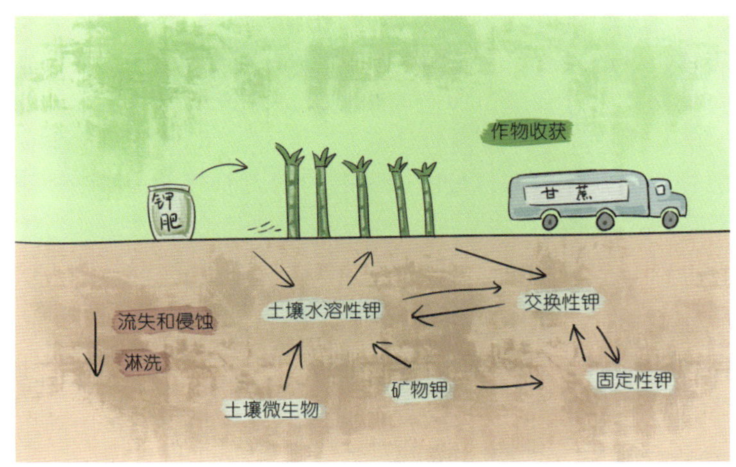

生物圈的钾素循环

甘蔗是典型的喜钾作物。适量施用钾肥，能产生有利的农学效应，增加甘蔗植株的钾素吸收量，提高钾肥利用率，促进甘蔗生长，最终增加产量；过度施用钾肥，对甘蔗产量和经济效益的提高不仅无法起到促进作用，反而会降

低钾肥利用率、影响蔗株对钙和镁等元素的吸收，且在增加种植成本的同时，对环境也造成一定的污染。我国钾矿资源匮乏，农用钾肥主要靠进口，钾肥价格居高不下，为了降低种植成本，许多蔗农不施或少施钾肥，加之钾肥利用率低以及长期收获会导致土壤钾的耗竭，加剧了钾短缺而成为限制我国甘蔗产业发展的重要因素之一。因此，提高钾素利用率，满足甘蔗对钾素营养的需求，促进甘蔗产业高产、优质、高效和绿色发展，已经成为亟待解决的一道重要科学命题。

甘蔗钾素营养特征。钾在甘蔗植株内以游离状态的K^+和无机盐的形式存在于细胞质或吸附在原生质体表面，其吸收、累积和分配呈动态变化（彭李顺等，2016）。细胞质中的K^+主要影响酶活性和参与有机物合成、光合作用和呼吸作用、同化物的运输等生化代谢过程；液泡中的K^+主要影响细胞水分状况、叶片细胞生长和运动、电荷平衡等细胞生理功能。钾素可加速甘蔗体内糖类的形成和养分的运输，并能改善甘蔗的氮代谢，有利于有机物质的形成和积累，从而获得高产。在甘蔗植株体内，钾素均有分布，在发育初期，茎叶中钾的含量较高，随着时间的推移，钾的含量略有波动，但仍表现为地上部分含量较高；栽培管理中，结合蔗株体内含钾量、钾肥施用量及蔗株产量与品质之间的关系，确定蔗株正1叶中脉基部是钾素营养诊断最适宜的部位。甘蔗在生育期中不分昼夜地吸收钾，使其体内钾含量随着株龄的增大而减少，增施钾肥后，蔗株体内钾含量也随之升高。

糖料作物甘蔗

甘蔗钾素营养缺乏症状。缺钾导致甘蔗叶片保卫细胞膨压下降、气孔关闭及CO_2扩散阻力增加，进而光合作用降低，使甘蔗株高、有效茎数和茎径受到抑制，最终影响甘蔗产量。此外，缺钾使得呼吸底物利用、氧化磷酸化及光合磷酸化速率下降，能量水平锐减，虽然氨基酸与酰胺类可溶性氮增加，但阻碍了蛋白质合成，导致甘蔗品质降低。甘蔗下种后，最早2个月便可出现缺钾症状，表现为蔗株

甘蔗缺钾时叶片褪色的典型症状

矮小，生长势减弱。鉴于钾在蔗株体内常以阳离子K^+形式存在，流动性极强，能从成熟叶和茎叶流向幼嫩组织进行再分配，因而甘蔗缺钾症状最先出现在近茎下部的成熟叶片，先是老叶顶端褪绿和坏死，然后在中脉两侧或仅在中脉一侧向下发展，中脉呈深色条状变色，甚至出现局部坏死，其后幼叶变为灰黄色。

甘蔗增施钾肥的效应。增施钾肥可明显改善低钾胁迫导致的不利影响，在一定施钾范围内，有效茎数、单茎重、茎径均显著增加，蔗区增产效果明显。随着钾肥施用量增多，有效茎数、单茎重降低，但总产量依旧增加，这或许是蔗株通过增加节间长度和茎径来增产。在增施钾肥的过程中，不仅净光合速率、干物质的量有增加，增施钾肥后还会促进甘蔗宿根发芽、提高土壤钾素有效性。此外，增施钾肥除了会提高产量外，可以促进甘蔗还原糖转化为蔗糖，促进蔗糖积累，提升甘蔗品质。然而，滥用钾肥会对甘蔗品质产生不利影响，比如原材料加工熬制过程中钾与蔗糖形成化合物，溶解度提高，形成的结晶较小，降低了蔗糖回收率。

钾利用效率差异由遗传基因控制且可以向子代稳定遗传，因而选育钾高效品种是提升甘蔗钾利用效率的最有效途径。模式作物拟南芥和一些作物

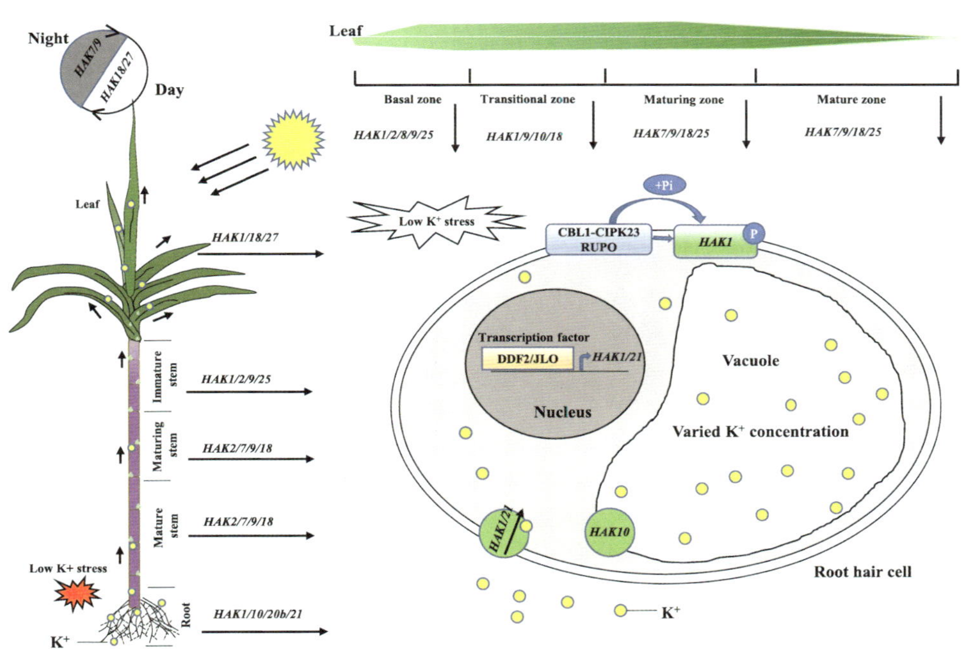

甘蔗*HAKs*转运体基因家族在低钾胁迫下的功能作用模式
(Feng et al., 2020)

中，发现了一些可用于分子标记辅助选择育种的K^+积累相关数量性状基因座(QTL)。在甘蔗中，参与代谢过程、阳离子结合、生物调控、转运和转录调控的基因富集，且参与Ca^{2+}信号通路和乙烯通路的基因在低钾胁迫下发挥重要作用。甘蔗*HAK*基因家族成员在不同发育阶段特异表达，且具有昼夜节律，同时不同家族成员在不同叶段发挥作用（Feng et al., 2020）。根系形态与钾吸收息息相关，提高植物对钾素高效利用的机制还可从植物本身形态、内在亲和力等探究。未来的研究中，除了常规杂交育种外，有望基于现代分子生物学技术推动对钾素高效利用基因的挖掘与鉴定，进而开展转基因作物改良，或者利用基因编辑技术对目标基因进行改造，以及利用钾素高效相关基因进行分子标记辅助育种，最终筛选出钾高效品种。

甘蔗常年单一连作对土壤钾流失有一定影响，采用多样化种植方式及适宜的农艺措施能够一定程度上提高土壤中钾素含量。甘蔗间作马铃薯较甘蔗单作消耗的土壤养分相对减少，土壤钾含量提高。在甘蔗与花生间作和施硅处理下，土壤有机碳、磷、钾和硅含量均有提升。轮作在甘蔗生长中也具有明显增质作用，可促进土壤营养成分的加速释放，提高土壤养分的利用率。土壤长期连作后易紧实，适当进行翻耕提高土壤通气性、增加土壤孔隙度等，能够促进蔗株根系生长，增大与土壤的接触面积以吸收土壤养分。在甘蔗生产上，运用滴灌施肥技术配施钾肥，可达到事半功倍的效果，施钾量仅为常规一半即可，既经济又环保。此外，种植及田间管理不当会促使养分吸收量不足，植物面临多重胁迫，因而建立系统化甘蔗种植技术体系，提升甘蔗种植和管理的科学性，对保证甘蔗钾素营养的平衡供给和有效吸收是非常重要的。钾是如此重要，无论人类、动物还是植物，概莫能外，作为喜钾作物的甘蔗，更是不可或缺。

含钾高的水果和蔬菜

钾是甘蔗生长发育过程中不可或缺的一种营养元素，不仅能够增加甘蔗产量，还能增强植株抵抗病害和抗倒伏等能力。钾是甘蔗植株代谢中多种酶的催化剂，对甘蔗叶片中糖分的合成（源）及其转运和储存到茎（库）的过程中起着关键的作用，并在控制水合物和渗透压方面扮演重要角色。缺钾情况下，甘蔗茎秆较短，老叶的尖端与边缘呈现焦枯状，表面出现棕色条纹和白斑，中脉组织有时还会出现红棕色条斑，甚至导致局部性坏死；幼叶浓绿，后逐渐变为灰黄色。钾作为甘蔗需求量极大的元素之一，在国内外蔗区土壤中却常缺乏流失而以施肥补充钾素需求。目前，尽管植物钾素利用机制已有不少有效研究，但甘蔗钾素研究仍处于起步阶段，是一个亟待提升的重要科学命题。甘蔗钾素利用效率的提升，其核心因子正是甘蔗本身，以钾高效甘蔗品种的培育为主、以科学合理的耕作栽培措施为辅，仍将是未来甘蔗产业中提升钾素利用效率的主流路线。

撰稿人：罗　俊　张　靖　郭晋隆　杨颖颖　苏亚春
吴期滨　高世武　李大妹　许莉萍　阙友雄

甘蔗喜上硅 铠甲护轮回

硅是一种常见的化学元素，其化学符号是Si。硅属于元素周期表上第三周期，ⅣA族的类金属元素，其原子序数为14，相对原子质量为28.0855，有无定形硅和晶体硅两种同素异形体。硅的英文silicon，来自拉丁文的silex，silicis，意思为燧石（火石）。早期学者将此元素译为“硅”，而由于圭旁确可读xi音，令其读为“矽（xi）”。1953年2月，中国科学院召开了一次全国性的化学物质命名扩大座谈会，以“矽”与化学元素“锡”和“硒”同音容易混淆为由，改回原名字“硅”，并读“gui”。鉴于“硅（gui）”字本亦可读“矽（xi）”音，目前，中国大陆地区统一采用“硅”，我国台湾地区沿用“矽”字至今，而在我国香港，两用法皆有，但“矽”较通用。

硅——植物的硅质铠甲

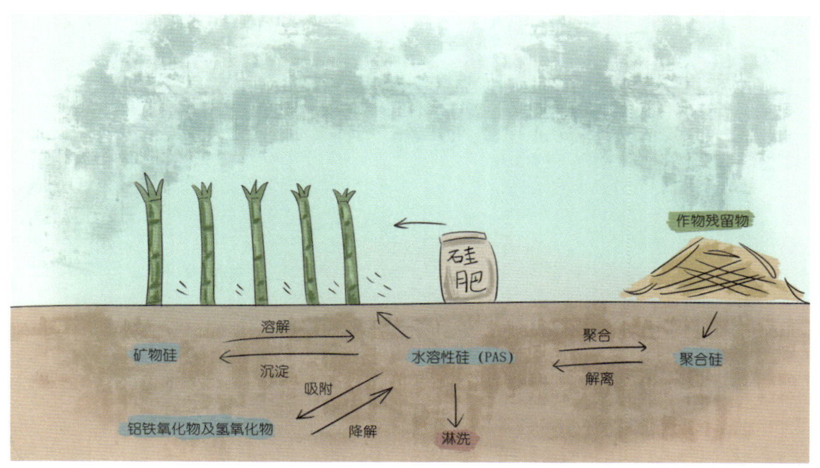

植物中的硅循环

硅肥是继氮、磷、钾之后，被权威机构确认的第四大元素肥料。地壳中硅（Si）含量丰富（26.4%），是仅次于氧（49.4%）的第二大元素。然而，直到近年来，生物学家才深刻认识到硅作为植物营养物质的重要性。现在，越来越多的证据表明，硅在植物保持健壮植株和减轻一系列生物和非生物胁迫的不良影响方面发挥着不可或缺的作用，包括水和盐胁迫、金属毒性、营养失衡、真菌和细菌病原体及昆虫食草动物侵害等。因此，硅肥不仅环保清洁，还优质高效，对农作物的生长起到较好的调节作用；同时，还能够通过改善植物形态结构、生理过程，增加营养元素的吸收，抑制重金属等有害元素的吸收，从而有效提高植物对生物和非生物逆境的抗性。

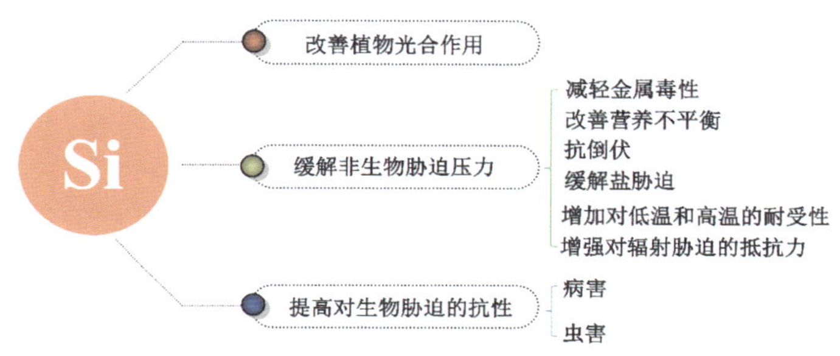

硅在生物和非生物胁迫下对植物生长的有益作用

在作物中，水稻和甘蔗是典型的喜硅作物，其植物茎秆甚至能够积累大于1.0%的硅的干物质。当将这两种作物种植在高产、富含硅的土壤上时，硅的消耗量每年分别超过150千克/公顷和400千克/公顷。令人忧心的是，由于耕地面积的减少或不同作物之间对耕地的竞争性使用，不少地区的水稻和甘蔗只能种在风化的热带或亚热带土壤上。在几千年的风化作用下，经由滤出或脱硅，这类土壤中可溶性硅的含量大多已经枯竭。除了滤出或脱硅作用外，在原生硅酸盐和铝硅酸盐矿物的化学风化过程中，还会伴随着碱性阳离子的释放和淋失，这最终促使低碱饱和土壤即酸性土壤的形成。同时，铝（Al）和铁（Fe）离子会与一些硅发生化学反应，形成以铝和铁倍半氧化物和高岭石为主的次生黏土矿物。特别需要指出的是，这些高度风化的土壤，除了相对贫瘠之外，也是酸性的。因此，可能有大量的可溶性形式的铝（土壤pH<5.5），可以与硅反应形成不溶性的羟基铝硅酸盐（HAS）。在降雨和温度都很高的热带和亚热带地区，风化过程中硅的损失最为严重，而在温带地区，硅的损失程度则要小得多。

喜硅作物水稻

单体硅酸（H_4SiO_4）是硅在土壤溶液中存在的主要形式，这也是植物能够有效吸收的硅化合物。在植物体内部，当硅以硅酸的形式通过硅转运体

(Lsi) 被吸收后，会聚合成水合无定形二氧化硅($SiO_2 \cdot nH_2O$)；当植物被分解时，硅会返回到土壤中，从而被下一个作物季的植物所吸收。在土壤溶液中，硅酸的溶解度与土壤胶体的吸附/解吸反应密切相关。pH低时，土壤溶液中硅酸的溶解度和浓度最高；随着pH升高，硅酸的溶解度和浓度都逐渐降低；当pH达到9.8时，硅酸盐阴离子能够被最大限度地吸附到土壤表面，而铝和铁的含水氧化物，导致土壤溶液中硅酸的溶解度和浓度大幅度下降。在风化酸性土壤的硅流失中，硅的溶解度和pH之间的这种关系是最主要的因素之一，且由于作物长期密集种植，硅的流失进一步加剧。

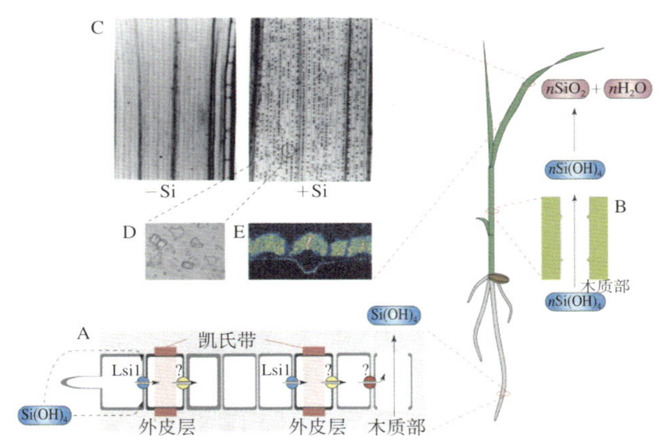

硅在水稻中的吸收、分布和积累

[硅以硅酸的形式通过转运体被吸收（A），然后以同样的形式被转移到芽中（B）。在芽中，硅被聚合成二氧化硅并沉积在球状细胞（二氧化硅体）（C、D）和角质层下（E）。软X射线（C）和扫描电镜（E）检测到硅]

(Ma and Yamaji，2006)

硅能够在物理、生化和分子三个维度上激活植物防御机制，介导形成植物抗性，以应对生物和非生物因子的胁迫。其中，物理机制通过细胞壁加固和胼胝质沉积，在导管处产生胶状物质和侵填体，在叶表面等部位形成角质或蜡质层，在胁迫受伤组织的周围形成木栓组织，以形成机械屏障，相当于第一道防线，抵御外源生物和非生物胁迫；生物化学机制归结于激活防御相关酶、刺激抗微生物化合物的产生以及调节复杂的信号通路网络，协同防御生物和非生物因子绕过/突破物理屏障后造成

机制		
	物理	形成角质层 加固细胞壁 形成乳状突起
	生理	激活防御相关酶 生成抗菌化合物 调节系统信号
	分子	转录组调控 蛋白质组学调控

硅在植物与病原体互作中的作用

(Wang et al.，2017)

的伤害；分子机制则主要包括与防御反应相关的基因和蛋白质的调节，比如提高植物抗性相关基因和蛋白的表达水平，促进不同抗性基因和蛋白之间的相互作用等，并通过这些基因或蛋白产物来适应或抵抗各种生物和非生物逆境的胁迫。

对于能够有效积累硅作物的甘蔗来说，其生长发育离不开硅元素的渗透。甘蔗作为重要的糖料作物和可再生生物质能源作物，具有很大的产业发展潜力。甘蔗对硅的吸收特性及其产量的增加和品质的提升会受到土壤中有效硅含量的影响。据测定，生长12个月的甘蔗可吸收大约380千克/公顷的硅，大于甘蔗对土壤中氮、磷、钾等其他元素的吸收量。硅是植物细胞壁的一个非常重要的组成成分，施用硅肥可以使植物细胞壁增厚，促进植株保持直立姿态生长。甘蔗从土壤中吸收硅营养元素后，叶片中硅的含量会显著增加，形成更多的硅酸和硅化细胞。蔗叶中的含硅量与其叶片光合强度和叶绿素含量相关，施用硅酸钙能够有效增加蔗叶的光合速率、蒸腾速率与气孔导度。此外，硅肥能消除或减轻酸性土壤中锰、铝、汞等重金属污染，还能增加甘蔗根系对磷的吸收，减少甘蔗倒伏，改善叶和茎的直立性，提高甘蔗植株的水分利用率，并增强甘蔗抗冻性。

硅肥在施用过程中具有对环境友好、长效性和对病虫害具有多元抗性等特点，可作为甘蔗现有生物化学防治手段的有效补充。研究者认为硅肥能增强甘蔗对褐锈病的抗性。在巴西，甘蔗科学工作者使用硅肥对三种典型土壤类型的甘蔗褐锈病的防治进行观察，在一年新植和两年宿根试验中，发现硅肥能够在不同程度上降低褐锈菌的发病率（防治效果为20%~59%）。在甘蔗对茎蛀虫的抵抗力方面，硅还可以通过提高蛀虫天敌对植物的寄生率来增强甘蔗对茎蛀虫的抵抗力，从而在一定程度上控制螟虫的危害。适量的硅肥还能够大大提高甘蔗植株中硅的含量，提升整个生育期甘蔗对条螟的内源抗性，不但干扰条螟的正常生长发育，降低种群数量，而且能提高甘蔗对条螟的耐害性，减轻甘蔗的受害程度，有效促进甘蔗增产增收。另有研究表明，与抗虫甘蔗品种相比，硅对易感甘蔗品种的保护效果更明显。施用硅肥后甘蔗黄螨的数量显著降低，且捕食性甲虫也减少了。此外，硅具有控制爪哇根结线虫的潜力，能够降低甘蔗环斑病的发病率。

硅酸钠（Na_2SiO_3）和硅酸钾（K_2SiO_3）均会影响甘蔗黑穗病菌的生长。众所周知，甘蔗黑穗病是一种重要的全球性甘蔗真菌病。自1877年南非纳塔尔首次报道甘蔗黑穗病以来，该病已成为一种全球性的甘蔗病害。在过去的20年里，黑穗病已成为中国大陆最具经济危害的甘蔗病害之一。目前，我国主要甘蔗品种普遍感染黑穗病，严重影响产量和品质。在澳大利亚甘蔗沙植地，连续三年在田间小区试验中，使用高炉矿渣（硅含量14%～18%）作

为硅源。初步结果表明，高炉矿渣能显著降低田间甘蔗黑穗病的发生率，促进甘蔗生长。施硅显著提高了黑穗病敏感品种ROC22和抗病品种Badila的抗黑穗病能力，甘蔗黑穗病发病率分别下降了11.57%～22.58%（ROC22）和27.75%～46.67%（Badila）。进一步研究发现，硅通过调节甘蔗的病程相关蛋白活性、次生代谢和活性氧代谢，从而积极调控对黑穗病的抗性。

殊途同“硅”——硅在甘蔗生产实践上的应用成效

甘蔗喜上硅，殊途又同“硅”。硅的性质是复杂的，植物从外部环境中吸收硅的能力有很大的不同，它们从硅中获得的益处也有所区别。近年来的研究表明，硅已被提升到植物有益物质的地位。对甘蔗而言，施用硅肥可以改善土壤的理化性状，提高肥料的利用率；协调甘蔗植株的生长，提高甘蔗生物产量；调节甘蔗的生理代谢，提高甘蔗蔗糖分；作为细胞壁组分，提高甘蔗的抗性；甚至还可以促进还原糖向蔗糖转化，加快甘蔗的成熟。

撰稿人：苏亚春　尤垂淮　吴期滨　罗　俊　高世武　郭晋隆　李大妹　许莉萍　阙友雄

物以稀为贵 糖以硒为最

1779年8月20日，瑞典南部一个名叫威菲松达的小乡村里，诞生了一位男婴。此时，大家还不知道，这个孩子——贝采利乌斯，将在化学发展历史中画下浓墨重彩的一笔，并在化学发展的名人榜上占有重要的一席之地。1817年，贝采利乌斯发现硫酸厂铅室中有一种红色的沉淀物，这种物质在燃烧时会发出与碲化物（碲与金属或非金属的一种化合物）燃烧时相似的味道，在此之前他一直认为这个红色的沉淀物也是一种新型的碲化合物。令人兴奋的是，一年后，即1818年，他发现这种物质中并没有碲元素的存在，据此他判断这是一种具有与碲元素相似性质的新元素。鉴于碲(tellurium)的名字来源于tellus(拉丁语意为土地，在罗马神话中是大地母亲的名字)，而这种新元素与碲元素的性质形似，所以他将这种新元素命名为selenium（硒）（Selene为希腊神话中的月亮女神），从此以后，硒元素便有了一个优雅而浪漫的名字。

硒是一种非金属元素，化学元素符号是Se，在化学元素周期表中位于第四周期ⅥA族（第34号元素）。普通话和客家话读xi，粤语念sai，潮州话则为si。硒具有与硫元素相似的性质，其氧化态分为四种：－2、0、4、6价。该元素用途广泛，可以用作光敏材料、电解锰行业催化剂、动物体必需的营养元素和植物有益的营养元素等。

硒——健康的守护者

硒大致可分为硒单质、无机硒和有机硒三类。在自然界中，硒元素的存在方式有两种：无机硒和植物活性硒。无机硒多从金属矿藏的副产品中获得，一般指的是亚硒酸钠和硒酸钠，以及其他大量无机硒残留的酵母硒、麦芽硒。无机硒通常有毒性，不适合人和动物直接食用。植物活性硒通常是指植物从土壤中吸收的硒元素，是可以被人体利用的。在植物体内，这种形态的硒元素主要是通过光合作用以及植物体内的生物转化，以硒代氨基酸的形态存在。在地壳中，硒的含量很少，仅约一亿分之一，且分布极不均匀，属于一种极度稀散分布的元素，通常极难形成工业富集。在全世界范围内，共有44个国家硒元素稀缺，中国位列其中。我国是一个严重缺硒的国家，有72%的国土面积属国际公认的缺硒地区，包括东北、西北、西南等二十多个省份，其中30%是严重缺硒

地区，因此广泛发掘并有效提高硒元素的利用率，无疑已经成为硒的挖掘和利用重中之重的任务。

硒元素不仅是联合国卫生组织确认的人体必需微量元素之一，还是植物生长过程中极为重要的调控因子。对人体而言，硒元素是一种良好的抗氧化剂，它可以清除人体内过量的氧自由基，防止过氧化的破坏作用，有效保护视力、提高人体免疫力，因其对癌细胞的生长有抑制作用还被认为具有辅助抗癌的功能，因此又被称为“健康的守护者”和“生命的保护神”。在植物体内，硒的生物活性可以分为三个层次：第一，最低浓度，这是正常生长和发育需要的；第二，中等浓度，可以储存在体内，以维持体内平衡功能；第三，高浓度，会导致毒性效应，影响生长和发育。硒元素能够提高植物的生物产量，这主要通过调控植物体内叶绿素的合成与代谢，增强植物的呼吸作用等来实现。同时，硒元素还可以增强植物体内的酶活力，有效促进种子的萌发。此外，研究还发现，硒元素具有拮抗有害金属物质和协调运输其他物质的作用。与其在人体中的作用类似，硒元素也能调控植物的抗氧化能力，提高植物对生物和非生物逆境的抗性。

富硒食品

微量元素专家奥德菲尔德博士也说过，硒像一颗原子弹，量很小很小，作用和威慑力却很大很大。一旦被人们认识利用，将对人类健康产生深刻的影响。民以食为天，除了五谷（稻、黍、稷、麦、菽）之外，蔗糖亦是人类基本的粮食之一，已有几千年的历史。亘古通今，衣食住行，历来都是贯穿人生的四件大事，其中又以“食”最为重要。古代，生产力低下，人们最朴素的愿望便是能够有的吃，而能够吃饱肚子“饱腹”常常成为奢望。随着时代的变迁，现代社会劳动生产力的进步，人们对食物的要

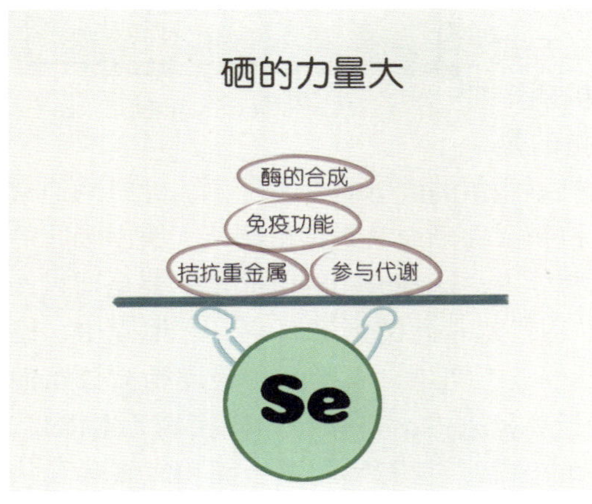

硒的生物效应

求更高了，吃饱后希望吃好，这导致对有机、天然、健康等绿色食品的需求越来越强烈，尤其是各种富含微量元素的绿色食品已经成为大众期望的必需品。硒在人的体内无法合成，为了满足人体对硒的需求，就需要每天补充硒。因此，培育和种植富硒作物，以满足人民群众不断增长的对富硒产品的需求，已经成为摆在科研工作者面前的重要课题。

坚持走富硒农业发展之路，全面助力乡村振兴，是农业发展的新契机，时代发展的新要求。中国营养学会曾经对我国13个省份做过一项专项调查，结果表明，成年人日平均的硒摄入量仅为26 ～ 32微克，这与该学会推荐的最低限度50微克，相距甚远。一般植物性食品中含硒量都比较低，因此，开发和推广经济快捷、携带方便，且适合长期食用的富硒食品，已经势在必行。我国属于较为严重的缺硒国家，7亿人口生活在贫硒地区，早年在中国黑龙江、吉林、辽宁、西藏和湖北等14个地区，曾经流行着一种死亡原因不明、死亡率极高的地方性心肌病——克山病，后来被证实与缺硒密切相关！国家出台各种政策鼓励发展富硒农业，目的是从根源上解决这些“缺硒病”对广大人民群众健康造成的危害。我们一定要根据市场需求和政策鼓励，推动富硒产业的持续、稳定、健康和快速发展；同时，具备富硒产业发展条件的地区，可以积极参与创建特色农产品优势区，加快推动富硒农产品的开发利用。这也符合贯彻落实中央1号文件和中央农村工作会议的精神，以及《关于开展特色农产品优势区创建工作的通知(农市发〔2017〕3号)》的要求。未来的日子里，加快推动富硒农业产业发展，促进农业提质增效和农民增收，保障人民的生命健康，是时代的呼唤，迫在眉睫。

富硒农业的发展

甘蔗是人类摄取糖分最为重要的经济作物，对食糖供应安全有着举足轻重的作用，培育和推广富硒甘蔗并生产富硒红糖有望大幅提高甘蔗的营养价值和增强甘蔗产业的竞争力。甘蔗属于禾本科作物，在我国是生产食糖的主要原料，具有喜高温、喜湿和喜肥的特性以及生长周期长的特点，在我国广西和云南等亚热带地区广泛种植。说到富硒农业，就不得不提“富硒甘蔗”。“富硒

甘蔗”是众多富硒作物中的一员。我国根据硒元素含量，对不同地区土壤进行了分级，平均硒含量在0.40毫克/千克以上的为富硒土壤区，此标准线也是划分富硒与贫硒地区的重要基础。目前，国际上推广的富硒农业主要有两种：一种是利用天然/自然富硒地区土壤种植农作物；另一种是在农作物种植过程中人工施加外源硒。由于我国富硒土地仅占耕地的3.5%左右，因此在贫硒地区发展富硒农业，其外源硒的应用也成为不二选择。富硒甘蔗的栽培，一般选址在富硒土壤地区，富硒地区生产的甘蔗有着更高的硒含量，因此生产的甘蔗享有“生命糖浆”的美称。而在贫硒地区，如果想要生产富硒甘蔗，主要途径为施用外源硒，利用这种方法生产的甘蔗，也能够富含较高的硒元素。值得期待的是，目前在不少蔬果类作物中，广大科研工作者已经发掘出许多“富硒基因”，未来可望在甘蔗中也开展相关研究，在保证安全环保和健康的前提下，从基因层面改良甘蔗对硒的富集效率。

硒是人体重要的微量元素

富硒甘蔗产业正在蓬勃发展。广东蕉岭的蕉城、广福、长潭、新铺等多个地区，富硒甘蔗的种植面积已达3 000多亩。2019年，广州甘蔗现代农业产业园富硒甘蔗的种植面积高达8 500亩。此外，海南地区由于土壤含硒量集中在0.45 ～ 2.00毫克/千克，属于富硒土壤，其生产的红糖品质更是上乘。有报道称，在海南传统土法生产工艺制作的红糖中，天然硒含量高达62.06微克/千克，口感甚佳。红糖被誉为“东方的巧克力”。红糖“凝结如石，破之如沙”，泡一杯红糖水，慢慢溶化，混合着甘蔗的清香味道，蔗香浓郁、口感细滑。古籍《医林纂要》记载红糖功效：“暖胃，补脾，缓肝，去瘀，活血，润肠。”毫无疑问，富硒红糖有着更高的营养价值。在政策支持和科技助力下，未来富硒甘蔗的种植一定会越来越标准化、规模化、产业化和一体化。

富硒红糖

物以稀为贵，糖以硒为最。硒元素不仅是参与植物生命活动的重要元素，还在人类健康方面发挥重要作用。富硒甘蔗产业，蓬勃发展；甜蜜甘蔗事业，正当其时！

撰稿人：赵振南　苏亚春　吴期滨　李大妹　许莉萍　阙友雄

漫画 1 病菌来袭
甘蔗和糖的那些事

饶命！
我是黑穗病菌，我要入侵至蔗芽内部，破坏你的生长点，产生黑色鞭状物，高温高湿更能展现我的实力！

我是花叶病菌，让你的宿根年限缩短，降低你的蔗茎萌芽率和产量。
我是叶枯病菌，让你病斑密布、叶片枯死，减少糖分积累。

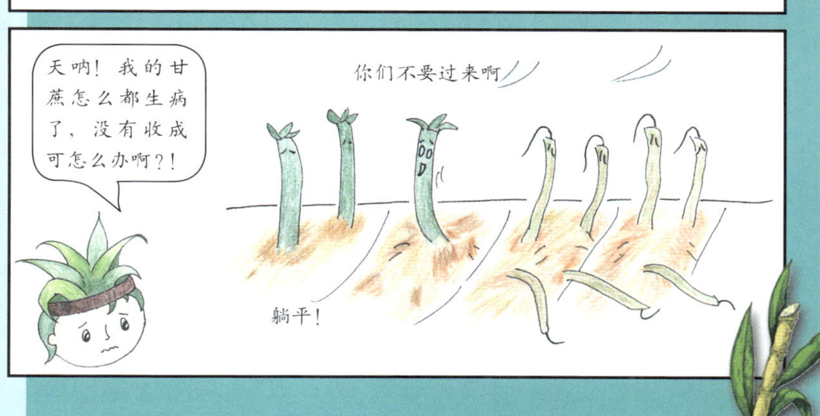
天呐！我的甘蔗怎么都生病了，没有收成可怎么办啊?!
你们不要过来啊
躺平！

围剿黑穗病 端稳糖罐子

甘蔗属于禾本科甘蔗属，是多年生高大实心草本C_4植物，秆直立，枝不分杈，高度2～6米。甘蔗主要分布于热带与亚热带地区，是全球最重要的糖料作物和最具潜力的生物能源作物。俗话说“无糖无甜、无盐无咸”，作为日常生活必需的调味品，它给人们带来了生理上的愉悦和心理上的幸福感；作为人体三大营养物质（糖类、脂肪、蛋白质）之一，糖是人体最重要的供能物质，人体一切活动消耗的能量，大部分是由糖类提供的。生活中加一点糖，会变得更甜蜜。

近年来，我国食糖总产量位居世界第三，食糖消费量位居世界第二，且呈刚性增长。其中，蔗糖总产量占我国食糖产量的85%左右，甘蔗栽培面积约140万公顷，甘蔗产业的良性健康可持续发展直接关系我国的食糖安全。我国食糖自给率为60%～70%，剩余缺口由进口填补，其中2020/2021榨季中国食糖进口量全球占比接近11%。俄罗斯和乌克兰之间发生冲突后，俄罗斯政府决定2022年3月10日至8月31日禁止出口糖类，包括白糖和原蔗糖等；同时，乌克兰政府也已经实行出口管制，对食糖实行零配额出口，这更加凸显了在当前国际形势下，提高食糖自给率，将“糖罐子”稳稳端在我们自己手中的重要性。

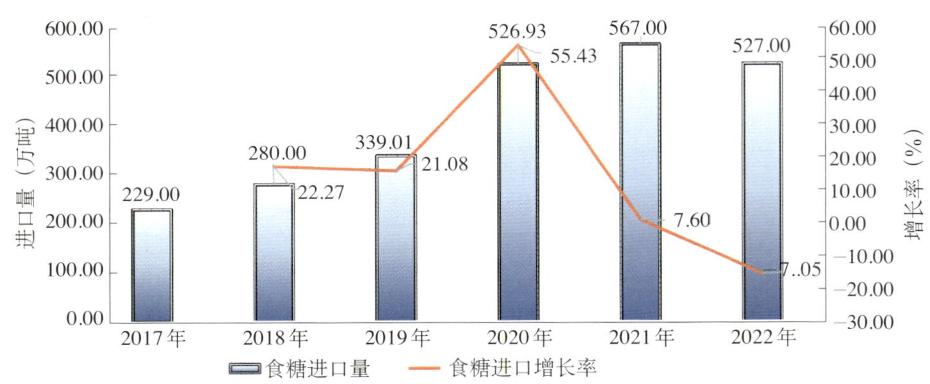

2017—2022年中国食糖进口量及增长情况
（数据来源：海关总署）

与人类和地球上的其他生物一样，甘蔗也会生病，而且病原五花八门，名目众多。已知的甘蔗侵染性病害在我国有50多种，其中甘蔗黑穗病是一种全球性的重要甘蔗病害，也是我国甘蔗生产中危害最为严重的真菌病害，其最明显的特征是病蔗梢头具一条向下内卷的黑色鞭状物，号称“甘蔗癌症”，一旦发病，轻则造成蔗茎损失、蔗糖分降低，重则导致品质变劣，甚至绝收。目前，我国蔗区甘蔗主要栽培品种普遍感染黑穗病，给我国甘蔗产业造成了严重的经济损失。

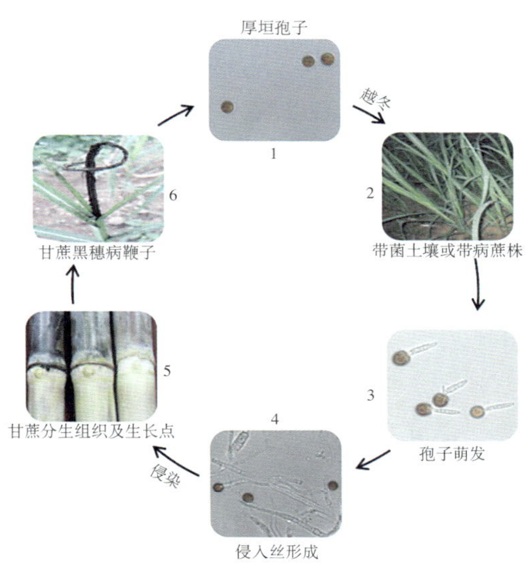

甘蔗黑穗病菌的侵染循环

甘蔗黑穗病是由鞭黑粉菌（*Sporisorium scitamineum*）引起的一种真菌病害。其致病性菌丝体由蔗芽入侵至蔗茎内部，通过胞间连丝传播至蔗株生长点，导致生长点变异，产生黑色鞭状物，且分蘖增多、茎叶细长、叶色浅绿，分蘖上也会长出黑鞭，终成无用的原料蔗茎。每个甘蔗黑穗病菌的孢子囊每天可释放约1亿个冬孢子，其孢子体积小，重量轻，能在空气中长距离传播，在炎热和干燥的条件下存活超过6个月。高温高湿、雨季或蔗田积水，旱后较多雨水等，为该病发生的有利条件。

甘蔗生长周期长，植株高大，在甘蔗生长季的夏初和秋末冬初有两次病害流行季，加上黑穗病菌产孢量大，病原孢子随气流传播，甘蔗种苗带菌潜伏期长，客观上甘蔗黑穗病的防控难度较大。抗病育种是从根本上控制该病害最经济有效的技术路径。

甘蔗黑穗病的防治方法：①选育和应用抗病品种；②应用健康种苗或种苗消毒；③改良栽培措施，促使甘蔗早生快发；④实行轮作，发病区不留宿根；⑤及时发现病株，并拔除烧毁。

甘蔗黑穗病田间发病症状

甘蔗的收获物是营养体，表型性状与环境的互作效应大，抗性的表现是基因型、环境和病原菌三者互作的最终产物，所以同一基因型在不同年份的同一地点或者同一年份的不同地点间，抗性的表现都可能不一致，加上甘蔗遗传背景复杂导致的众

多优良基因聚合到同一基因型中的概率很低的现状，因此，单纯依赖杂交育种和表型选择的现行传统育种技术，难以选育出高产、高糖和抗病性兼具一身的甘蔗品种。

黑穗病难题破解，曙光是否在望？鉴于甘蔗黑穗病的极端危害性，为了推动甘蔗抗黑穗病机制的解析和抗黑穗病甘蔗品种的选育及其推广，国家“七五”“八五”“九五”甘蔗科技攻关，“十五”“十一五”国家863计划，“十三五”“十四五”国家重点研发计划，以及2008年以来国家甘蔗或糖料产业技术体系和育种者们，均针对抗黑穗病育种、抗性鉴定技术、抗病资源筛选与种质创制、抗黑穗病机制等科研领域开展大量基础研究和应用研究工作，取得了系列成果，不断加深了对甘蔗黑穗病的认识和理解（Rajput et al., 2021）。“围剿”黑穗病，端稳“糖罐子”，未来一定可期。

形态学
细胞学
生理生化
遗传学
分子生物学
杂交育种
基因工程

甘蔗抗黑穗病研究

中国热带农业科学院/福建农林大学阙友雄研究员领衔的甘蔗生物育种研究团队，以历史积淀为基础，瞄准甘蔗产业实际，聚焦甘蔗生物学与遗传育种的关键科学问题，长期致力于甘蔗抗黑穗病性状评价及其形成和调控机制研究。团队以寄主甘蔗品种的抗病机制和病原黑穗病菌的致病机制研究为切入点，全方位解析甘蔗与黑穗病菌互作的形态、生理和分子机制并取得重要进展，为创新性开发甘蔗黑穗病的防控策略奠定了较为重要的理论和实践基础。

撰稿人：苏亚春　吴期滨　尤垂淮　郭晋隆　高世武　李大妹　许莉萍　阙友雄

糖若遇花痴 苦涩蔗自知

病毒是目前人类已知的最简单的生命体，一般由蛋白外壳及其包裹的遗传物质形成蛋白-核酸复合体。病毒因其简单而难以防治，给人类健康和农业生产造成了不可估量的损失，近者，如新冠病毒、流感病毒，与我们近在咫尺；远者，如甘蔗花叶病，对绝大多数人而言，闻所未闻。

甘蔗花叶病是一种在生产实际中严重危害甘蔗生长并导致产量及含糖量下降的主要病毒性病害。1892年，Musschenbroek在印度尼西亚爪哇，首次记述了甘蔗花叶病，当时称为“黄条病”。1920年，Brandes在美国路易斯安那州发现玉米蚜（*Rhopalosiphum maidis*）能传播此病。20世纪初，甘蔗花叶病在古巴、巴西和美国的广泛流行曾经造成许多制糖工厂的破产。在我国，甘蔗花叶病于1918年和1947年曾在台湾省两次大流行，对甘蔗和玉米种植造成了极为严重的危害。甘蔗花叶病在我国南方主要蔗区的甘蔗染病率达到了30%，一些感病品种在花叶病暴发期的感病率甚至达到100%，这直接导致了种茎萌发率、蔗茎产量和蔗糖含量的下降。甘蔗花叶病毒就像“花”痴，百折不挠地纠缠着甘蔗，给蔗糖产业带来无穷无尽的苦涩。真可谓“糖罐子”上的裂痕。

甘蔗花叶病田间发病症状

A. 健康蔗叶　B. 感病蔗叶　C. 严重感病蔗叶　D. 部分蔗叶顶部异常扭曲　E. 高温时症状减弱

甘蔗花叶病的病原主要是马铃薯Y病毒科的甘蔗花叶病毒（*Sugarcane mosaic virus*, SCMV）、高粱花叶病毒（*Sorghum mosaic virus*, SrMV）和/或甘蔗条纹花叶病毒（*Sugarcane streak mosaic virus*, SCSMV）。其中，SCMV和SrMV属于马铃Y病毒属（genus *Potyvirus*），而SCSMV属于禾本科病毒属（genus *Poacevirus*）。玉米矮花叶病毒（*Maize dwarf mosaic virus*, MDMV）、

约翰逊草花叶病毒（*Johnsongrass mosaic virus*, JGMV）、玉米花叶病毒（*Zea mosaic virus*, ZeMV）、鸭茅条纹病毒（*Cocksfoot streak virus*, CSV）和狼尾草花叶病毒（*Pennisetum mosaic virus*, PenMV），都同属于马铃薯Y病毒属，在人工接种条件下，也能够侵染甘蔗。

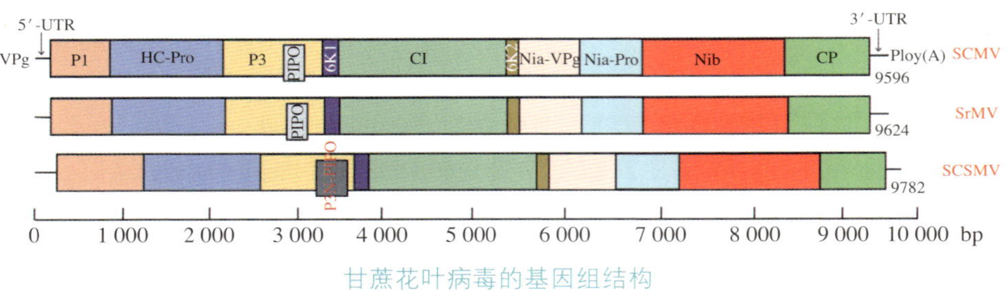

甘蔗花叶病毒的基因组结构

在电子显微镜视野下，从甘蔗花叶病毒病叶片中纯化获得的病毒颗粒由外壳蛋白包裹其长长的基因组RNA分子而形成一条“杆状”复合物。被侵染蔗株体内，病毒在细胞间转移速度很慢；然而，在维管束中，则可随营养流动迅速转移，使病毒扩散至全株，乃至整个蔗丛。该病毒侵入甘蔗后造成植株系统性感染，潜伏期一般为10天左右，长的可达20 ~ 30天，甚至翌年才表现出病症。

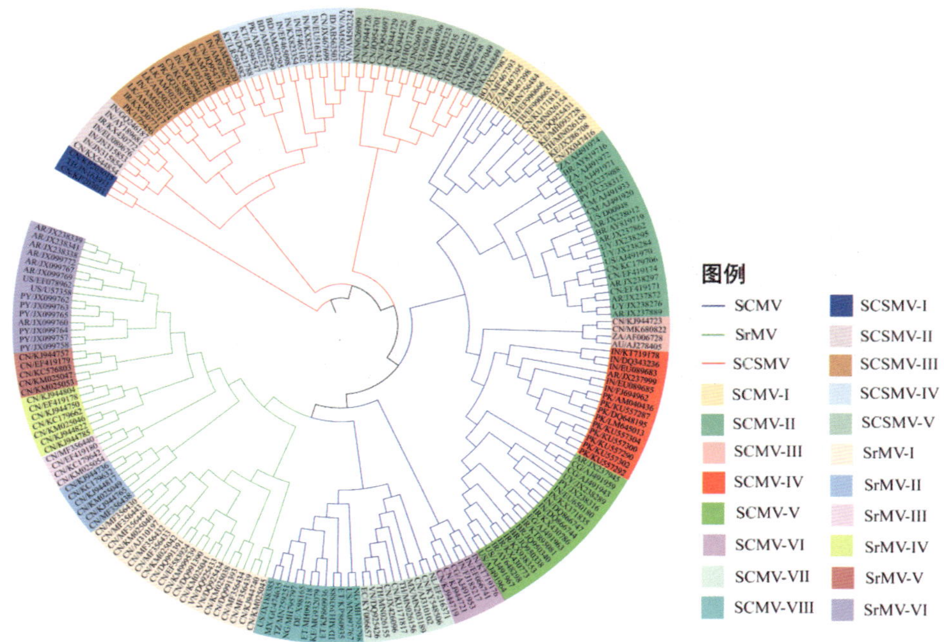

甘蔗花叶病毒外壳蛋白基因的遗传多样性

甘蔗花叶病的初侵染源主要包括带毒种茎、田间病株和其他染病禾本科寄主植物。在自然界中，SCMV和SrMV可由豚草蚜（*Dactynotus ambrosiae*）、狗尾草蚜（*Hysteroneura setariae*）、高粱蚜（*Longiunguis sacchari*）、玉米蚜（*Rhopalosiphum maidis*）和麦二叉蚜（*Toxoptera graminum*）等多种蚜虫以非持久方式传播；蔗田中的蚂蚁若与蚜虫一起活动，也具有间接传毒作用。然而，SCSMV的传毒虫媒目前还不清楚，但与其同属且序列相似性很高的小麦条纹花叶病毒（*Wheat streak mosaic virus*, WSMV）和小麦花叶病毒（*Triticum mosaic virus*, TriMV）可通过郁金香瘤瘿螨（*Aceria tosichella*）传播。但是，SCMV、SrMV和SCSMV等3种病毒均易通过农机具、汁液摩擦等方式进行传播，其长距离传播则主要通过感病种蔗调种携带。

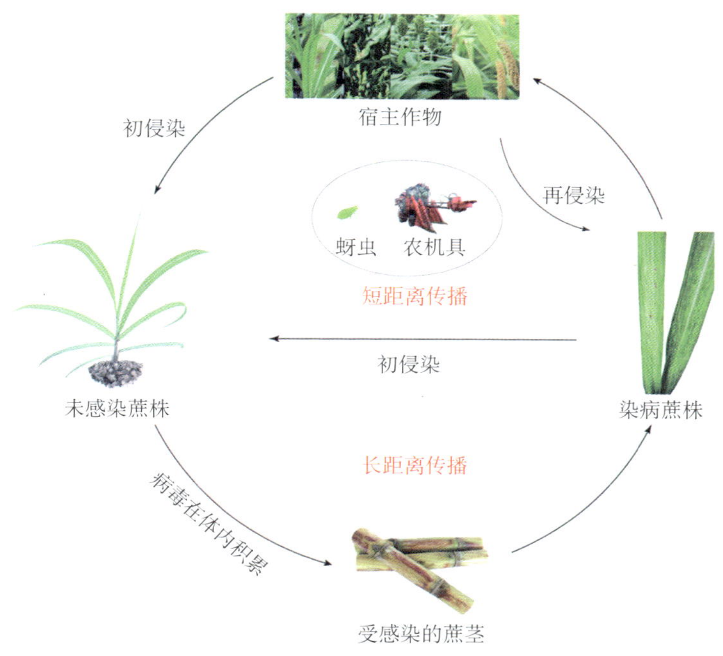

甘蔗花叶病毒的侵染循环

甘蔗一般由蔗农自留种茎进行无性繁殖，十分有利于花叶病毒的传播和流行。种茎截断过程中的切口是除了蚜虫传播外，在蔗区造成病毒传播的最为广泛的途径。甘蔗感染花叶病后，其植株的叶绿素被破坏、光合作用减弱，生长受到明显抑制，导致节间变短、有效茎数减少、宿根年限缩短、蔗茎萌芽率和产量明显降低，汁液量减少，而汁液中还原糖增加，蔗糖结晶率下降，可造成甘蔗减产10%～50%，有时甚至高达60%～80%。就像流感病毒一样，这

些花叶病毒同样会由于环境因素的影响而变异，甚至产生不同的病毒株系。当不同株系的病毒或者不同种病毒同时复合侵染同一株甘蔗植株时，往往会引起更明显的病症、更严重的危害，表现为植株叶片出现枯死斑，甚至全叶死亡，而且在健康种苗生产中更加难以完全消除病毒的复合侵染。

甘蔗花叶病毒的基本特性

病原种类	粒体大小	灭活温度	存活时间	稀释限点	标准沉降常数和浮力密度
SCMV	(630～770) 纳米×(13～15) 纳米	53～57℃	在27℃，体外可存活17～24小时，－6℃低温可存活27天	10^{-5}～10^{-3}	160～175S，1.285～1.342克/毫升
SrMV	620纳米×15纳米	53～55℃	20℃，体外可存活1～2天	10^{-3}～10^{-2}	—
SCSMV	890纳米×15纳米	55～60℃	在室温和4℃低温下，可分别存活1～2天和8～9天	10^{-5}～10^{-4}	—

甘蔗花叶病的防治方法：①选育和种植抗病品种；②应用健康种苗或种苗消毒；③加强栽培防控和加大监测与调种检疫；④改良栽培措施，切断传播途径；⑤实行轮作，发病区不留宿根；⑥及时发现病株，并拔除烧毁。生产实践和研究表明，利用植物自身进化的遗传抗性，选育和合理种植抗病品种是防治甘蔗花叶病最为经济有效的策略。随着转基因农作物在我国的推广种植，借鉴同为马铃薯Y病毒属的番木瓜环斑病毒的防治经验，运用靶向病毒基因组的小分子干扰RNA进行转基因抗病毒品种的选育，也有望成为一种高效快捷的防治措施。

甘蔗抗花叶病研究

甘蔗花叶病曾在美国、古巴、波多黎各、阿根廷、巴西、中国、澳大利亚等国家或地区大流行，直接导致当地许多制糖企业破产，长期以来给世界糖业造成了巨大的经济损失。鉴于其广泛的危害性，为了推动甘蔗抗花叶病毒机制的解析和抗花叶病甘蔗品种的选育及其推广，国家“七五”“八五”“九五”甘蔗科技攻关，“十五”“十一五”国家863计划，“十三五”“十四五”国家重点研发计划，以及2008年以来国家甘蔗或糖料产业技术体系和科学家们，从抗病资源筛选、抗病QTL定位、抗病标记开发、抗病品种选育、转基因种质创新以及关键基因克隆和功能鉴定等方面开展了大量的基础研究和应用研究工作，取得了系列成果，不断加深了对甘蔗－花叶病毒互作的认识（Lu et al ., 2021）。

撰稿人：凌　辉　路贵龙　吴期滨　苏亚春　许莉萍　阙友雄

叶枯就是病 真要甘蔗命

病害是影响甘蔗产量和蔗糖分积累的重要因素。在我国甘蔗产业现代化发展进程中，各蔗区之间交流增多，境外引种和国内调种更为甘蔗病害的传播和蔓延创造了条件，导致蔗区病害和病原种类的复杂多样，给我国的甘蔗安全生产带来了严重隐患。目前甘蔗病害种类已多达130多种，其中大多数为真菌性病害。叶枯病菌（*Stagonospora tainanensis*）属子囊菌门（Ascomycota）座囊菌纲（Dothideomycetes）格孢腔菌目（Pleosporales）孢黑团壳科（Massarinaceae）壳多孢属（*Stagonospora*）真菌，其有性型为*Leptosphaeria taiwanensis*，主要寄主为甘蔗。

叶枯病菌为死体营养型病原真菌，危害甘蔗造成叶片干枯，引起甘蔗叶枯病（sugarcane leaf blight，SLB），又名叶萎病、条枯病。1934年研究者松本和山本第一次在中国台湾南部描述了叶枯病的存在，并报道该病害曾在台湾蔗区广泛流行（Matsumoto，1934）。在甘蔗上，叶枯病主要危害叶片，但也会侵染叶鞘。甘蔗感染叶枯病菌后，病害发生初期，水渍状小点开始散布在叶片上，并逐渐形成淡黄色的近似圆形斑点，其典型特征为形状细长，长梭形，长1～50毫米，宽1～3毫米，随叶片的生长，病斑逐渐增大，数量不断增加。当病害发展到中后期时，病斑中间出现一红色斑点，随着病程发展，红色斑点不断扩展并向两端拉长，整个病斑则呈现淡黄色、微红色、鲜红色、红褐色等不同变化，到后期整个病斑颜色从微红色加深至鲜红色、红褐色

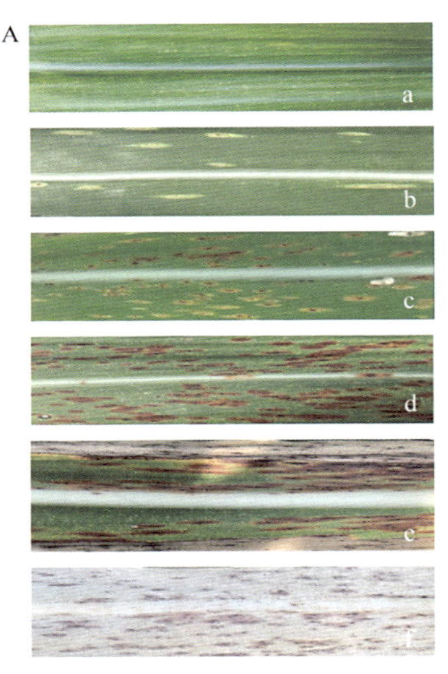

甘蔗叶枯病的田间症状

A. 甘蔗叶枯病叶片局部表现（a. 早期　b. 中期　c. 中晚期　d. 晚期　e. 叶枯病导致叶片开始早枯　f. 叶枯病致叶片完全枯死）

B. 感染叶枯病的整棵甘蔗植株（a. 早期　b. 中期）

等不同程度。叶枯病的病斑较为通透，正面与背面表现近乎一致。叶枯病严重流行时，病斑密布于甘蔗叶片，多个病斑合并在一起连接成片，形成带状病部组织，促使甘蔗叶片干枯死亡，从远处看，呈现出一幅红棕色的景象。甘蔗叶枯病容易在温凉潮湿的气候条件下暴发流行，通常在 3—4 月和 9—10 月发病最为严重。叶枯病主要危害甘蔗叶片，较少发生在叶鞘。在不同甘蔗品种上，叶枯病的病斑表现略有不同。叶枯病可造成甘蔗叶片提前干枯死亡，降低叶片光合效率，减少糖分物质的积累，进而整棵植株停止生长。

笔者所在团队积极开展甘蔗叶枯病菌的分离和培养工作，取得了良好进展。叶枯病菌经纯化后生长在 PDA 培养基上时，菌落为圆形，菌落外缘为白色，内部为灰白色，培养 7 天后菌落直径为 4 ~ 5 厘米并停止生长；叶枯病菌接种在甘蔗叶片浸出液培养基（sugarcane leaf decoction agar, SLDA）上，生长前期菌丝为灰白色，菌落为圆形，从中央向四周呈辐射状生长，菌丝发达且疏松，约 7 天可覆盖整个培养皿，后期菌丝体颜色逐渐加深变为灰色，菌落中部微微隆起；叶枯病菌在甘蔗叶片水琼脂培养基（sugarcane leaf water agar, SLWA）上于 18℃的培养条件下进行培养，能稳定形成有性孢子和无性孢子。将病原菌接种在 SLWA 培养基上，菌落也呈圆形，菌丝生长发达，为灰白色，形态与在 SLDA 培养基上相近。在菌丝覆盖下叶片内部产生许多黑色的颗粒，挑取菌丝制成玻片于显微镜下观察，检测到大量无性的分生孢子和有性的子囊孢子，取黑色颗粒轻敲压实后可在显微镜下观察到病原菌的有性结构子囊散布在视野中央，黑色颗粒为子实体。

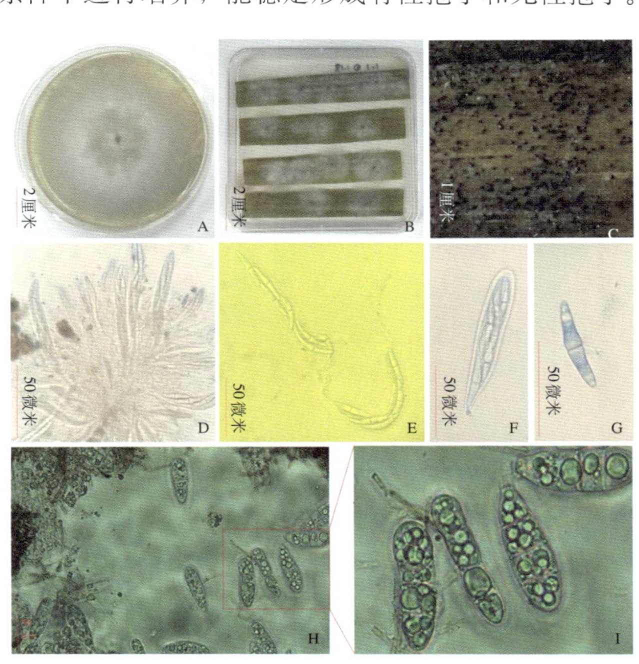

甘蔗叶枯病菌的形态结构

A. 叶枯病菌生长在 SLDA 培养基上　B. 叶枯病菌生长在 SLWA 培养基上　C. 叶枯病菌在 SLWA 培养基中的甘蔗叶片上形成黑色颗粒　D. 黑色颗粒轻轻压碎后子囊散开　E、F. 子囊　G. 子囊孢子　H、I. 分生孢子

甘蔗叶枯病菌的全基因组测序和致病机制解析是解析甘蔗对叶枯病的抗性机制和叶

枯病菌对甘蔗的致病机制的最重要基础工作。为了应对可能大规模暴发的风险，培育抗叶枯病品种已经成为共识。然而，甘蔗对叶枯病的抗性表型不稳定，加上甘蔗育种依赖上百万的实生苗大群体，急需深入了解甘蔗抗叶枯病的机制和叶枯病菌的致病机制。笔者所在团队在国际学术期刊*Journal of Fungi*发表了题为“The first telomere-to-telomere chromosome-level genome assembly of *Stagonospora tainanensis* causing sugarcane leaf blight”的学术论文（Xu et al., 2022）。研究报道了首个甘蔗叶枯病菌端粒到端粒的染色体水平的基因组，并基于转录组数据进行了致病性相关基因和次生代谢产物合成基因簇等功能注释，为理解叶枯病菌对甘蔗的致病机制，开发病原的特异性检测分子标记等提供了基因组资源。

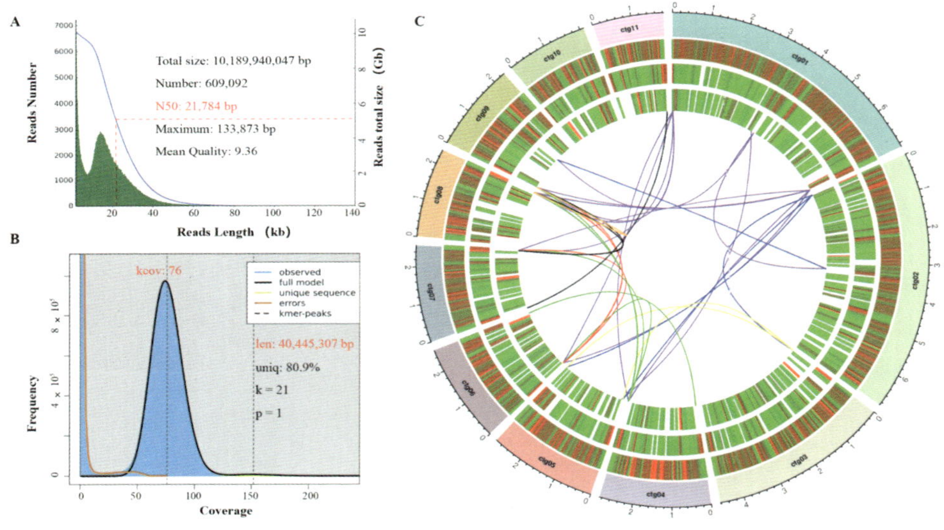

甘蔗叶枯病菌的基因组特性

A.ONT概况　B.基因组大小　C.Circos图

基因组信息是物种分类鉴定，也是病原遗传与进化研究的重要基础。笔者所在团队利用第三代纳米孔（oxford nanopore technology，ONT）测序技术（基因组10.19 Gb）结合第二代Illunima测序技术（基因组3.82 Gb+转录组6.08 Gb），首次报道了甘蔗叶枯病菌的高质量基因组，大小为38.25 Mb，由12个contig组成（ctg12为线粒体序列），N50 为2.86 Mb，最长为7.12Mb。有9个contig末端检测到了端粒重复序列，其中5个双端都能检测到端粒重复，达到了端粒到端粒染色体水平。BUSCO基因组完整性和基因组读序比对率均达到99%以上。基因组重复序列含量为13.20%，过半是LTR类转座子。结合转录组数据，一共注释到了12 206个蛋白编码基因，共编码12 543个蛋白。功能注释显示，所获得的基因组序列中，有2 379个病原与宿主互作相关基因(PHI)、599个碳代谢相关基因（CAZys），以及248个膜转运蛋白（membrane transport proteins）、191个细胞色素P450酶（cytochrome P450 enzymes）、609个分泌蛋白（包括333个效应子）和58个次级代谢产物合成基因簇。本研究将为开发叶枯病菌特异检测分子标记，挖掘致病效应蛋白的功能，以及探究叶枯病菌与寄主甘蔗之间的互作机制奠定基础。本研究对甘蔗叶枯病菌的全基因组测序、基因组的组装和功能注释，为进一步深入解析其致病机制奠定了重要基础。本研究首次报道了叶枯病菌的高质量基因组，并详细阐述了该基因组的结构特征，为今后进一步研究该病原的致病机制、筛选该病原的特异性检测引物提供了序列基础。进一步的研究还可以从叶枯病菌的基因组序列中筛选特异性的基因，设计并开发检测引物；挖掘鉴定效应蛋白的功能，从寄主甘蔗基因和病原叶枯病菌效应蛋白之间的互作角度，解析甘蔗抗叶枯病菌的机制。

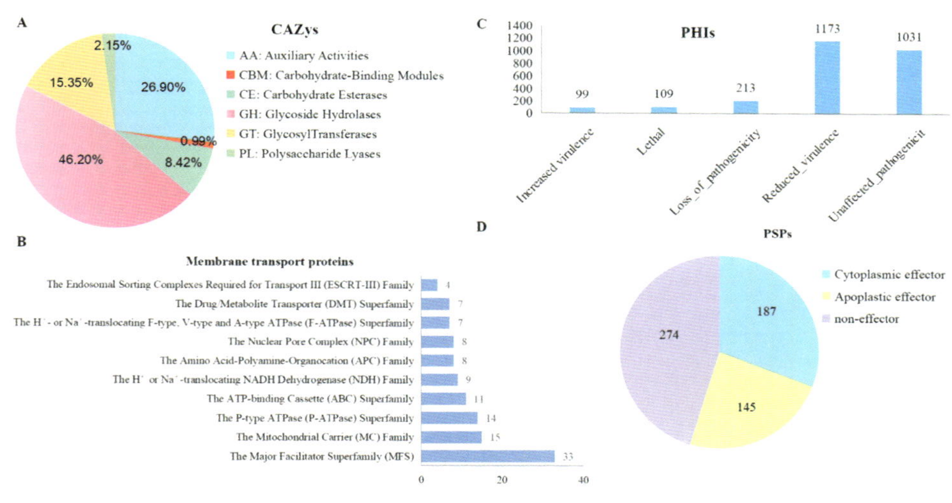

甘蔗叶枯病菌的致病相关基因

A. CAZys B. 膜转运蛋白（top10） C. PHIs D. 推测分泌蛋白

甘蔗对叶枯病的抗性表型不稳定，加上甘蔗育种依赖上百万的实生苗大群体，急需开发基于基因组的鉴定与辅助选择技术。现代甘蔗栽培种为同源高多倍体，基因组结构复杂且基因组尚未破译，导致遗传图谱构建的难度和成本明显高于二倍体和异源多倍体。迄今，高质量、高密度的遗传图谱仍是甘蔗遗传学研究的稀缺资源。笔者所在团队在国际学术期刊*The Crop Journal*发

表了题为“Isolating QTL controlling sugarcane leaf blight resistance using a two-way pseudo-testcross strategy”的研究论文（Wang et al., 2022a），通过SNP芯片分型和双假测交策略，构建了甘蔗主栽品种兼精英亲本粤糖93–159和ROC22的高密度遗传图谱，并定位到6个叶枯病抗性QTL。通过SNP芯片分型，在粤糖93–159和ROC22中分别获得了1 814个和929个单剂量标记，并基于这些标记构建了长度为4 485厘摩和2 120厘摩的遗传图谱，其平均密度（标记平均遗传间距）都不超过3.0厘摩，并且与热带种（*Saccharum officinarum*）和高粱（*Sorghum bicolor*）的基因组都保持着高度的共线性。

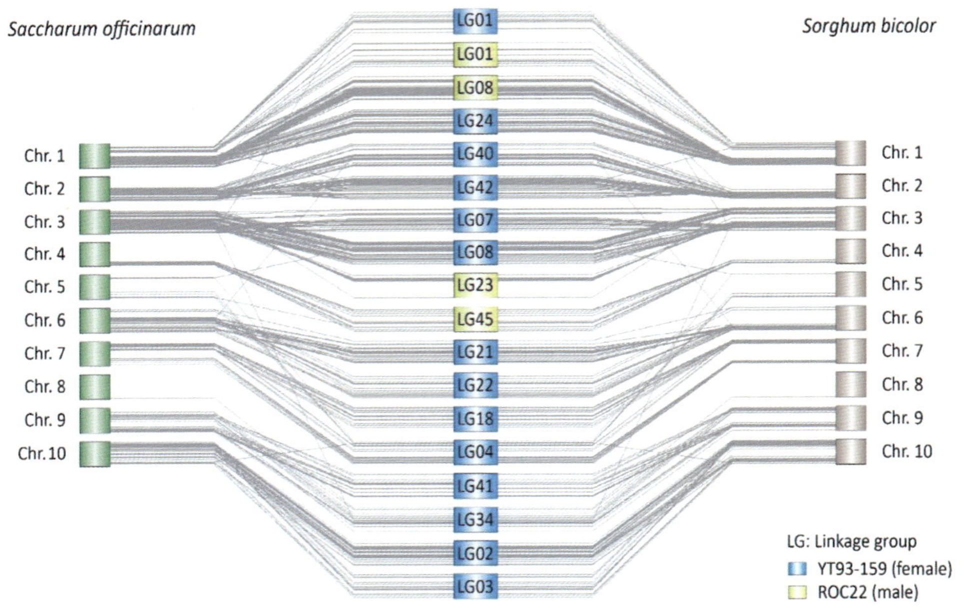

甘蔗品种粤糖93–159和ROC22的遗传图谱及其与热带种和高粱基因组的共线性

笔者所在团队还通过两个遗传图谱检测到6个与叶枯病抗性连锁的QTL，其中3个QTL的贡献度都高于10%，最高达16.4%。继而，研究者使用转录组对最高贡献度QTL附近的基因进行表达定量，发现多个病原受体类基因（pathogen receptor gene）保持着高表达，包括6个富亮氨酸重复受体类激酶/蛋白（leucine-rich repeat receptor-like kinases/protein）。甘蔗抗叶枯病相关QTL的定位将为今后分子辅助抗叶枯病育种和抗病机制研究提供重要基础，所构建的遗传图谱还将为甘蔗遗传研究提供技术工具。

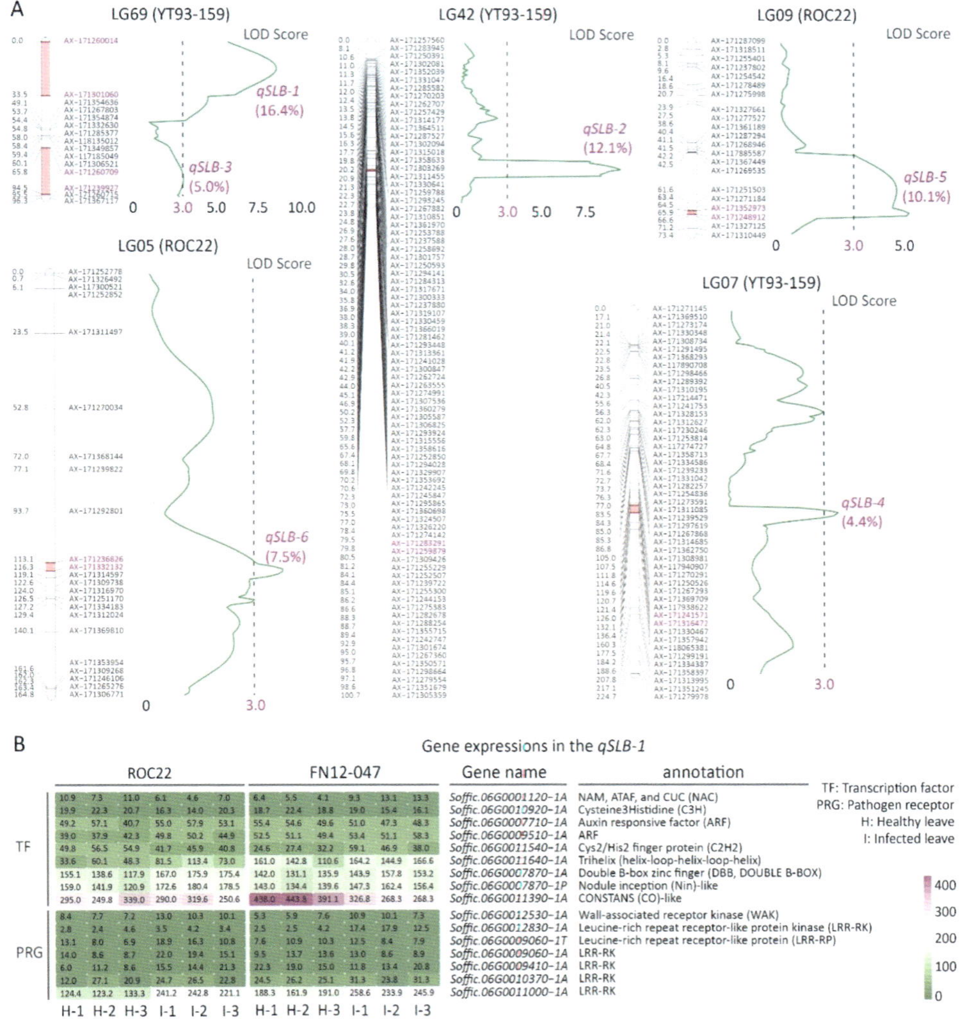

与甘蔗叶枯病抗性连锁的6个QTL（A）与主效QTL附近的基因及其表达（B）

长期以来，因甘蔗的高倍性，QTL定位主要依赖高成本的遗传图谱构建，导致传统的基于二倍体开发的快速定位QTL或筛选连锁标记的BSA-seq方法无法应用于甘蔗。甘蔗抗病性状需要适宜的气候条件和充分的病原胁迫才能进行有效的选择，导致抗病性选择的有效性不高，效率也很低，急需开发相应的分子标记辅助选择技术。笔者所在团队在国际学术期刊*Theoretical and Applied Genetics*发表了题为“An autopolyploid-suitable polyBSA-seq strategy for screening candidate genetic markers linked to leaf blight resistance in sugarcane”

的研究论文（Wang et al., 2022b）。该研究首次从甘蔗遗传图谱QTL定位的策略中汲取灵感，利用单剂量多态性标记，优化完善了传统的BSA-seq方法，所建立的方法称为polyBSA-seq。与传统的遗传谱图或GWAS定位法相比，作者所建立的polyBSA-seq方法，能够更简便更快捷地应用于同源多倍体物种中重要目标性状连锁标记的筛选，该研究将有助于推进甘蔗重要目标性状连锁标记的筛选及分子育种研究的进程。

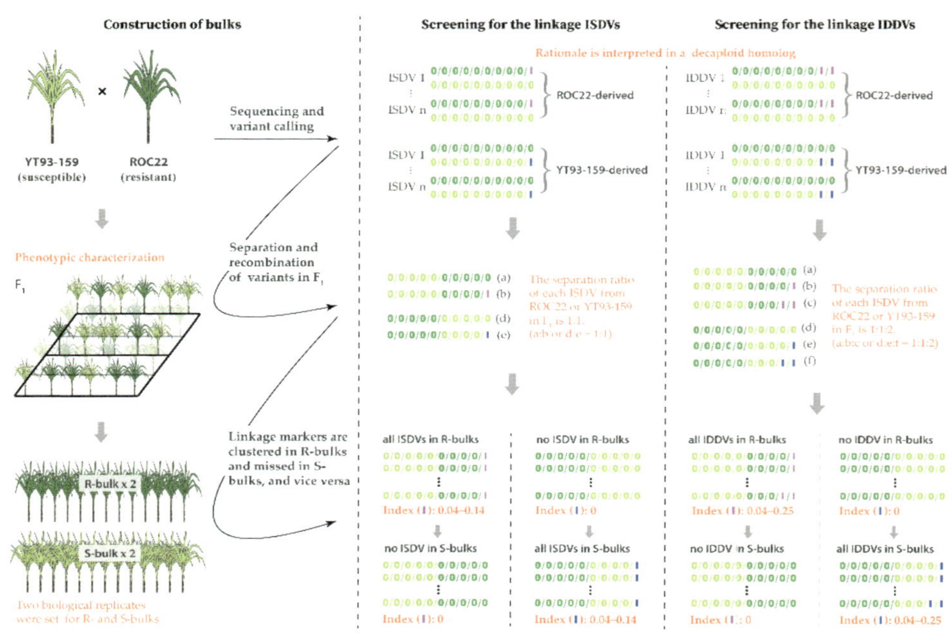

基于polyBSA-seq策略筛选获得甘蔗抗叶枯病连锁标记的原理

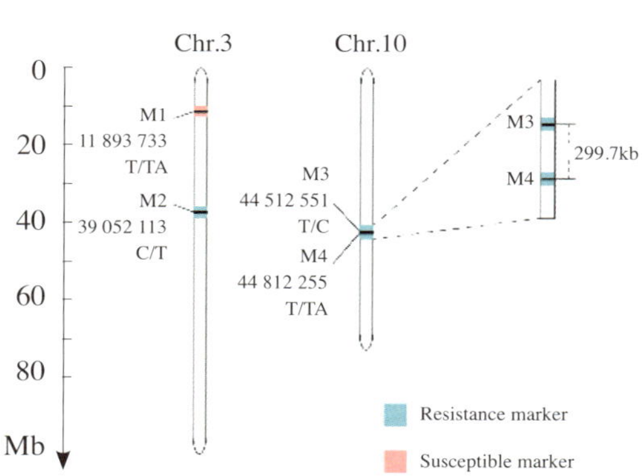

与甘蔗叶枯病抗性紧密连锁的4个标记

采用所建立的polyBSA-seq技术，进一步筛选并获得甘蔗中与叶枯病抗性基因紧密连锁的4个分子标记，包含3个抗病性关联标记和1个感病性关联标记。作者比较了抗病亲本ROC22和感病子代FN12-047的转录表达谱，在4个标记（1.0 Mb）内，筛选得到12个在抗、感叶枯病甘蔗品种中差异表达的基因。这些基因预测与甘蔗叶枯病抗性密切相关，有望作为叶枯病抗性遗传改良的重要候选靶标基因。

甘蔗叶枯病菌的特异性检测体系，能够为叶枯病的发生流行提供有效的监测和严重度评估手段。甘蔗叶枯病的发生可以导致叶片提前干枯死亡，使整株植株枯萎变黄，危害的严重性不可忽视。为避免在具备叶枯病流行条件的国家和地区传播，提前预测和预防叶枯病的流行，笔者所在团队在完成叶枯病菌基因组测序的基础上，首次建立了甘蔗叶枯病菌的检测体系，设计了三对特异性引物 6219-F/R、7533-F/R、8527-F/R，均可在检测体系中应用，其中 8527-F/R 的反应灵敏度最高，可检测浓度达 1.0 皮克/微升，另两对引物可检测的最低浓度为 10.0 皮克/微升。

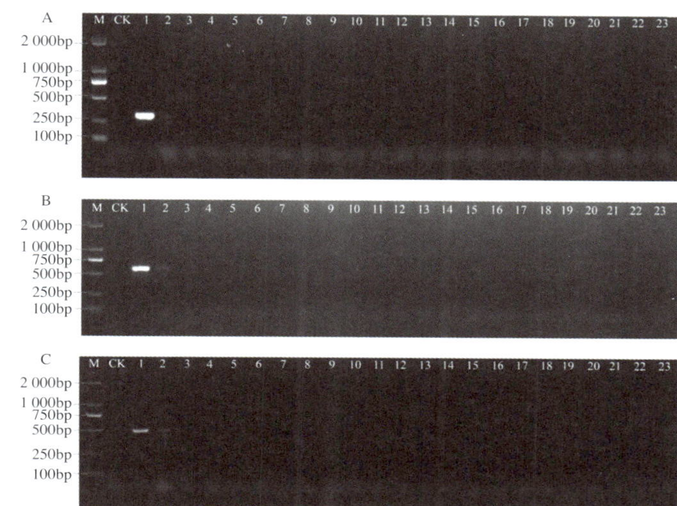

甘蔗叶枯病菌三对检测物引物的特异性

A. 引物 6219-F/R B. 引物 7533-F/R C. 引物 8527-F/R

叶枯就是“病”，真要甘蔗命。叶枯病多发生在气候相对潮湿的环境，曾在中国台湾、日本冲绳、菲律宾等地有记载。但同样是降水量丰富、气候湿润的台湾东部和台湾南部，叶枯病在东部常年暴发，在南部却偶有发生。在温凉潮湿的环境下，该病能在感病甘蔗品种上迅速大面积地扩散流行，给甘蔗产业造成极大的经济损失。在中国台湾，甘蔗叶枯病曾被认为是最重要的叶部病害，其流行取决于天气条件和甘蔗品种的敏感性，因此，对于甘蔗叶枯病的控制有望通过提高品种抗性来实现。一直以来人们对叶枯病的关注较少，叶枯病相关的流行报告、病理学及分子研究罕见报道。除笔者所在团队的工作外，有关该病最近的研究报道也远在 1979 年（Hsieh, 1979）。甘蔗叶枯病导致叶片早衰，严重影响叶片光合作用，并最终造成叶片提前干枯死亡，显著降低甘蔗产量和蔗糖分。目前，甘蔗叶枯病的防治，主要有三个思路。第一，遗传育种途径：培育和选用抗病品种，利用品种抗性。第二，耕作栽培措施：雨后及时排水，防止湿气滞留，以阻隔叶枯病菌增殖。第三，植物保护策略：在叶枯病发病初期，尽快喷洒50%苯菌灵可湿性粉剂1 000 ～ 1 200倍液或36%甲基硫菌灵悬浮剂600倍液，抑制叶枯病菌的菌群数量，降低病情指数。近年来，甘蔗叶枯病在中国广西、云南、广东等蔗区的大面积发生，已经成为甘蔗生产上一种主要流行性病害，且对甘蔗生产造成严重危害，引起了甘蔗科技工作者对叶枯病研究的高度重视。然而，甘蔗叶枯病的研究较为匮乏，研究工作亟待进一步持续推进，这也导致本科普文章仅能立足课题组研究过展的分享，抛砖引玉，以吸引更多团队和科研人员投身到甘蔗叶枯病的研究中。

撰稿人：汪洲涛　许　孚　任　慧　苏亚春　吴期滨　许莉萍　阙友雄

宿根就矮化 甘蔗难长大

世界上有100多种甘蔗病害，其中甘蔗宿根矮化病（ratoon stuning disease, RSD）是一种细菌性病害，不仅影响甘蔗的宿根性，还影响新植蔗的种植，从而造成世界各植蔗区甘蔗产量的锐减。在生产中，由于甘蔗品种生长周期长，并以携带腋芽的种茎无性繁殖，寄生于甘蔗维管束中的宿根矮化病菌就通过种苗进行传播，导致全世界甘蔗品种几乎都感染宿根矮化病菌。甘蔗宿根矮化病菌在木质部的生长和繁殖堵塞了输导组织而影响水分的正常输送，影响植株的生长，导致蔗茎产量、蔗糖分和宿根能力下降，最终引起品种的种性退化。

甘蔗感染宿根矮化病症状

A. 植株形态 B、C. 节部横切面 D. 节部纵切面 E. 节间纵切面

（张小秋，2017）

甘蔗宿根矮化病于1944—1945年首次在澳大利亚昆士兰州的甘蔗品种Q28上发现（Steindl, 1951）。中国台湾和中国大陆分别于1954年和1986年首次报道此病害在当地的发生情况。之后，针对广东、福建、广西、云南在内的中国主要植蔗区的宿根矮化病发病情况进行普查，结果表明我国主要植蔗区均存在甘蔗宿根矮化病。1984年，Davis等根据宿根矮化病菌的表型特征将其命名为*Clavibacter xyli* subsp. *xyli* (*Cxx*)；2000年，Evtushenko等根据其rRNA基因的特点将其命名为*Leifsonia xyli* subsp. *xyli* (*Lxx*)。此病原为革兰氏阳性杆状细菌，不易分离培养，菌体大小为（0.25 ~ 0.50）微米 ×（1.00 ~ 4.00）微米，是一种木质部限制性病原（Kao and Damann, 1980）。目前，仅能从甘蔗上检测到宿根矮化病菌，尚未见从其他植物上检测到该病原的报道。

甘蔗宿根矮化病是一种种苗传播的细菌性病害，主要通过蔗茎伤口侵染寄主，随汁液侵入寄主内部，其侵染性极强，带菌汁液稀释几百倍后依然有很强的侵染力。感染宿根矮化病的蔗株一般表现为宿根发株少、植株矮化、

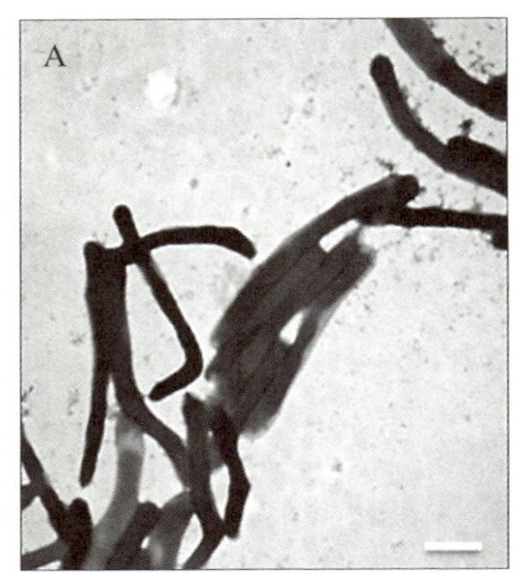

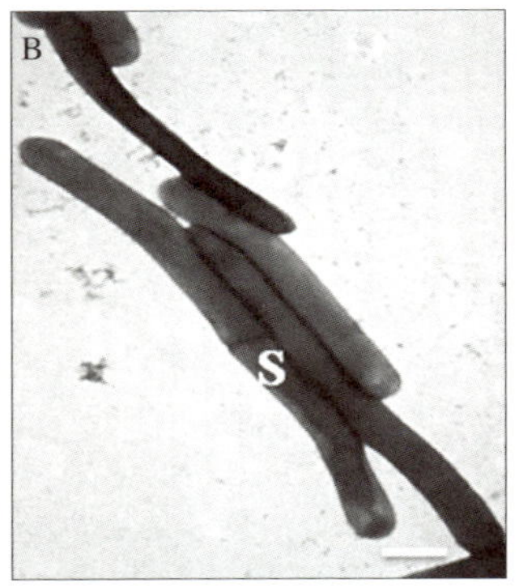

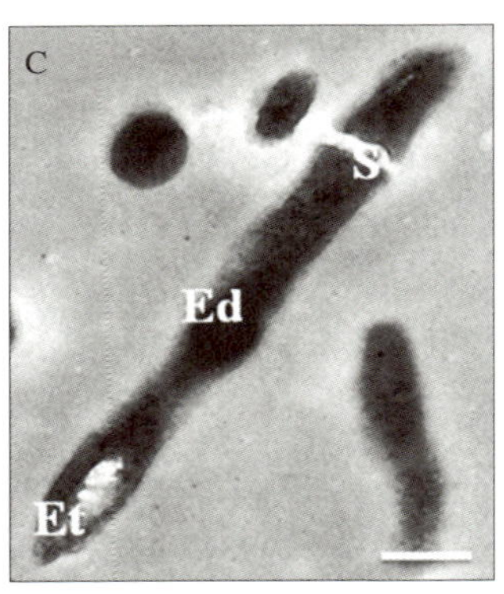

甘蔗宿根矮化病菌形态
A. 棒形和V形宿根矮化病菌（30 000×） B. 细胞间隔的形成（30 000×）
C. 宿根矮化病菌的超薄切片图（40 000×）
S. 隔膜 Ed. 电子稠密物 Et. 电子透明物
（张小秋等，2016）

分蘖少、生长缓慢等症状，但没有独特的外部症状，且这些症状易与水肥不足、管理粗放等造成的植株生长不良的状况相似，从外观上难以判断是否发病（Grisham et al., 1991），更谈不上判断是否带菌，从而导致病害经种茎传播蔓延现象极为普遍。在甘蔗生长早期，有些品种感染*Lxx*后幼茎顶端维管束节部生长点呈淡粉色，成熟蔗茎的基部节位维管束组织呈粉红色至橙红色等变色症状，颜色深浅因品种而异。但是，当蔗株感染其他病害如甘蔗红点病也会表现相似的变色症状，因此通过蔗株的内部症状也不容易判定该病害。在甘蔗收获的季节，携带病原的砍收刀具或机械将病原传给健康的蔗株。若以带病的蔗种作为种茎，会在种植田块通过刀具等工具将病害扩散，也会在下一轮收获时继续传播病害，并通过带病的蔗种进行跨区域传播。此外，咀嚼甘蔗的动物在咬食染病蔗株后再咬食健康蔗株也会造成病害的传播。感染宿根矮化病的蔗区一般减产10%～30%，干旱缺水时可达60%以上，还可导致品种退化。我国甘蔗的种植区80%为旱地，因此，宿根矮化病严重影响我国甘蔗生产，并造成极大的经济损失。

甘蔗宿根矮化病诊断技术经历了从剖茎观察、显微镜检测、免疫技术和以DNA为基础的分子检测技术等四个阶段。宿根矮化病没有特有的表型病症，人眼难以分辨蔗株有无感病。研究早期，*Lxx*小且分离培养困难，传统的诊断方法准确性差，使得宿根矮化病诊断极其困难。起初，研究者在甘蔗成熟期是用锐刀剖开染病或疑似染病的甘蔗茎基部的几个节间，观察节部维管束上是否有变色小点。这种方法简单易行，然而该方法对许多品种不适用，容易对生长期甘蔗造成毁灭性破坏，而且准确性较差。后来，使用暗视野显微镜观察

*Lxx*引起寄主诱导反应后木质部自发产生的红色荧光来进行检测，但同样灵敏度和准确性差。宿根矮化病菌形态被确认后，使用相差显微镜可以直接观察到蔗汁中的病原，该方法能对病原量进行定量，但缺点在于操作烦琐，运用在低病原量材料上准确性差。

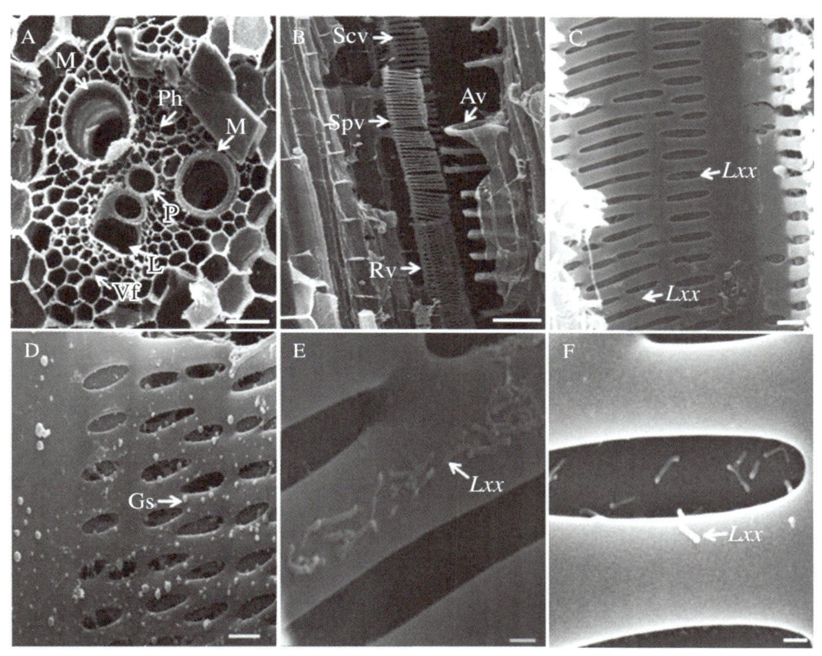

甘蔗宿根矮化病菌在维管束中的定殖

A. 健康蔗茎维管束横切面（M. 后生木质部导管　P. 初生木质部导管　Ph. 韧皮部　Vf. 纤维细胞　L. 气腔）B. 健康蔗茎导管纵切面（Av. 环纹导管　Rv. 网纹导管　Spv. 螺纹导管　Scv. 梯纹导管）C. 梯纹导管中的*Lxx*　D. 网纹导管壁及网孔存在大量圆形颗粒状物质（Gs）E. 梯纹导管壁上的*Lxx*　F. 梯纹导管纹孔中的*Lxx*

（张小秋等，2016）

20世纪80年代，血清学技术在致病菌的检测上应用广泛。主要的血清学检测技术有组织印迹酶标免疫法（tissue blot enzyme immunoassays，TB-EIA）、蒸发结合酶标免疫法（evaporative-binding enzyme immunoassays，EB-EIA）、斑点酶标免疫法（dot blot enzyme immunoassays，DB-EIA）、滤膜荧光抗体直接计数法（fluorescent antibody direct-count on filters，FADCF）等。每种方法在成本、精确度和检测样品数量方面都各有其优点和缺点。血清学检测虽然方便、快捷，但受免疫学方法自身缺陷限制，灵敏度不高，必须在*Lxx*数量密度达到10^5~10^6个/毫升时才能够检测出来，且在对甘蔗进行早期检测时，这种检测结果不可靠。

目前，PCR（聚合酶链式反应）检测技术是应用最为广泛的检测技术。Pan等（1998）、Fegan等（1998）、邓展云等（2004）、沈万宽等（2006）、周凌云和周国辉（2006）以及Carvalho等（2016）分别设计*Lxx*的特异性引物，建立了病原*Lxx*-PCR检测体系，并对PCR扩增获得的目的片段核苷酸序列进行测序与分析，均获得了*Lxx*的特异扩增片段。经过多年的不断完善和优化，应用于宿根矮化病检测的PCR检测技术主要包括常规PCR、优化PCR、巢式PCR和实时荧光定量PCR（real-time quantitative PCR，RT-qPCR）。周丹等（2012）和李文凤等（2011）对PCR的反应体系和反应程序条件进行了大量的优化研究，结果表明优化后的PCR更为灵敏且节约时间。Falloon等（2006）、周凌云等（2006）和沈万宽等（2012）都曾先后建立了甘蔗宿根矮化病巢式PCR检测技术，该技术较常规PCR特异性更好、灵敏度更高。利用RT-qPCR不仅可以定量检测甘蔗早期幼苗叶片中的含菌状况（Grisham et al., 2007），还能初步对品种进行易感性分级，且适于对甘蔗健康种苗体内*Lxx*进行实时动态监测（淡明等，2011）。综合来看，采用PCR技术检测宿根矮化病，高效便捷，特异性敏感，自动化较高，重复性较好。

环介导等温扩增检测技术（loop-mediated isothermal amplification，LAMP）是近年来检测甘蔗宿根矮化病的新型快速且可视化的技术（Naidoo et al., 2017；Ghai et al., 2014）。刘婧等（2013）建立了一种新型、快速、简便、灵敏度高且实用性强的甘蔗宿根矮化病菌LAMP检测技术，这是甘蔗检测上的第一次尝试。该技术以甘蔗宿根矮化病菌的特异序列为靶序列设计了4条引物，在65℃恒温条件下反应60分钟即可完成。且在25微升的*Lxx*-LAMP检测体系中，当内外引物浓度比为4 ∶ 1，Mg^{2+}浓度为5.75纳摩/升时，该检测方法具有良好的特异性，灵敏度是常规PCR检测的10倍。在此基础上，吴期滨等（2018）比较了PCR、RT-qPCR和LAMP三种检测技术的灵敏性，结果表明，在检测感染*Lxx*的甘蔗汁时，LAMP技术的灵敏度分别是RT-qPCR和PCR的10倍和100倍。此外，吴期滨等还对LAMP检测体系进一步优化，认为反应体系中*Bst* DNA聚合酶的最佳添加量为6.0单位，且添加0.4微摩/升环引物可以加速反应，缩短检测时间。笔者所在团队制定了农业行业标准《甘蔗病原菌检测规程　宿根矮化病菌　环介导等温扩增检测法》（NY/T 2679—2015），进一步规范了甘蔗宿根矮化病的检测技术和规程。

目前，甘蔗宿根矮化病的防治方法有种植健康种苗、蔗种处理、检验检疫、加强田间管理、抗病育种等。在甘蔗生产中，种植健康种苗是防治甘蔗宿根矮化病的主要措施。健康种苗是通过温汤浸种或组织培养等技术对种茎或种苗进行脱毒除菌处理，可明显控制病害发生率，减缓甘蔗品种种性退化。蔗种处理中，一般采用50℃热水对蔗种浸泡2 ～ 3小时或将蔗种在54 ～ 58℃的热

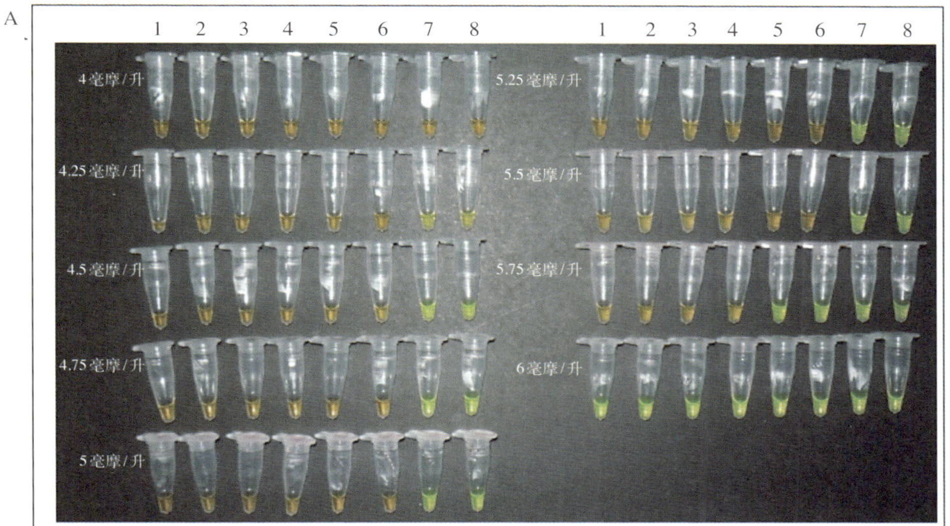

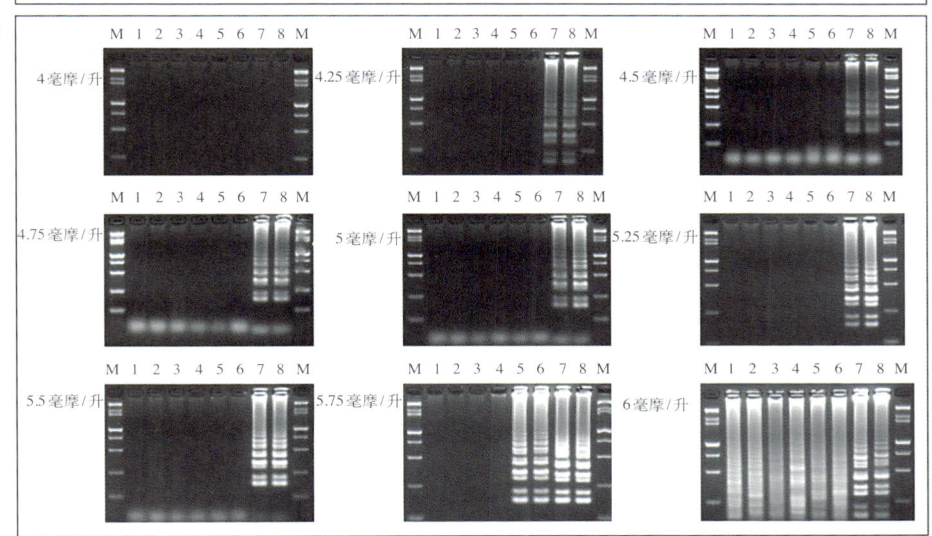

甘蔗宿根矮化病菌LAMP检测体系的建立

A. 通过颜色变化检测LAMP产物：黄绿色样品为阳性，橙色样品为阴性　B. LAMP产物的PCR检测
M. 15000+2000 bp marker　1、2. 无菌水　3、4. 阴性蔗汁DNA　5、6. 阳性蔗汁DNA；7、8. 阳性质粒

空气处理8小时，可在一定程度上减少蔗种的带菌量。在从境外或不同蔗区引种时，通过检疫检测技术可以很大程度上控制宿根矮化病的侵入和传播蔓延。在栽培管理中，要加强肥料管理，施足氮肥作为基肥，并适时追施磷、钾肥，促使蔗株生长健壮以提高其抗病性。另外，感病的蔗株遇到干旱的环境条件会加剧宿根矮化病对蔗株的危害，导致产量严重下降，因此要适时灌溉，保持大

A

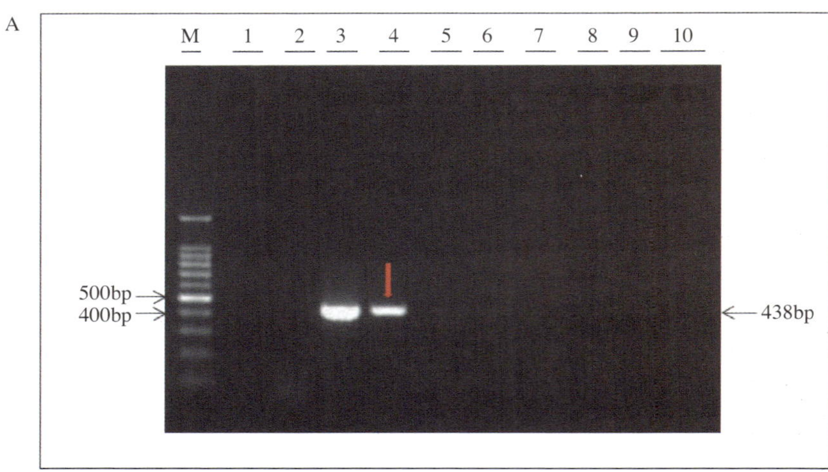

B

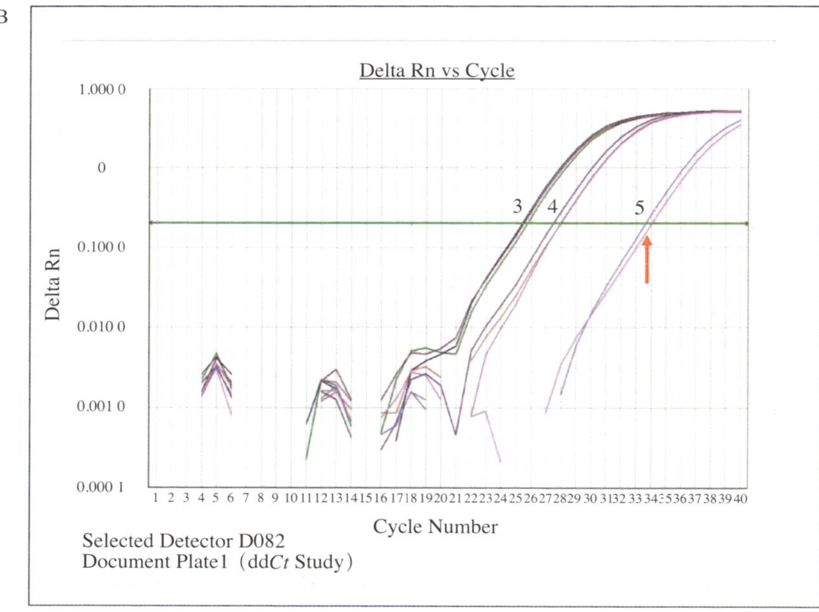

C

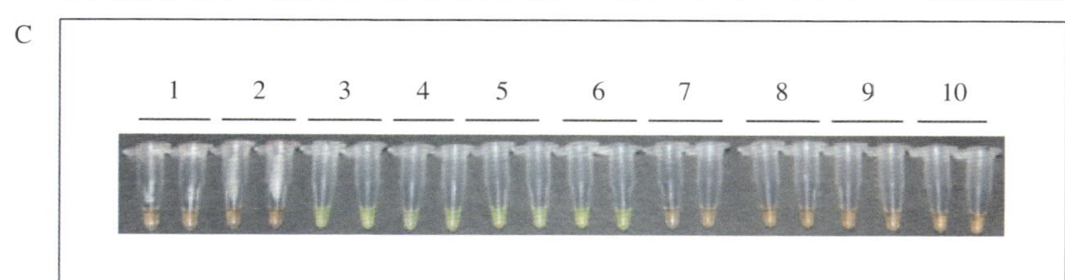

甘蔗宿根矮化病菌三种检测技术灵敏度的比较

A. 普通PCR检测技术　B. RT–qPCR检测技术　C. LAMP检测技术　M. 100bp marker　1. 无菌水　2. 阴性蔗汁DNA　3～10. 10倍稀释梯度的阳性蔗汁DNA（4.0×10^{-7}～4.0 纳克/微升）

田湿度，减少旱情以尽可能降低甘蔗产量的损失。当然，鉴于宿根矮化病菌的寄主单一，只侵染甘蔗，因此可以通过轮作其他作物以减少病原侵害寄主的机会，从而减轻病害的发生。抗病育种是防治作物病害最为经济有效的方法，甘蔗病害的防治也是如此。近年来，甘蔗宿根矮化病的抗性育种研究进展缓慢，主要原因是缺乏对宿根矮化病抗性较好的种质资源，现阶段，尚无可供大面积推广和应用的抗宿根矮化病甘蔗品种。近年来，国内外甘蔗科研工作者在积极开展甘蔗宿根矮化病的基础研究和应用研究工作，取得了一系列成果。广西大学、广西农业科学院、云南农业科学院和广东省生物工程研究所等研究机构都有一系列的报道，笔者所在团队在病原检测的技术开发和标准制定等方面取得了良好的进展。

撰稿人：吴期滨　苏亚春　郭晋隆　高世武　李大妹　许莉萍　阙友雄

白条一道道 减产糖分掉

“如果说我们无法成为天生神童的爱因斯坦，那么，你一定还有机会做自己的列文虎克。”一个没念过书的裁缝、光学显微镜之父、微生物首次发现者、英国皇家学会会员……，这就是安东尼·菲利普斯·范·列文虎克。1683年，荷兰显微镜学家安东尼·菲利普斯·范·列文虎克（Antonie Philips van Leeuwemhoek，1632—1723）在一位从未刷过牙的老人牙垢上发现了细菌，这是世界上最早的细菌发现。广义的细菌为原核生物，是指一大类细胞核无核膜包裹，只存在称作拟核区（或拟核）的裸露DNA的原始单细胞生物，包括真细菌和古生菌两大类群。我们通常所说的即为狭义的细菌（真细菌）。对人类和动植物而言，生存环境中的细菌让你又爱又恨，既有用处又有危害。研究发现，某些细菌在食品发酵和污染物降解中发挥积极作用；有些细菌则成为病原体，在人类中导致了破伤风、肺炎、霍乱和肺结核等疾病；还有些细菌，在植物中引起苹果和梨的火疫病、黄瓜萎蔫病以及叶斑病等，给农业生产造成极大损失。

列文虎克发明显微镜

在甘蔗中，由白条黄单胞杆菌（*Xanthomonas albilineans*）引起的甘蔗白条病（leaf scald disease, LSD）是甘蔗生产上影响最严重的细菌性病害之一。*X.albilineans*属γ变形菌纲黄单胞菌属，为革兰氏阴性菌，该菌不仅有抗

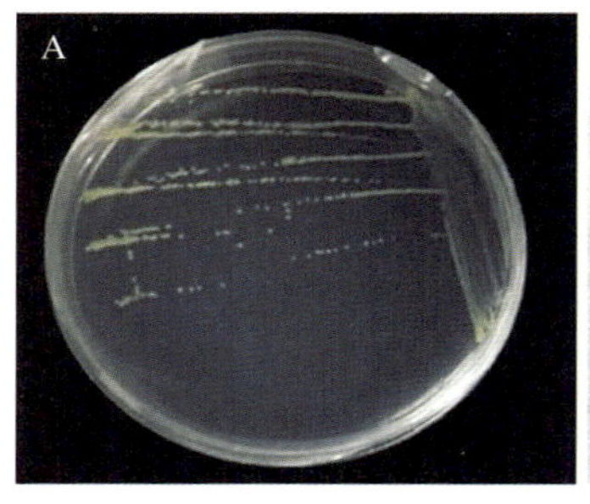

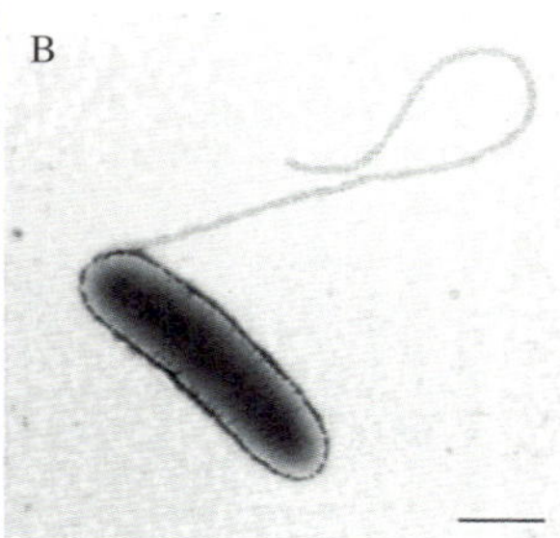

甘蔗白条病致病菌的菌落与细胞形态

A. 在XAS培养基上培养获得Xa–FJ1菌株单菌落形态 B. 通过投射电子显微镜观察Xa–FJ1菌株细胞形态（比例尺=500微米） C. 在显微镜下观察菌株Xa–FJ1革兰氏染色阴性细胞形态（比例尺=20微米）(Lin et al., 2018)

生素抗性，还具有较强的传染性。其菌体呈细长杆状，大小（0.25 ~ 0.3）微米 ×（0.6 ~ 1.0）微米，单生或成链，极生单根鞭毛；菌落颜色呈浅黄色或蜜黄色，形态为圆形，边缘整齐，中间隆起，无流动性，专性好氧，生长的最适温度为25 ~ 28℃。

甘蔗白条病是由白条黄单胞杆菌引起的一种细菌性维管束病害。甘蔗植株受*X. albilineans*侵染后，产生黏液，导致蔗茎的维管束被堵塞，甘蔗体内的水分和养分运输速度减缓，进而导致甘蔗的生长速度缓慢，严重时造成植株坏死，该病的发生可以导致10% ~ 34%的甘蔗产量损失，对甘蔗产业的经济效益造成极大影响。1911年，该病害在澳大利亚被首次报道，随后，在印度尼西亚（爪哇）、菲律宾、毛里求斯、美国夏威夷等地相继发生。目前，世界上已经有超过66个甘蔗种植国家受其影响，如巴西、印度、中国、泰国等甘蔗主产国，以及北美洲和非洲一些国家。在我国，20世纪80年代，甘蔗白条病在福建、广东、江西和台湾等地的蔗区就有发生；2007年，该病病原*X. albilineans*被列入《中华人民共和国进境植物检疫性有害生物名录》。近年来，甘蔗白条病在我国广西、云南、海南、浙江等蔗区均有报道发生，且在我国甘蔗主产区尤其是广西和云南呈现出蔓延扩大的趋势。

甘蔗白条病

甘蔗白条病的发病症状分为慢性型和急性型两种。潜伏侵染是甘蔗白条病的一个重要特点，表现为植株可以耐受病原数周、数月，甚至几年都不出现任何发病症状，或者因症状不显眼而被忽视，当遇到外部环境胁迫时，特别是天气干旱或营养不良，潜伏期就会结束，从而表现出外部症状。这就导致当白条病处于潜伏期时，病原检测会比较困难。因此，在世界各国或者同一国家不同省份或区域间进行甘蔗种质资源交换时，如何对处于白条病潜伏期的甘蔗材料进行有效检测就显得尤为重要。一般来说，慢性型的病症表现为，在蔗叶和叶鞘上，产生与叶脉平行的白色或萎黄的铅笔线状般的纵向条纹，新长的叶子还会出现大范围的褪色变白。当病症进一步加重时，褪色的叶片条纹开始坏死，直至叶片全部黄化枯死。此外，由于病原产生的代谢废物堵塞木质部，慢性型病症还表现为甘蔗节上的维管束变红，发病严重时蔗株茎内会出现空腔，蔗茎节间缩短，甘蔗植株整株萎蔫甚至死亡。相比较而言，急性型的主要特点是，甘蔗植株突然萎蔫直至最终死亡，然而之前只表现出很少甚至未表现出任何症状。这种急性症状主要在高感白条病甘蔗品种上才会发生，尤其在遭受长时间的干旱胁迫后突遇降雨的时期更容易发生此病症。

甘蔗白条病的发病等级和发病植株症状

A.LSD发病等级（score 0.严重度0级 score 1.严重度1级 score 2.严重度2级 score 3.严重度3级 score 4.严重度4级 score 5.严重度5级）（傅华英等，2021） B.LSD发病植株症状（Lin et al.，2018）

病原的快速检测和准确鉴定是植物病害诊断中非常重要的环节。迄今，甘蔗白条病病原的鉴定和检测技术主要包括病原分离培养和回接观察、免疫学方法以及分子生物学检测等三种，其中病原分离培养和回接观察指的是利用选择性培养基分离培养甘蔗白条病菌，并将其回接到甘蔗植株上观察其致病症状是否与白条病相符的鉴定方法。1997年，Davis等首次以白条黄单胞杆菌毒素基因设计特异引物，利用PCR方法成功检测甘蔗白条病菌，该方法对体外培养的白条病菌和感病甘蔗蔗汁均有很高的检出率。XAS培养基是通过改良Wilbrink培养基而来的，通过增加几种抗生素和真菌抑制剂，可以简便地对生长速度较慢的甘蔗白条病菌进行选择性分离培养。与其他方法相比，病原分离培养和回接观察需要耗费更多的时间，但该方法对检测已感染病原但未表现症状的植株是非常有效的。在获得甘蔗白条病菌特异性抗体基础上，利用免疫学方法能够有效检测和鉴定甘蔗白条病菌，其对病原的检测限高达10^5～10^6 CFU/毫升。目前，越来越多的研究者们利用PCR和RT-qPCR的方法进行甘蔗白条病菌的快速检测，比如Garces等（2014）研发了靶向白条病菌毒素生物合成基因簇的TaqMan探针和引物，建立了RT-qPCR检测方法，其检测灵敏度达100 CFU/毫升。此外，王恒波等(2020)利用甘蔗白条病菌Harpin编码基因设计引物用于检测病原，该方法的最低检测限也为100 CFU/毫升。笔者所在团队制定了农业行业标准《甘蔗白色条纹病菌检验检疫技术规程 实时荧光定量PCR法》(NY/T 2743—2015)，进一步规范了甘蔗白条病的检测技术和规程。

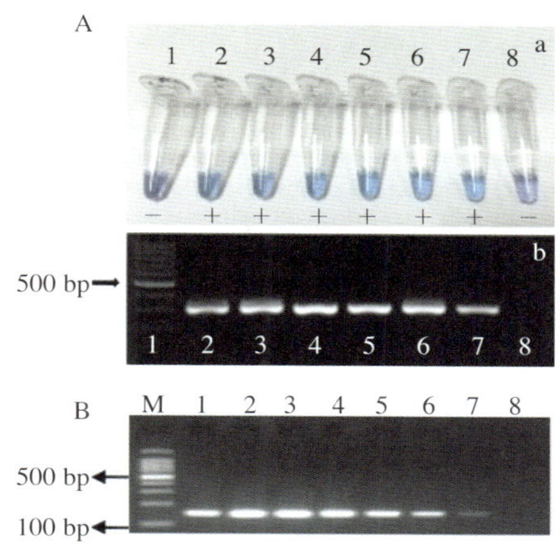

甘蔗白条病菌的LAMP和PCR体系检测

A. 通过LAMP（a）和巢式PCR（b）在病原体纯培养物的水悬浮液中检测白条黄单胞杆菌；带有"−"符号表示反应混合物呈紫色的试管为阴性，带有"+"符号表示反应混合物呈天蓝色的试管为阳性（Dias et al., 2018）B. hrp-10引物对不同模板浓度的敏感性测试（Wang et al., 2020）

甘蔗白条病不仅可以通过感染病原的种茎进行长距离传播，还能经由收获工具进行机械传播。越来越多的研究表明，甘蔗白条病菌可以通过植株的叶与叶、根与根的接触以及在土壤间传播；其次，该病原还可以通过气流的带动传播。通常来说，如果缺乏严格的隔离检疫条件或灵敏的分子检测技术，甘蔗种质中携带的病原非常容易以调种和引种的方式，在不同国家或同一国家不同地区之间传播。在病害侵染循环中，带菌的甘蔗残茬和中间寄主杂草是其主要的初侵染源。病害的发生和流行程度，与甘蔗品种抗性、病原致病性、蔗田环境条件和栽培管理措施等因素密切相关。当带菌植株遇到环境胁迫如天气干旱或营养不良等，特别容易发病，飓风期的强降雨或者低温也都会加重病害的发生和流行。有趣的是，甘蔗白条病在大陆性气候区和温湿度变化明显的气候区发病较重，但在温暖海洋性气候区发病较轻。

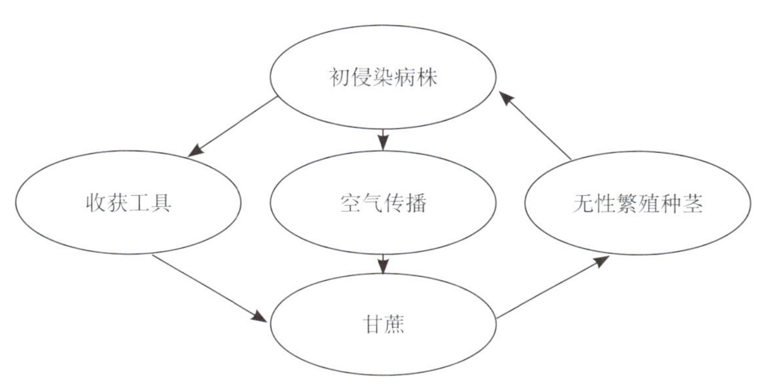

甘蔗白条病的病害循环

（孟建玉等，2019）

抗病品种的选育和推广及健康种茎的使用是防控甘蔗白条病的最好策略和最有效方法。抗病品种的培育和推广种植是控制甘蔗白条病最为经济有效的措施。然而，由于甘蔗白条病具有较长的潜伏期并且病原容易发生变异，使得抗病品种的选育面临较大困难。因此，利用白条病诊断技术对未表现症状但已被病原侵染的甘蔗进行快速检测和准确鉴定，在抗性品种的筛选中就显得尤为重要。研究表明，白条病的防控还可以通过转基因的方法来培育抗病植株，例如可以利用来自泛菌（*Pantoea dispersa*）中对白条病菌毒素具有解毒作用的*albD*基因，其过表达转基因植株表现出对甘蔗白条病良好的抗性。目前，在生产上，主要通过组培脱毒或种茎热水处理的方法获得健康种茎。研究表明，利用15～25℃的流动冷水浸泡甘蔗种茎48小时后，再用50℃热水浸泡3小时，可以有效去除蔗茎内的白条病菌。除此之外，白条病的防控措施还包括用杀菌剂（如季铵盐）消毒收获工具和拔除染病的甘蔗苗以及在交换种质时进行严格检疫。

抗病种质挖掘与新品种选育
推进抗病分子育种步伐
切断病害传播途径
加强隔离检验检疫
主要栽培防控措施

甘蔗白条病的主要防控措施

白条一道道，减产糖分掉。甘蔗白条病是一种全世界范围内发生的细菌性病害，具有广泛的传播性和潜在的毁灭性，并在我国已被列入检疫性病害名录。近年来，国内外甘蔗科技工作者在甘蔗种质对白条病的抗性鉴定、甘蔗白条病菌的全基因组测序及其致病性分析以及该病原与甘蔗互作的研究方面，取得了可喜的进展，这为该病害的防控提供了理论参考和实践依据，但相关研究仍有待进一步深入。

撰稿人：臧守建　庞　超　苏亚春　吴期滨　李大妹　许莉萍　阙友雄

漫画 8 妙手回春
甘蔗和糖的那些事

数年来，科研工作者们坚持不懈寻找防治甘蔗病害的方法，以解救处于水深火热的甘蔗孩儿们！

太过分了！是谁挡了我们“发家致富”的路？
奇怪！这“壳”怎么戳不破了？是谁给你们套上坚硬的外壳？

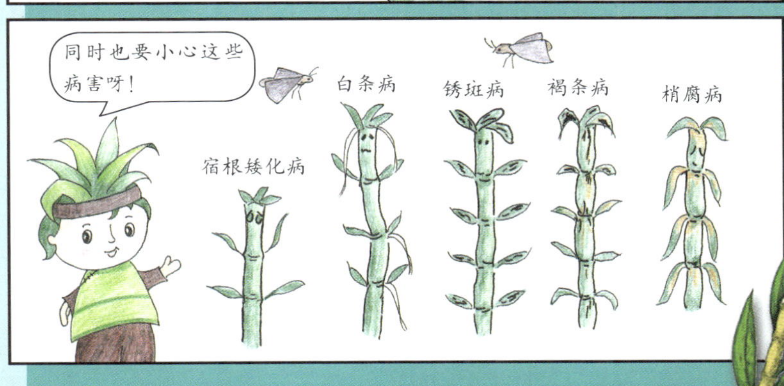
同时也要小心这些病害呀！
宿根矮化病
白条病
锈斑病
褐条病
梢腐病

若叶一片锈 甘蔗要急救

大家都知道铁会生锈，可是，你知道植物也会生锈吗？铁生锈本质上是一种化学反应，即金属的氧化反应。铁锈的成分主要是氧化铁、氢氧化铁与碱式碳酸铁等。当铁放在无水的空气中，几年都不生锈。光有水，铁也不会生锈。只有在氧气与水同时作用时，或者空气中的二氧化碳溶在水里，铁块才会生锈。那么植物为什么会生锈？植物什么情况下才会生锈？真菌是一种真核生物，有真核、能产孢子、无叶绿体，主要包含霉菌、酵母、蕈菌以及我们所熟知的菌菇类。迄今人类已经发现了12万多种真菌。在自然界中，真菌自成一界，独立于动物、植物和其他真核生物。真菌可以通过无性和有性两种繁殖方式产生孢子。真菌无处不在，它是人类农业与食物生产安全与可持续发展的重要参与者，但是，真菌作为一种常见病原物，也会造成严重的植物病害，锈病就是其中最为普遍的一种。

锈迹斑斑的铁块

锈病是真菌中的锈菌寄生引起的一类植物病害，严重危害植物的叶、茎和果实。锈菌可以产生多种不同类型的孢子，主要包括5种，分别是性孢子、锈孢子、夏孢子、冬孢子和担孢子。甘蔗锈病是一种世界性真菌病害，主要对甘蔗叶片造成危害。当甘蔗受到锈病危害后，叶片上产生锈迹病斑，其后随着病害发展，病斑合并成片，发展为不规则的斑块，叶片呈褐红色干枯，光合速率下降，分蘖减少，甘蔗生长进程缓慢甚至停滞，最终导致甘蔗减产15%～30%，同时蔗糖分降低10%～36%，给甘蔗产业造成巨大的经济损失。根据系统发育分析，甘蔗锈病可以进一步划分为黄锈病、褐锈病和黄褐锈病三种类型。

生产上，甘蔗锈病往往是多种类型混合发生，这更加剧了该病害的危害及其防控的难度。黄锈病主要发生在澳大利亚、美国、印度等地，其病原是屈恩柄锈菌（*Puccinia kuehnii*）。2014年，王晓燕等在中国云南蔗区首次发现甘蔗黄锈病。该病典型的症状是初期为淡黄色的斑点，随着病程发展，病斑聚集成片，在叶片正反面形成橙黄色夏孢子堆。夏孢子的形状为梨形或倒卵形，颜色呈金黄色至淡栗褐色，表面有刺；冬孢子堆则为黑色，冬孢子的形状为长椭圆形，顶端圆或平，深褐色。与黄锈病相比，褐锈病在广泛的蔗区

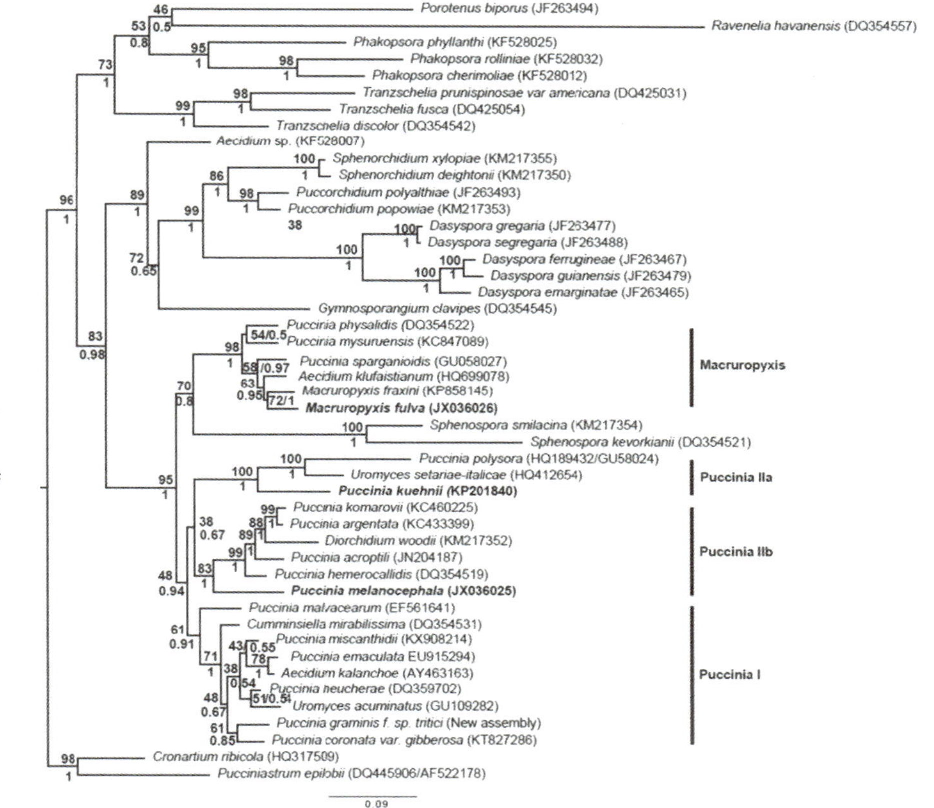

部分锈菌的系统进化树

Macruropyxis. 黄褐锈病病原*Macruropyxis fulva* sp. nov.

Puccinia II a. 屈恩柄锈菌 Puccinia II b. 黑顶柄锈菌 Puccinia I. 已报道柄锈菌属其他锈菌

(Martin et al., 2017)

发生，对甘蔗的产量造成更加严重的威胁，其病原是黑顶柄锈菌（*Puccinia melanocephala*）。1890年，在爪哇首次发现甘蔗褐锈病，其后迅速蔓延至世界各甘蔗种植区域，并逐渐发展成为甘蔗生产中常见的病害。1982年，中国云南蔗区首次报道了黑顶柄锈菌的发生，其引起的褐锈病多发于叶片顶端，典型病症是初期为淡绿色至黄色的长形病斑，且病斑较为分散，病斑周围有黄色的晕环，病斑一般长2～10毫米，宽1～3毫米。夏孢子的形状为球形或倒卵形，颜色呈现褐色至深褐色，表面密布小刺；冬孢子为双细胞，壁光滑，棍棒状，褐色。黄褐锈病是一种新型的甘蔗锈病，其病原是 *Macruropyxis fulva* sp. nov.，典型病征是黄褐色病斑与叶脉平行呈长条状。该病害2008年在南非地区首次发现，目前发病地区也仅限于南非等地。

甘蔗锈病田间症状及其病原的显微形态特征
A. 甘蔗褐锈病及夏孢子（陈俊吕，2020） B. 甘蔗黄锈病及夏孢子（陈俊吕，2020）
C. 甘蔗黄褐锈病及夏孢子（Martin et al.，2017）

在甘蔗产业现代化发展的进程中，不同国家和同一国家不同地区的引种、调种以及不同蔗区之间越来越多的交流，为甘蔗锈病的传播和蔓延创造了条件。近年来，我国广西、云南、广东等主要甘蔗产区均发现锈病，大部分为褐锈病。锈菌夏孢子在褐锈病的流行与传播过程中扮演着重要角色。在褐锈病的传染过程中，田间病叶以及宿根蔗为初侵染源。在甘蔗生长季节，病叶上的褐锈病菌不断产生夏孢子，通过风雨传播等方式，到达并附着在健康的甘蔗叶片表面，进一步通过气孔进入叶肉细胞，逐渐在叶片上形成包状突起，最终病斑密布致使周围叶片组织死亡，完成一个侵染循环，表皮破裂后则散放出密集的红褐色的夏孢子，进入新一轮侵染循环。我国在每年的11月至翌年的5月，易流行锈病，其中2—4月是锈病的发病高峰期。

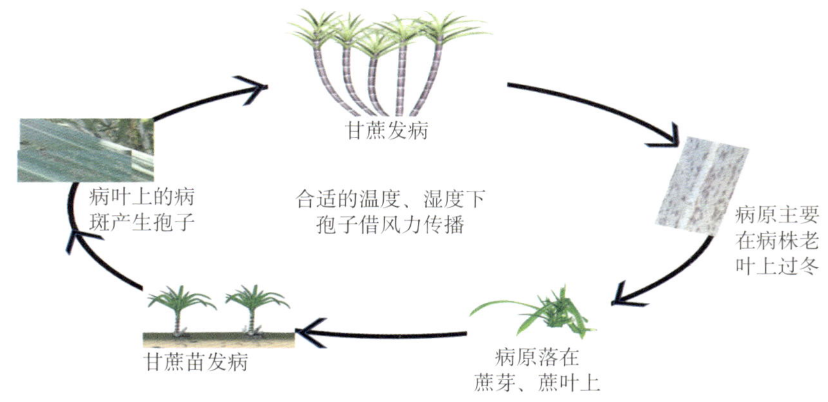

甘蔗锈病的病害循环

锈菌夏孢子的存活与温湿度息息相关。2010年，韦金菊等的研究发现，夏孢子在10 ~ 35 ℃的温度范围内均能萌发，且25 ℃为其最适宜的萌发温度。同时，高温不利于夏孢子的存活和萌发，适当的水分则能够提高病原孢子的萌发率，也会影响孢子堆的形成。当甘蔗长期处在雨水多、露水重、大雾、温凉的环境中时，容易引起锈病的流行。

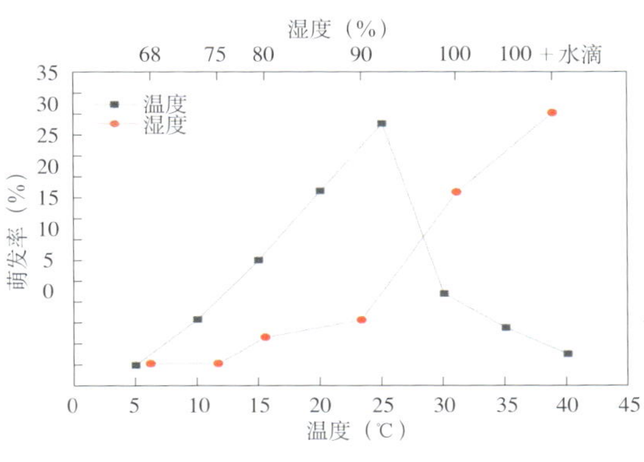

温度和湿度对夏孢子的影响

甘蔗锈病的判别主要包括传统的田间症状观察、免疫学诊断和分子检测等手段。但是，在发病早期，甘蔗褐锈病难以单纯依靠传统的症状学来辨别，主要原因在于该病发病初期与甘蔗褐斑病、眼点病、叶枯病等的症状高度相似，比如都呈现淡黄色的斑点。通过制备甘蔗锈病病原的特异性抗体，则能够通过免疫学技术，快速诊断该病原的存在。近年来，分子生物学技术的发展方兴未艾，通过该技术在发病早期快速检测出病原物已经成为现实。目前，已开发应用的甘蔗锈病检测技术包括基于PCR技术的DNA检测、LAMP检测和DNA探针法等。针对甘蔗锈病，多采用PCR检测技术，比如Glynn等（2010）设计了特异性引物Pm1-F/Pm1-R和Pk1-F/Pk1-R，同时进行甘蔗黄锈病菌与褐锈病菌的鉴定，进一步针对两种病原设计了RT-qPCR引物和探针，可以有效用于早期病害识别。2020年，陈俊吕等利用Pm1-F/Pm1-R和Pk1-F/Pk1-R两对引物，对我国七个省份的疑似甘蔗锈病叶片样品进行PCR检测，发现褐锈病菌（480bp）和黄锈病菌（527bp）的检出率分别为17.9%和34.8%，并证实了存在两种病原复合侵染的现象。

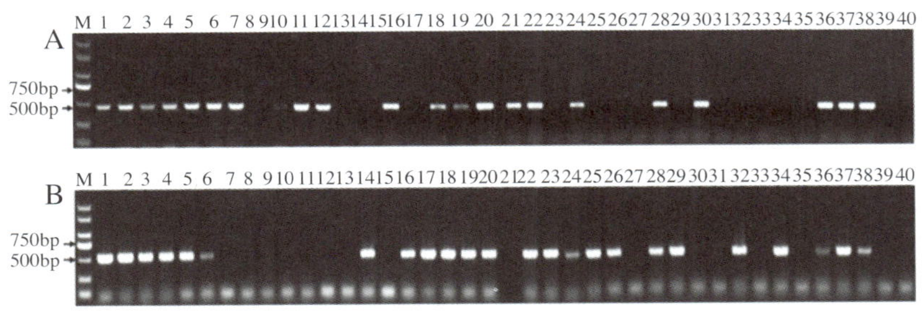

甘蔗锈病病原的PCR检测

A. 甘蔗褐锈病病原PCR电泳检测图　B. 甘蔗黄锈病病原PCR电泳检测图

（陈俊吕，2020）

发掘和利用现有甘蔗种质资源的抗性，培育优良抗病品种是目前甘蔗锈病防控最有效的方法。李文凤等（2019）对中国近年选育的50个新品种及2个主栽品种进行自然抗性评价，发现云蔗05-51、云蔗05-49、柳城05-136、柳城07-500、福农38、福农0335、粤甘34号、粤糖40、新台糖16以及新台糖22等品种均对锈病表现出抗性，这为选育稳定优质的抗锈病新品种提供了参考依据。此外，还可以根据甘蔗锈病发生的有利条件，通过严格的甘蔗田间种植管理制度等措施来控制该病害的发生和蔓延，这些方法主要包括以下几种。①生长季节，及时去除老叶、病叶，清理杂草，确保蔗田通风透光，保持空气的流通；②生长过程，防止蔗田积水，降低蔗田湿度，抑制病原增殖；合理施加有机肥、钾肥、磷肥，促使甘蔗早生快发，有效增强甘蔗植株的抗病能力；③收获季节，及时清除田间的病株，降低翌年的初侵染源；④加大引种力度和调种检疫强度，禁止或尽量减少从发病地区选种和引种，减少病害的跨地区传播；⑤加强药剂防治，尤其在发病初期，采用药剂喷施，减少病原数量，减轻病原危害。韦洁玲等（2022）对比了8种应用于甘蔗锈病防治的化学药剂，结果表明，10%吡唑醚菌酯·戊唑醇超低容量液剂和5%已唑醇·四霉素微乳剂对甘蔗锈病的防控效果最佳。进一步的研究，我们应该从深入探讨和解析甘蔗为什么会发生锈病及其发生和流行的规律入手，找到甘蔗锈病防治的科学策略和有效方法。

若叶一片锈，甘蔗要急救。长期以来，甘蔗锈病给全球蔗糖业造成了巨大的经济损失，严重制约了蔗糖产业的高质量发展。铁块之所以容易生锈，除了其自身活泼的化学性质外，与外界环境条件密不可分。为此，前人已经发明了防止铁生锈的十种方法，即组成合金、涂保护层、电镀、热镀、致密氧化膜、保持表面洁净、去除铁锈、保持环境干燥、避免与催化剂接触、涂抹凡士林或者氢氧化钙。我们既然可以让铁块不生锈，又有什么理由不能够控制甘蔗不发生锈病？为此，我们应加快甘蔗抗锈病机制的解析和抗锈病优良甘蔗品种选育的步伐，携手助力甜蜜甘蔗事业的发展。

撰稿人：庞　超　臧守建　苏亚春　吴期滨　李大妹　许莉萍　阙友雄

梢腐也是病 甘蔗真歹命

说起头痛，想必大家都不会陌生，它是一种常见的头部疾病。引起人头部疾病的原因有很多，如由病毒、细菌、真菌、寄生虫引起的脑部感染性疾病、脑动脉硬化、脑部病变等，这些疾病不仅会影响我们的生活质量，严重时还会危及生命。其中，偏头痛是一种非常常见的疾病，患者大多为女性，一旦发作很是痛苦，富含咖啡因的植物如球果紫堇、胡椒薄荷、短舌匹菊，能够有效缓解甚至治疗偏头痛。

球果紫堇（左）、胡椒薄荷（中）和短舌匹菊（右）

植物可以治疗人们头痛，可是，你知道植物也会“头痛”吗？今天让我们用甘蔗举例说道说道。甘蔗“头痛”也要命。甘蔗梢腐病（sugarcane pokkah boeng disease，PBD）可以对甘蔗梢头造成危害，使得顶端嫩叶褪绿黄化、梢头部叶片扭曲变形，随着病情发展，叶片出现黑褐色病斑，叶鞘部位出现红色的梯形病斑。不仅如此，当甘蔗感染梢腐病后，还会引起蔗茎一侧腐烂，导致节间弯曲变形，严重时，梢部坏死，甘蔗整株死亡，给甘蔗生产造成极大损失。该病最早在1896年发现于印度尼西亚爪哇地区的栽培品种POJ2878上

甘蔗梢腐病的田间症状

A. 患病甘蔗出现红色条纹和褪绿　B. 患病茎部腐烂

C. 刀割期顶部变形

（Hilton et al.，2017）

（郭强等，2018）。近年来，该病逐渐席卷我国。严晓妮等（2022）研究发现，某些感病甘蔗品种的发病率高达80%以上，且呈现全年和全生育期发病的现象，给甘蔗生产造成巨大损失。由此可见，甘蔗梢腐病不容小觑，准确认识并有效防控迫在眉睫。

甘蔗梢腐病是一种真菌性病害，主要发生在幼嫩叶片和梢部，也侵染叶鞘和蔗茎，感病后引起植株腐烂，其症状的发展可分为四个阶段，即褪绿Ⅰ期、褪绿Ⅱ期、顶腐期和刀割期（Vishwakarma et al., 2013）。甘蔗梢腐病病原是镰刀菌复合种（*Fusarium* spp.），中国主要有*F. verticillioides*、*F. sacchari*、*F. oxysporum*和*F. proliferatum*四种，其中*F. verticillioides*为优势病原。无性阶段为串珠镰刀菌（*F. moniliforme*），有性阶段为串珠赤霉菌（*Gibberella moniliforme*）。

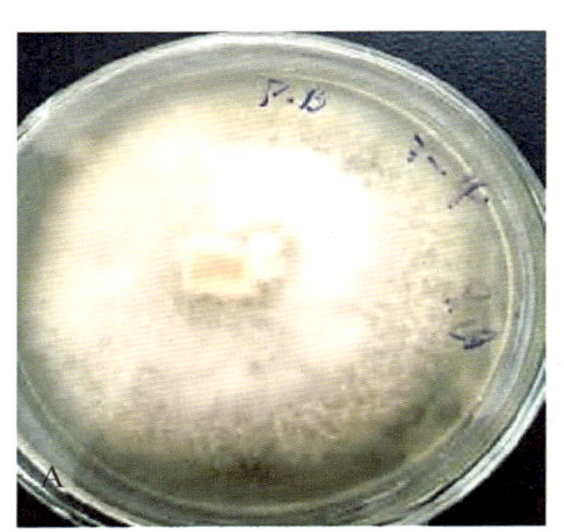

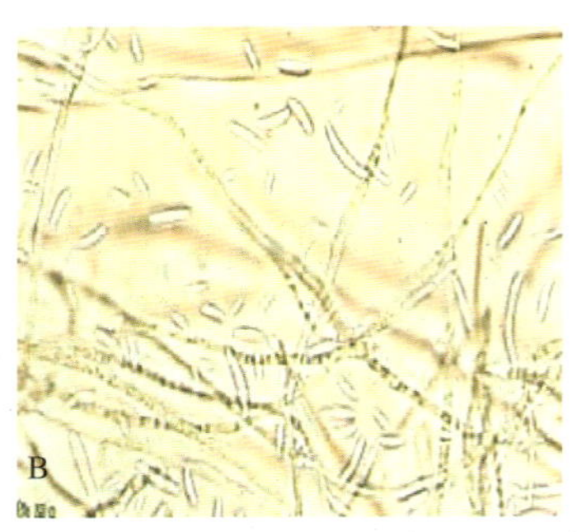

甘蔗梢腐病病原的菌落形态及分生孢子
A. 病原菌落　B. 分生孢子
（单红丽等，2022）

甘蔗梢腐病病原分生孢子主要是靠气流和雨水进行传播。在雨季之前，分生孢子被气流带至甘蔗梢头叶片上；雨季开始之后，气流和雨水的作用引起病原分生孢子在甘蔗田间传播扩散；在适宜的温度和湿度条件下，落到甘蔗梢头心叶组织上的分生孢子，顺利侵入甘蔗幼嫩叶部，进而成功侵染蔗株的生长点，蔗株出现发病症状。每年的7—9月是甘蔗生长最旺盛的时期，此时密集的叶片使得甘蔗植株之间的透光性和通风性变差，降水量的增加则引起田间的温度和湿度升高，这种环境条件十分适合分生孢子萌芽，产生的菌丝逐渐蔓延扩散，使叶片缓慢坏死。让人惊讶的是，从感染到最后发病，潜育期仅为一个月左右。

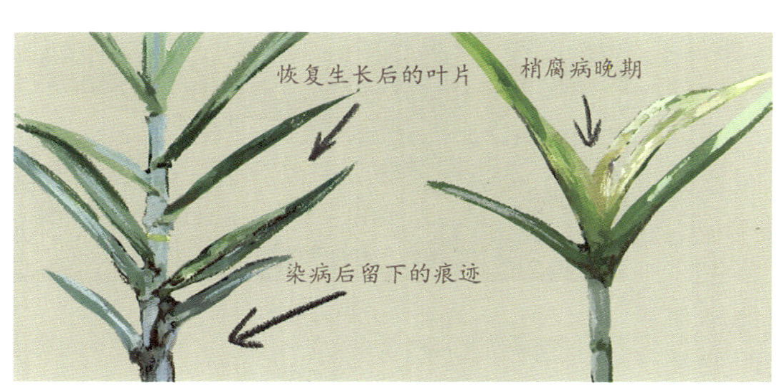

甘蔗梢腐病的典型症状

甘蔗梢腐病不是单一因素造成的，其发病原因较为复杂，过多增施肥料或是诱因之一。通常认为，上一作物季蔗田里遗留的病残株是甘蔗梢腐病主要的初侵染源。病部所产生的分生孢子经传播蔓延后又对蔗株造成再次侵染危害。一方面，高温高湿的蔗田环境或久旱遇雨或灌水过多，都容易引起甘蔗梢腐病的发生和流行。另一方面，甘蔗植株生长瘦弱、生长过程中的氮肥供应不足或者偏施、重施氮肥，也会导致柔嫩甘蔗组织过快生长，梢腐病的发病症状会较为严重。需要注意的是，氮肥作为目前应用最为广泛的肥料，对甘蔗根部周围土壤中微生物的生长具有显著的影响。有研究表明，合理施用氮肥能够提高稻田土壤中氨氧化细菌的丰富度，但是，氮肥的过量施用则会导致土壤中养分失衡、微生物菌群结构失衡，并促进根际土壤中病原微生物的累积，增加植物土传病害的发病率，进而降低作物品质和产量。2015年，Lin等研究了植物中氮硫源［硫酸铵$(NH_4)_2SO_4$、尿素Urea、硝酸钠$NaNO_3$］对甘蔗梢腐病及其病原体的影响，并在体外测定了真菌的生长和产孢量（Lin et al., 2015）。结果表明，铵态氮有利于真菌菌丝生长、细胞密度和产孢形成，增强了甘蔗的病害症状。进一步，转录组分析发现了该过程中参与氮的代谢、运输和同化的差异基因，这些基因也与致病性相关。据此，作者提出了在$(NH_4)_2SO_4$、Urea或$NaNO_3$培养基中生长的梢腐病菌的致病性和物质生产的氮调节模型。

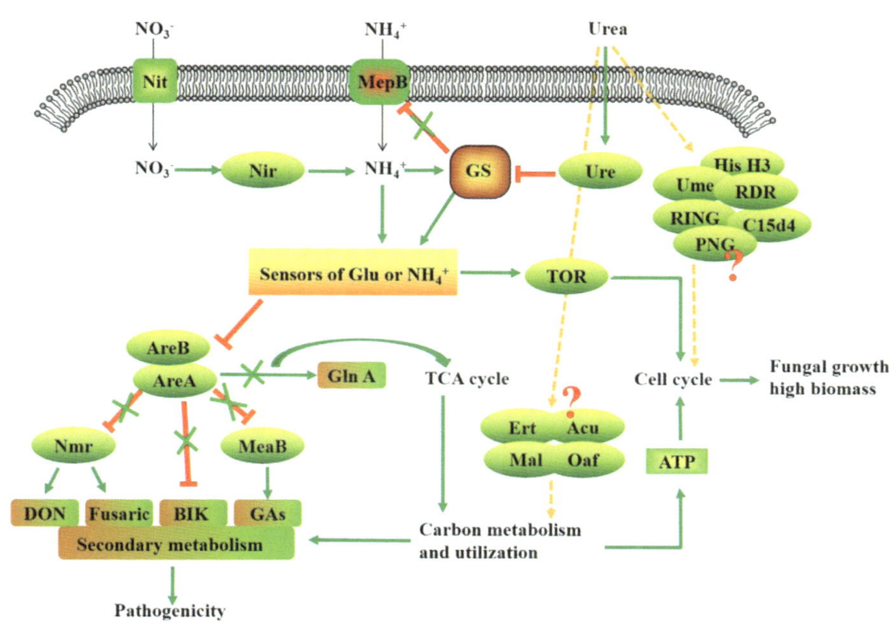

甘蔗梢腐病菌的致病性及其氮调节模型

（Lin et al., 2015）

丝裂原活化蛋白激酶（MAPK）信号通路是梢腐病发病的潜在机制之一。 Zhang等（2015）鉴定了编码MAPK同源物的*FvBCK1*基因，并确定它不仅是生长、分生孢子的产生以及细胞壁完整性所必需的，而且响应渗透和氧化应激。进一步，他们将稻瘟病菌接入*FvBck1*缺失突变体，发现虽然某些表型得到了恢复，但补体菌株未能获得完全的毒力。同时，他们的研究还表明，*FvBck1*在梢腐病菌中发挥着多种作用，下游信号通路的解析可能会有助于更好地了解该MAPK通路如何调控甘蔗梢腐病。

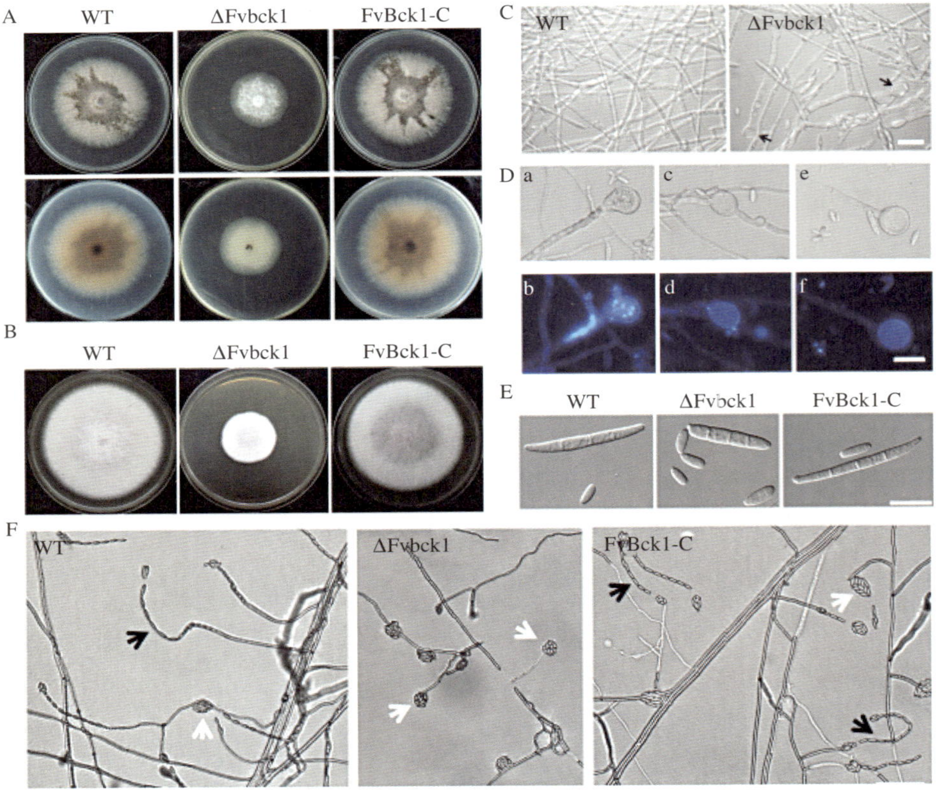

甘蔗梢腐病菌的菌丝生长和分生孢子表型

A. 菌株在SJA平板上培养5天（上下图分别为培养基俯视图和底视图） B. 菌株在CM培养基上培养5天 C. WT和ΔFvbck1菌株在液体CM培养基中培养3天的菌丝形态（黑色箭头表示ΔFvbck1菌株菌丝的膨胀结构） D. ΔFvbck1菌丝膨胀结构详图［用10微克/毫升的DAPI对菌丝进行染色，并在微分干涉差（a、c、e）显微镜（DIC）或紫外线（b、d、f）下观察］ E. 在白光和紫外线照射下，在MBJ培养基中培养7天 F. 每个菌株的微孢子在改良固体培养基上培养5天（黑色和白色箭头分别表示微分生孢子链和假头）（Zhang et al., 2015）

目前，甘蔗梢腐病的防治主要包括新品种选育、田间管理和化学农药的施用三种措施。第一，新品种选育和推广是防治梢腐病最为经济有效的策略。

单红丽等（2020）在陈万权主编的《植物健康与病虫害防控》中采用田间自然发病率调查方法鉴定了60个甘蔗新品种及31个甘蔗主栽品种对梢腐病的抗性，筛选出了抗梢腐病的35个甘蔗新品种和15个主栽品种，其中粤甘49、福农11-2907、闽糖11-610、闽糖12-1404、桂糖11-1076、粤甘46、粤甘47、福农09-2201、福农09-6201、福农09-7111、福农10-14405、闽糖06-1405、桂糖40号、桂糖06-1492、桂糖06-2081、桂糖08-1180、桂糖08-1589、云蔗11-1074和德蔗07-36共19个优良新品种对梢腐病的抗病力强，在进一步选育抗梢腐病甘蔗品种方面很有利用潜力。王泽平等（2017）研究发现，选育抗性品种时，叶片狭窄直立、株型紧凑且易脱叶的甘蔗品种对梢腐病抗性较强；而叶片宽大、披散下垂型且不容易脱叶的甘蔗品种对梢腐病抗性较弱，因此可将甘蔗叶片形态特点作为筛选依据之一（王泽平等，2017）。然而，目前生产上尚未见高抗梢腐病的甘蔗品种。第二，科学合理的田间管理是防控甘蔗梢腐病最为直接的措施。在田间管理的过程中，甘蔗栽培模式可采取轮作方式，以减轻病害发生，避免甘蔗的过密种植。播种前，施足基肥，并及时中耕培土或配以追肥，保证早生快发和植株健壮，以提高抗病性。此外，应不定期给甘蔗剥叶，创造通风透光良好的田间环境，同时做好监测，掌握化学防治的合理时期确保及时喷药。再有，在甘蔗生长发育过程中，及时拔除病株，以减少田间的侵染源，控制病害的扩展蔓延；收获期后，则要及时清除蔗田的病株、病株残余，并集中烧毁，以减少下一个作物季的初侵染源。另外，重视蔗田的水肥管理，特别是控制氮肥的施用，对有效控制甘蔗梢腐病也是非常必要的。第三，如果在病害初期，可考虑化学防治。梢腐病的化学防治药剂多为广谱性杀菌剂。目前，多菌灵、苯菌灵和百菌清，具有内吸治疗或保护的作用，其剂型相同、作用部位和机制互补，复配使用还能够增加药效，已经成为生产上使用最为广泛的广谱性杀菌剂。单红丽等（2021）发现，多菌灵、苯菌灵、百菌清混合使用再复配磷酸二氢钾和农用增效助剂，不仅可有效将甘蔗梢腐病病株率控制在10%以下，甚至还具有较为显著的增产增糖效果（单红丽等，2021）。

甘蔗梢腐病严重威胁我国甘蔗的种植以及健康种苗的生产，如何快速和准确地诊断病原和病症对甘蔗梢腐病的防控防治具有重要意义。2009年，张玉娟首先利用ITS-PCR、ATP-PCR和Effd-PCR三种技术，从不同的甘蔗品

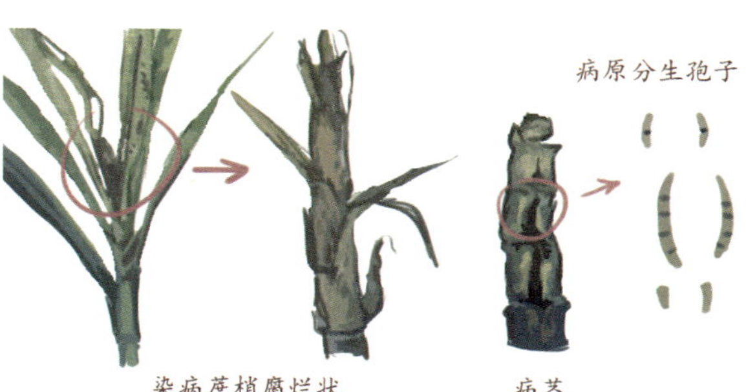

甘蔗梢腐病

种中获取梢腐病菌的目的基因片段；其次，通过多重序列比对并分析菌株的系统进化关系；根据ITS序列设计了PCR检测特异性引物，最终构建了甘蔗梢腐病特异性的快速检测体系（张玉娟，2009）。林镇跃（2015）基于FSC的ITS序列变异区和RT-qPCR技术，研发了一种基于TaqMan PCR的病原快速诊断方法，该方法的灵敏性是常规PCR的1 000倍以上。由于TaqMan PCR具高灵敏性及高特异性，可应用于低浓度（10皮克/微升）样本DNA的检测及鉴定，这也使得该方法能成功运用于田间甘蔗病害检测（李银煳等，2022）。使用*F. verticillioides*和*F. proliferarum*的特异性引物对15份甘蔗梢腐病样品进行PCR分子检测，两种病原检出率分别为100%和93.33%，同时也证明了*F. verticillioides*和*F. oxysporum*两种病原引起的梢腐病混合侵染现象比较普遍。

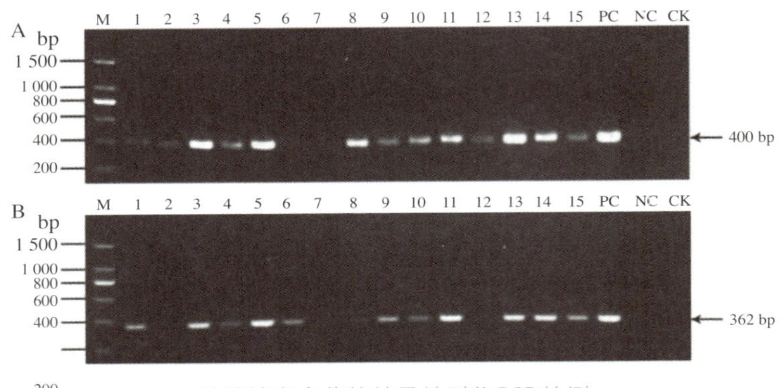

甘蔗梢腐病菌的特异性引物PCR检测

A. *F. verticillioides*的检测结果　B. *F. proliferarum*的检测结果　M. DNA分子标记
1～15. 甘蔗梢腐病样品　PC. 阳性对照　NC. 阴性对照　CK. 空白对照
（李银煳等，2022）

梢腐也是病，甘蔗真歹命。随着基因工程技术的日益成熟，利用分子生物学手段，以甘蔗对梢腐病的抗病机制和梢腐病病原的致病机制为切入点，精准定位甘蔗梢腐病的抗性基因，解析梢腐病菌的致病机制，有望为培育抗性持久稳定的甘蔗品种奠定坚实的基础。

撰稿人：庞　超　苏亚春　吴期滨　高世武　郭晋隆　李大妹　许莉萍　阙友雄

褐条常发病 甘蔗不认命

“千里之堤，溃于蚁穴。”大病往往都是由一些小毛病引起的。小病早治，大病早防，无论动物还是植物都会得病，“治未病”即采取相应的措施，防止或者抑制疾病的进程。“治未病”包含四个方面，即未病先防、欲病早治、既病防变、愈后防复，该理念源远流长，早在《黄帝内经》中就已经明确提出。一代名医扁鹊四次拜见齐桓公，发现其皮肤上有小病症状，劝诫齐桓公及时治疗，齐桓公并不相信，置之不理，最终病入膏肓，无药可救。

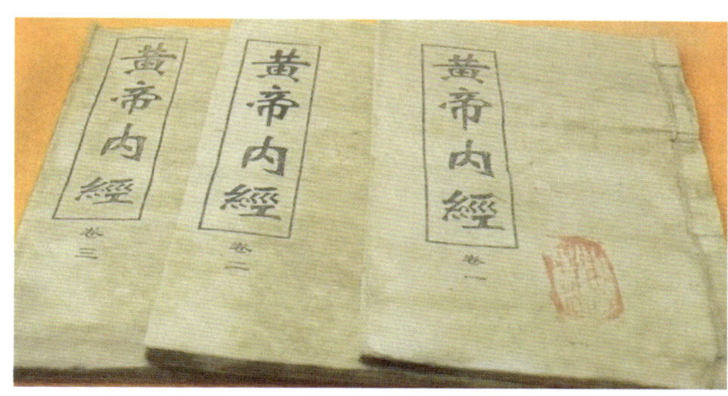

未病先防，欲病早治，
既病防变，愈后防复。

《黄帝内经》

甘蔗病害防治亦需充分发挥“治未病”作用。甘蔗广泛种植于热带和亚热带地区，是最主要的糖料作物，也是重要的生物能源作物。在我国，以甘蔗为原料的食糖占比约为85%，其余15%左右来自甜菜。现代甘蔗栽培品种为种间杂交种，遗传背景复杂，且基因组尚未破译，育种严重依赖性状分离的大群体和表型选择。甘蔗病虫害致使甘蔗抗性及产量降低，严重限制了糖业的发展。一旦甘蔗患病，如果不采取经济有效的治理措施，随着病程加重，甘蔗必将减产甚至绝收，最终造成巨大的经济损失，褐条病就是如此。

甘蔗褐条病（sugarcane brown stripe，SBS）是一种极具危害性的甘蔗叶部真菌性病害，常导致甘蔗抗性丧失和生活力降低，亦是限制甘蔗产量和糖分的主要因素。该病于1924年在古巴首次被发现，之后在全球各产蔗国均有发生，发病严重时田间甘蔗叶片似“火烧状”，其暴发造成的产量损失一般在18%～35%，最高可达40%。近年来，高湿高温的气候加上多年连作尤其是感病品种的种植，导致部分蔗区褐条病暴发成灾，严重影响甘蔗的产量和品质。目前，在我国的广东、广西、云南、福建、台湾、海南等地，均有褐条病暴发记载。迄今，该病害的研究还局限在病害发生特点、病原的分离鉴定以及

防控措施上。甘蔗生长周期长达一年，培育和种植抗病品种是针对褐条病最环保和最经济有效的防控策略。

甘蔗褐条病叶片病症
A. 健康叶片（无病症） B. 病原侵染前期叶片病症
C. 病原侵染中期叶片病症 D. 病原侵染后期叶片病症

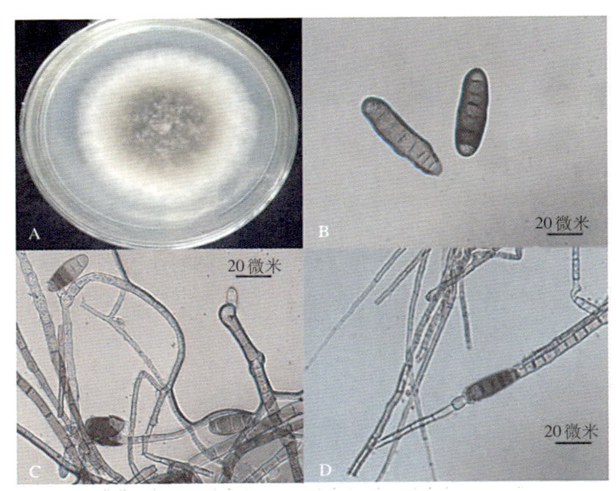

甘蔗褐条病病原的形态
A. 菌落形态 B. 分生孢子
C. 分生孢子梗和分生孢子 D. 菌丝
（钱双宏等，2015）

甘蔗褐条病病原无性阶段为半知菌类离蠕孢属甘蔗狭斑离蠕孢菌（*Helminthosporilum stenospilum*），有性阶段则为子囊菌门旋孢腔菌属狭斑旋孢腔菌（*Cochliobolus stenospilus*）。2015年，钱双宏等分离并鉴定了海南甘蔗褐条病病原为*Bipolaris stenospila*（*H. stenospilum*）。王晓燕等（2022）研究也表明，云南蔗区甘蔗褐条病病原为*Bipolaris setariae*。该病原的寄主主要有甘蔗、高粱、大看麦娘、玉米等。

患有褐条病的田间甘蔗病株残叶作为初侵染源，条件适宜时，病斑大量产生分生孢子，借助气流、风、雨水和昆虫等媒介在大田内或区域间传播。病原分生孢子落在湿润的甘蔗叶片上，萌芽后，通过气孔侵入叶片组织，在适宜的环境条件下，最终导致甘蔗叶片出现病症。甘蔗发病后，被侵染的叶片其初期病症表现为细小的水渍状形态，约0.5毫米大小，这正是由于病原侵入叶片后，其周围组织细胞失水坏死导致。随着侵染过程的加速，叶片病斑渐渐扩展成与主叶脉平行的条斑。分生孢子不断在病斑上产生及萌芽，随后借助上述多种媒介传播，使被侵染部位的病斑范围蔓延扩大，侵染中后期叶片病斑转变成红褐色。成熟的完全型病斑长度在叶片表面一般表现为2 ~ 25毫米，宽度不会超过4毫米，病斑的末端或多或少表现为直且周围伴有黄色晕圈状。直至褐条病蔓延至整块蔗田。

甘蔗主栽品种的更新换代，基本伴随着其对所在蔗区主要病害抗性的下降或丧失，因此，甘蔗品种的改良进程中，抗病性的改良占据着重要地位。来自我国台湾地区的新台糖22（ROC22）由于综合性状表现好、适应性强，长期在大陆甘蔗生产上占主导地位，也是我国甘蔗杂交育种中使用频率最高的亲本之一。但该品种的缺陷之一就是对真菌性病害——甘蔗褐条病的抗性差。由于该品种长期作为主栽品种，在较大幅度提高我国甘蔗单产的同时，也使得原本在生产上仅以次要病害出现的甘蔗褐条病，逐步发展成为主产蔗区的主要病害。因此，甘蔗生产上，急需提高品种对该病害的抗性。利用农艺性状具有差异的甘蔗基因型作为亲本，通过创制F_1分离群体来鉴定目标性状的QTL并挖掘性状相关基因，是甘蔗遗传改良的重要工作。在实践中，尽管创制目标性状分离的甘蔗F_1群体难度不大，但是，由于甘蔗遗传背景复杂，甘蔗现代杂交种的基因组尚未破译，加上其拥有高多倍体和非整倍体的染色体，导致甘蔗群体遗传研究远远落后于禾本科作物玉米、小麦和水稻等。迄今，就甘蔗褐条病的研究而言，仅见前人关于该病害发生特点和防控措施以及病原分离与鉴定等基础性研究，急需扩大研究面并进行相应深入研究。

发生严重时病株叶片表型

急需针对不同的甘蔗病害建立高效鉴定评价技术，同时对抗褐条病关联标记和抗病基因的挖掘是甘蔗褐条病抗性育种的核心技术。种植和培育甘蔗抗病品种无疑是最环保和经济有效的甘蔗真菌性病害的防控策略，但现实是，育种进程中培育出一个适合大面积商业栽培的抗病品种至少需要10年以上的时间，而且还存在极大的不确定性，主要是由于在品种的选育过程中，可能存在未受病害胁迫的情况。当然，改进大田栽培管理措施，改善蔗田种植环境以及化学防治为辅的综合防控措施，也能起到防控该病害的作用，但如果有抗病品种可以选用，对于蔗农来说，是最为简便的，也是最为经济且环保

的上等策略。我国年种植甘蔗实生苗80万～100万苗，经8～10年区域鉴定选择，育成品种概率极低（1/300 000～1/100 000）。面对如此巨大的分离群体，采用传统评价方法必然很难全面顾及，而有实用价值的性状关联标记开发周期长、难度大且费用昂贵。当前，基因组测序技术飞快发展，成本大幅降低，但对上百个个体的全基因组测序，依然非常昂贵，为此，前人提出利用BSR-seq策略，进行目标性状关联标记候选区域的初定位并快速筛选性状关联的候选基因，这是一种成本低效益好的策略（Li et al., 2014）。通过对性状极端的样本混池进行RNA-seq测序，结合BSA分析，不仅能更准确地估算等位基因的频率，而且所获得的关联标记直接与基因信息关联（Wu et al., 2022）。近些年，甘蔗在遗传改良方面缺乏生物技术途径改良的工具，提高育种水平与效率、开发性状关联标记尤显重要。多倍体物种甘蔗的农艺性状，基本上是由多个主效基因或众多微效基因，或多个主效QTLs或众多微效QTLs的控制，且每个位点之间的表型贡献率存在较大差异。定位甘蔗上重要性状关联的QTLs和开发性状关联连锁标记，是当下将分子标记辅助选择技术直接应用到甘蔗遗传改良和品种选育进程中的关键步骤（Wang et al., 2022a，2022b；You et al., 2021）。针对甘蔗目标性状QTL定位获得的关联标记，国内外甘蔗科研工作者虽有一系列的研究报道，但只有与抗褐锈病主要基因*Bru1*紧密连锁的2个标记R12H16和9020-F4在甘蔗生产上得到实际应用。近年来，随着测序技术、芯片分型技术和DNA分子标记的更新换代，RAPD、RFLP和AFLP等传统的分子标记越来越被高通量的SNP和InDel分子标记所取代，这为甘蔗遗传图谱构建及农艺性状QTL定位领域的研究提供了新的思路。不同群体中基因组多态性位点和不同等位基因频率的信息，是群体遗传学研究的关键。甘蔗为大基因组的物种，遗传背景高度复杂。普遍认为，研究与抗褐条病性状遗传关联标记、基因定位，挖掘抗性稳定关联基因，是甘蔗褐条病抗性育种的重要工作。

基于BSR-seq技术筛选甘蔗褐条病抗性关联基因。笔者所在团队利用甘蔗主栽品种兼精英亲本YT93-159（母本，抗褐条病）和ROC22（父本，感褐条病）杂交创制F_1分离群体，在适宜褐条病流行的蔗区（云南德宏），对该群体进行田间抗病性研究，构建极端抗/感褐条病混池，利用BSR-seq技术，对褐条病抗性关联基因进行了初定位和筛选（Cheng et al., 2022）。研究结果显示，在甘蔗野生种割手密4B和7C染色体上定位到6个与甘蔗褐条病抗性关联的候选区域，总长度为8.72 Mb，关联区域内注释到非同义突变SNP位点65个。GO分析揭示，基因主要参与免疫系统进程、生物学调控以及对外界刺激的响应等生物学过程。KEGG分析表明，基因主要富集到植物与病原互作、植物激素信号传导、苯丙烷生物合成等代谢通路。通过

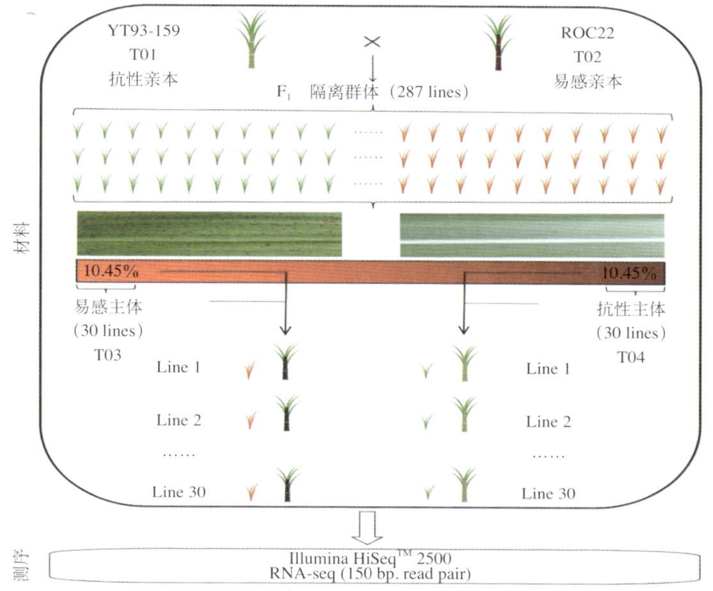

BSR-seq示意（取样位置：叶片中段）

T01. 抗病亲本YT93-159　T02. 感病亲本ROC22　T03. 感病混池　T04. 抗病混池　10.45%. 入选的混池子代数量在所有287个真子代中的占比

（Cheng et al., 2022）

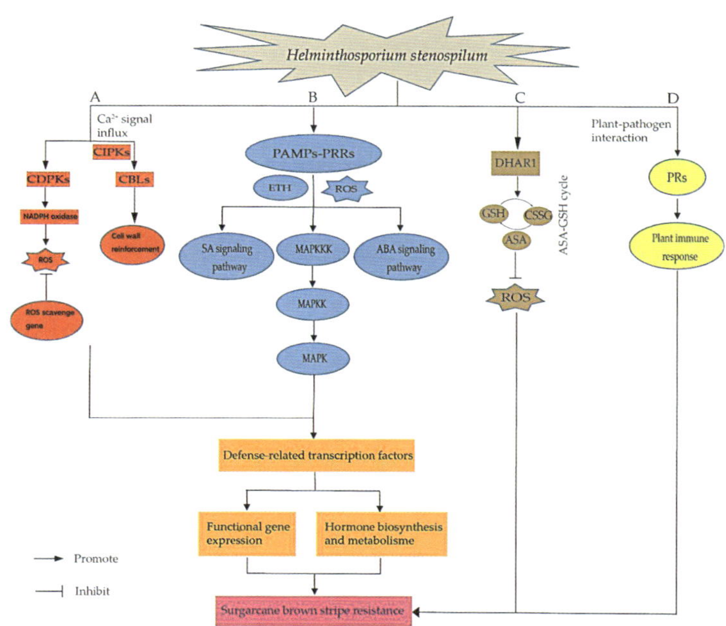

甘蔗与褐条病菌互作的潜在分子机制

（Cheng et al., 2022）

基因功能注释共鉴定到39个抗性关联基因。RT-qPCR验证的20个基因中，15个显著差异表达：有8个（*LRR-RLK*、*DHAR1*、*WRKY7*、*RLK1*、*BLH4*、*AK3*、*CRK34*和*NDA2*）在YT93-159中，7个（*WRKY31*、*CIPK2*、*CKA1*、*CDPK6*、*PFK4*、*CBL2*和*PR2*）在ROC22中显著上调表达。结果表明，不同抗性关联基因可能通过不同防御机制，参与甘蔗应答病原侵染。综合以上信息，作者研究绘制了一个甘蔗与褐条病互作的潜在分子机制图，揭示了植物与病原互作、MAPK级联、ROS、钙离子等信号通路的激活和抗坏血酸–谷胱甘肽循环的启动，共同促进了甘蔗对褐条病的抗性。

两个甘蔗主导品种YT93-159和ROC22高密度遗传图谱的构建，为甘蔗褐条病抗性连锁标记的筛选奠定了基础。近些年，SNPs、InDels等高通量分子标记在各大物种中被大量开发，不仅提高了遗传图谱构建的精度和密度，还为后续基于遗传图谱的图位克隆、QTL定位和挖掘候选性状关联基因等研究奠定

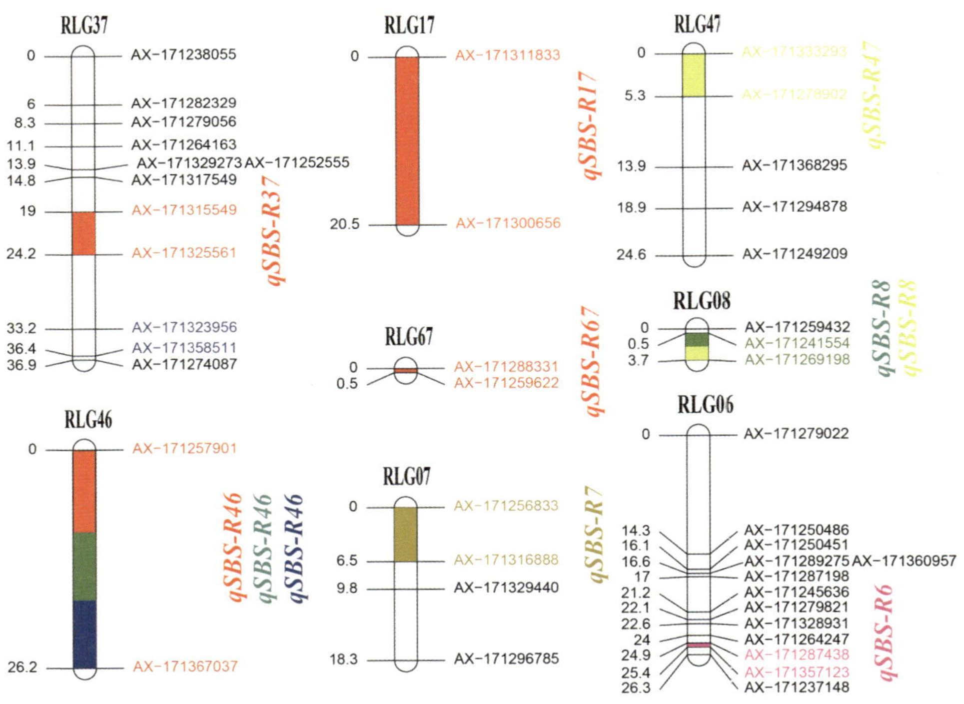

甘蔗褐条病抗性关联QTLs在父本ROC22遗传连锁图谱上的分布

[R代表父本ROC22；LG代表连锁群；图中不同颜色代表不同生境。红色名称代表在2015年新植生境下定位到的关联QTLs；绿色名称代表在2016年第一年宿根生境下定位到的关联QTLs；橙色名称代表在2017年第二年宿根生境下定位到的关联QTLs；黄色名称代表在2018年新植生竟下定位到的关联QTLs；粉红色名称代表在2019年第一年宿根生境下定位到的关联QTLs；蓝色名称代表在2020年新植蔗生境下定位到的QTLs]

了良好的基础（Wang et al., 2021, 2022a, 2022b）。笔者所在团队利用创制的F_1分离群体作为实验材料，采用甘蔗Axiom Sugarcane100K SNP芯片对该分离群体进行基因分型，获取的高质量单剂量SNP标记则用来构建高密度遗传图谱。研究结果表明，母本YT93-159的图谱总长度为3 069.45厘摩，包含87个连锁群和1 211个单剂量标记，平均标记间距为2.53厘摩；父本ROC22的图谱总长度为1 490.34厘摩，包含80个连锁群和587个单剂量标记，平均标记间距为2.54厘摩。两个亲本遗传图谱的平均标记间距均小于3厘摩，达到了后续开展性状关联QTL定位的要求。

甘蔗褐条病抗性关联QTLs定位与基因挖掘。遗传连锁图谱是作物分子遗传育种工作的重要技术基础，构建甘蔗遗传图谱对发掘优异甘蔗基因资源和连锁分子标记具有理论意义。基于F_1杂交分离群体6个作物季的田间抗病性表型数据，笔者所在团队首次定位和筛选到了与甘蔗褐条病抗性关联的QTLs及与该性状关联的抗性基因。在不同生境下，共检测到32个褐条病抗性相关QTLs，其累计表型贡献率（PVE）为186.53%，单个QTL的PVE为3.73%～11.64%，主效QTL *qSBS-Y38*和*qSBS-R46*（2020年生境）的PVE分别为11.47%和11.64%。在YT93-159图谱上，两个稳定QTLs在多生境下被检测到，其中*qSBS-Y38-2*在2016年和2018年生境下被重复检测到，*qSBS-Y38-1*在2018年和2020年生境下被重复检测到。在ROC22图谱上，两个稳定QTL *qSBS-R8*和*qSBS-R46*分别在两个（2016年和2018年）和三个（2015年、2016年和2020年）生境下被重复检测到。在上述四个稳定检测到的QTL区间鉴定到25个与抗性相关的候选基因，包括11个转录因子基因、11个病原模式识别受体类受体激酶类基因和三个核心抗性基因（*Soffic.01G0010840-3C*, pathogenesis related protein 3, *PR3*；*Soffic.09G0017520-1P*, defense no death 2, *DND2*；*Soffic.01G0040620-1P*, enhanced disease resistance 2, *EDR2*）。RT-qPCR结果显示，*PR3*和*DND2*在YT93-159中显著上调表达，而*EDR2*在ROC22中显著上调表达。上述结果表明，所构建的遗传图谱可以成功定位到褐条病抗性关联位点，且获得了四个在不同生境下重复检出的稳定关联QTL。

现代甘蔗栽培种具有高度杂合的遗传背景，相对于二倍体作物，甘蔗的群体遗传学研究明显滞后。就定位性状相关关联标记所用群体看，甘蔗无双单倍体(DH) 和重组自交系（RIL）等群体，只能采用自交群体或分离群体，且前人已针对该类群体进行了图谱构建和性状相关QTLs定位等方面的研究(Wang et al., 2022b; You et al., 2021; Lu et al., 2021)。甘蔗褐条病由多基因控制，准确的表型评估对于QTL定位至关重要。除此之外，国内外研究报道表明，分子标记密度或类型、QTL定位作图方法、环境对性状的影响、作图群体类

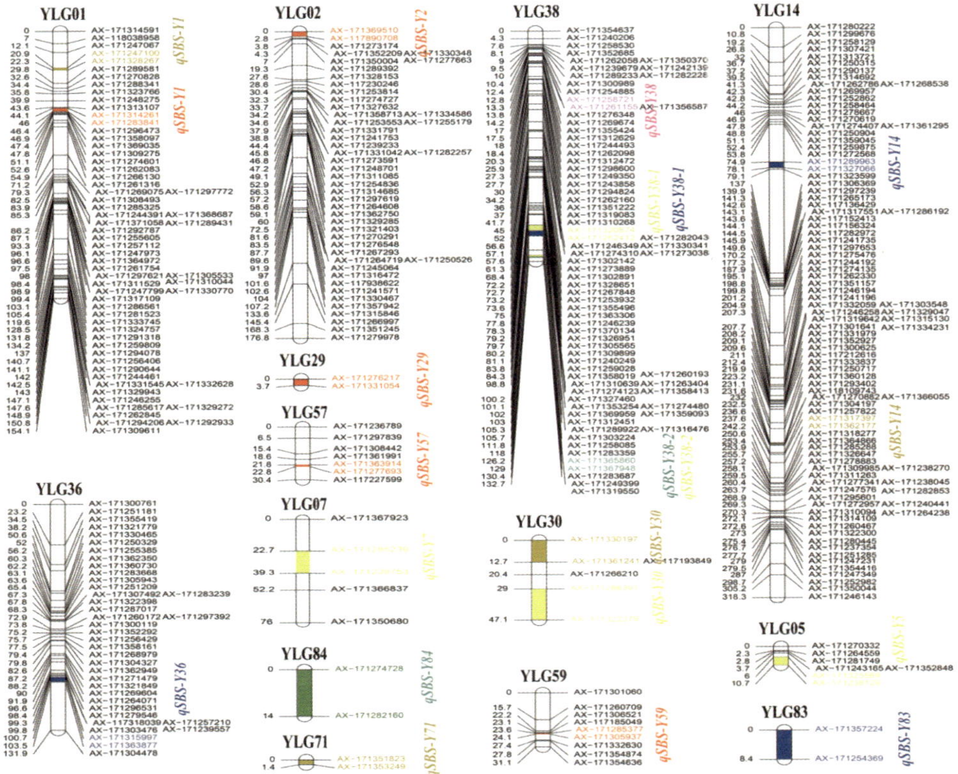

甘蔗褐条病抗性关联QTLs在母本YT93-159遗传连锁图谱上的分布

[Y代表母本YT93-159；LG代表连锁群；图中不同颜色代表不同生境。红色名称代表在2015年新植蔗作物季中定位到的关联QTLs；绿色名称代表在2016年第一年宿根蔗作物季中定位到的关联QTLs；橙色名称代表在2017年第二年宿根蔗作物季中定位到的关联QTLs；黄色名称代表在2018年新植蔗作物季定位到的关联QTLs；粉红色名称代表在2019年第一年宿根蔗作物季中定位到的关联QTLs；蓝色名称代表在2020年新植蔗作物季中定位到的QTLs]

型和分离群体的大小，都会影响QTL定位的精确度和分辨率。一般来说，对于绝大多数物种相关性状的QTL定位，作图群体大小要求在100 ~ 400个子代之间。目前，甘蔗抗病性状QTL定位、标记开发和抗病基因挖掘已经开展了大量且广泛的研究，但可用于生产上的抗病连锁标记只有Daugrois等利用甘蔗栽培种R570自交衍生的658个子代群体，定位到的褐锈病抗性主效基因*Bru1*（Daugrois et al., 1996）。Cunff等进一步通过与高粱和水稻基因组的比较作图和染色体步移方法，定位到与*Bru1*基因紧密连锁的标记R12H16和9020-F4，并广泛应用在甘蔗生产上（Cunff et al., 2008）。然而，甘蔗褐条病的研究仍然较为匮乏，甘蔗抗病育种研究工作急需进一步持续推进，这也是笔者所在团队分享甘蔗褐条病群体遗传学研究进展的目的，抛砖引玉，以吸引更多的国内外团队和科研人员投身到该病害的研究中，一同加快甘蔗抗褐条病育种进程，携手助力甜蜜甘蔗事业的发展。

撰稿人：成　伟　庞　超　苏亚春　吴期滨　李大妹　许莉萍　阙友雄

绿叶渐变黄 甘蔗高产黄

众所周知，正常生长过程中的植物，叶片一般表现出绿色。这是因为叶片中含有大量的叶绿素，叶绿素吸收蓝紫光，而把大量的绿光反射了出去，所以我们看到的叶片呈现绿色。当然，绿色植物的颜色也不是一成不变、波澜不惊、毫无变化的，五颜六色的花和果实则是因为含量丰富的胡萝卜素、花青素和叶黄素等色素以不同的比例组合而着色。植物与复杂环境条件的相互影响，更是会让绿色植物叶片本身呈现出不同的颜色。在晚秋初冬，叶绿素的合成受阻，叶片中的类胡萝卜素和花青素慢慢累积，植物的叶片开始逐渐变黄或变红。因此，植物叶片的正常变黄是由于不同种类色素的含量变化导致的，那么植物叶片的非正常变黄又是什么原因呢?

五颜六色的叶片

植物叶片的非正常变黄现象称为黄叶病，引起植物黄叶病的原因有很多，按照成因的不同，可以大致分为生理、气象和病害三种因素。生理因素是由于植物各种生理活动需要不同营养元素的参与，植物在缺少镁、氮、铁等元素时，叶绿素的合成会受到阻碍，甚至无法合成叶绿素，从而导致了植物叶片的黄化和营养不良；气象因素则与植物光照的充足与否、水分的多少和温度的高低息息相关，不适宜的环境因素通过影响叶片叶绿素的光合效率从而造成叶片的黄化现象；而病害因素，则最为复杂，这是由于寄生于植物的细菌、真菌、病毒、线虫、螨虫等所侵染而引起叶片的病理性症状。本文要说的主角是甘蔗黄叶病（sugarcane yellow leaf disease, SCYLD）。该病是由甘蔗黄叶病毒（*Sugarcane yellow leaf virus*, SCYLV）引起的一种病毒性病害。

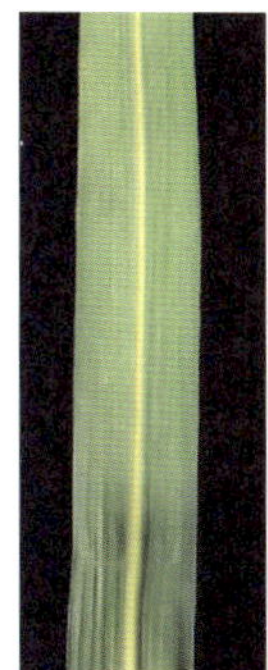

甘蔗黄叶病发病症状

甘蔗黄叶病是甘蔗上的重要病毒病害之一。病害症状表现需要一定的潜伏期，生长前期没有症状，到了生长后期症状表现为中下部叶片中脉黄化，紧接着叶脉直至叶尖失绿干枯，然后坏死。1989年，在美国夏威夷岛哈马库亚蔗区首次报道叶片黄化症状，当时称为甘蔗黄叶综合征。随后，在南非、古巴、毛里求斯以及印度发现另一种植原体病原也会引起类似甘蔗黄叶综合征的病害症状。为了清楚区分这两种病害，美国佛罗里达大学教授Philippe Charles Rott等将由甘蔗黄叶病毒引起的病害称为甘蔗黄叶病，而由甘蔗黄化植原体(sugarcane yellows phytoplasma, SCYP)导致的病害称为甘蔗叶片黄化病(sugarcane leaf yellows disease)。甘蔗黄叶病在全球30多个种植甘蔗的国家和地区均有发生，并不断蔓延扩大，现已在我国南部广大甘蔗种植区（广西、广东、云南、海南、福建等蔗区）普遍存在，可引起甘蔗减产10%～40%。

研究者们已经对甘蔗黄叶病毒进行了分离和测序，其表现出显著的遗传多样性。通过对部分/全长基因组序列的系统发育分析，甘蔗黄叶病毒至少存在9种不同基因型。分别是BRA（巴西），CUB（古巴），HAW（夏威夷），IND（印度），PER（秘鲁），REU（法国），CHN1、CHN2和CHN3（中国）。其中，BRA在世界上占主导地

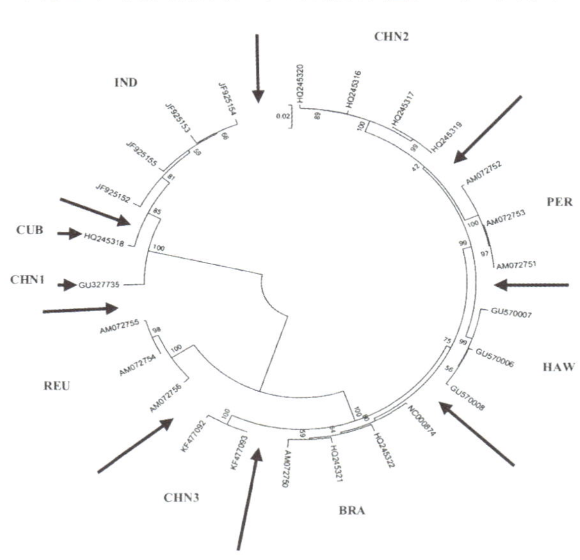

甘蔗黄叶病毒9种不同基因型的系统进化树
(ElSayed et al., 2015)

位，在多个国家均有报道，而其他基因型仅限于有限数量的国家或地区。REU虽然在法国的留尼旺岛被发现，但却在巴西地区分布很广。另外，在中国也发现了HAW和PER类型。有趣的是，HAW和PER这两种类型往往可以在同一个不同的分离物中出现，因此也将其命名为HAW-PER和BRA-PER。

甘蔗黄叶病毒的病毒粒子为二十面对称体，球状，直径25 ~ 30纳米，浮力密度1.30克/厘米^3，由180个蛋白亚基按T = 3包裹着基因组RNA构成。从基因组结构看，甘蔗黄叶病毒基因型多样，但都具有相似的基本结构。病毒基因组为正单链RNA(+ssRNA)，基因组全长5.6 ~ 5.8kb，含有6个开放阅读框（ORF0 ~ ORF5）以及3个非编码区UTR。ORF0起始于一个AUG密码子，负责编码一个大小为30 200u、氨基酸序列保守性较低的蛋白质，为病毒的RNA沉默抑制子。ORF1负责编码一个大小为72 500u的蛋白质，可能参与编码丝氨酸蛋白酶（含有丝氨酸蛋白酶基序）。ORF2与复制酶蛋白的编码有关。ORF3则负责编码大小为21 800u的外壳蛋白。ORF4开放阅读框编码的运动蛋白，可以帮助病毒在植物韧皮部的运输。ORF5不单独表达，而是通常在核糖体通读机制的帮助下，与ORF3开放阅读框一起形成分子质量为52 000u的通读蛋白。同源序列比对和系统进化分析表明，甘蔗黄叶病毒属于黄症病毒科马铃薯卷叶病毒属，该病毒是由黄症病毒科内成员基因重组进化而来的新成员。Grant R. Smith等曾对美国一种甘蔗黄叶病毒分离物核苷酸序列进行系统进化分析，认为甘蔗黄叶病毒基因组的ORF1和ORF2与马铃薯卷叶病毒属亲缘关系较高，ORF3和ORF4与黄症病毒属亲缘关系较高，ORF5与耳突花叶病毒属亲缘关系较高，为此，推断甘蔗黄叶病毒起源于黄症病毒科的种间重组。

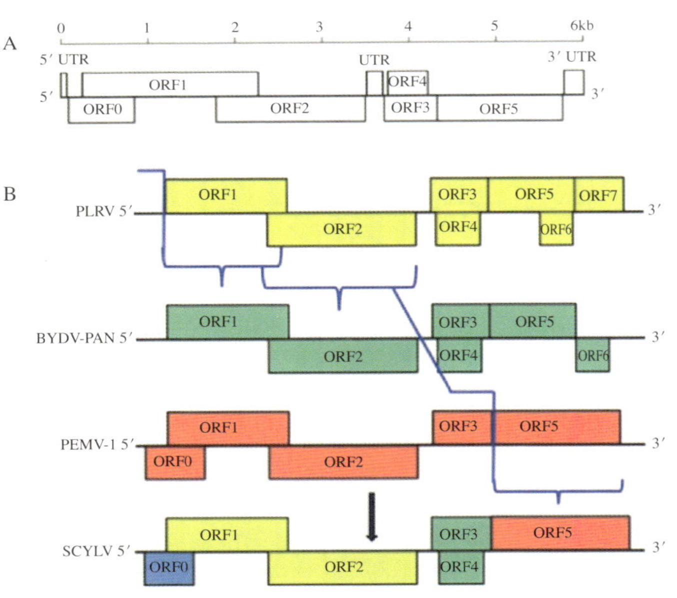

甘蔗黄叶病毒基因组结构示意及其进化过程

A.基因组结构（ORF：开放阅读框　UTR：非编码区）（高三基等，2012）　B.进化过程（PLRV：马铃薯卷叶病毒　BYDV：大麦黄矮病毒　PEMV：豌豆型花叶病毒　SCYLV：甘蔗黄叶病毒）（ElSayed et al.，2015）

甘蔗黄叶病的检测和甘蔗黄叶病毒基因型的鉴定可以通过多种方法实现。对于甘蔗黄叶病的鉴定来说，除了可以使用传统的田间症状观察，常规的逆转录聚合酶链式反应（reverse transcription-polymerase chain reaction，RT-PCR）和实时荧光定量PCR（RT-qPCR）的分子生物学检测，也有研究人员通过原核表达纯化蛋白方法制备甘蔗黄叶病毒抗血清，并实现了对甘蔗黄叶病的血清学检测。而对于甘蔗黄叶病毒基因型的鉴定主要使用3种方法。①全基因组测序法，根据甘蔗黄叶病毒全基因组核苷酸序列差异进行分型鉴定。这种方法直接且可靠度最高，但烦琐、费时、费用高，难以或者不适合广泛开展。②逆转录聚合酶链式反应–限制性片段长度多态性分析（RT-PCR-restriction fragment length polymorphism，RT-PCR-RFLP），设计简并引物RT-PCR扩增甘蔗黄叶病毒基因组某一区域，然后使用一组能区分甘蔗黄叶病毒基因型的限制性内切酶酶切扩增产物，进行凝胶电泳，根据酶切图谱进行分型。该方法原理相对简单，但步骤较繁杂，酶切位点易受基因遗传变异的影响，导致分型错误，同时多基因型混合侵染时产生的酶切图谱复杂，不易判断。③特异性引物RT-PCR法，根据甘蔗黄叶病毒不同基因型序列的差异性，设计特异性引物进行RT-PCR扩增，从而确定不同的基因型。该方法操作较简单、准确度高、快速高效，可用于甘蔗黄叶病毒的分子诊断和大样本的快速检测。

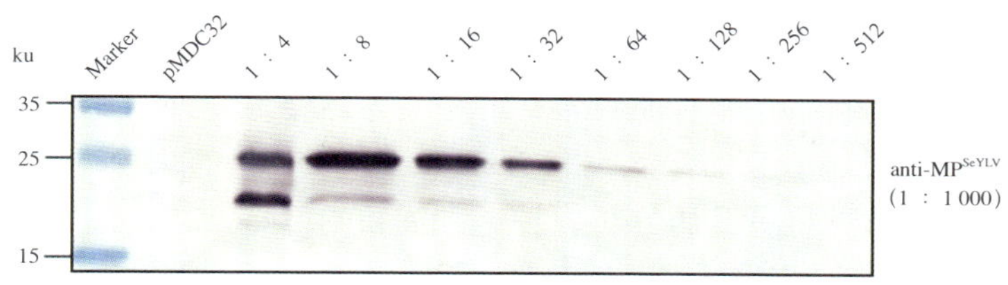

甘蔗黄叶病毒运动蛋白抗血清的灵敏度检测
[将甘蔗黄叶病毒运动蛋白抗血清稀释1 000倍时，最高能够检测到稀释256倍的运动蛋白]
（刘玉姿等，2020）

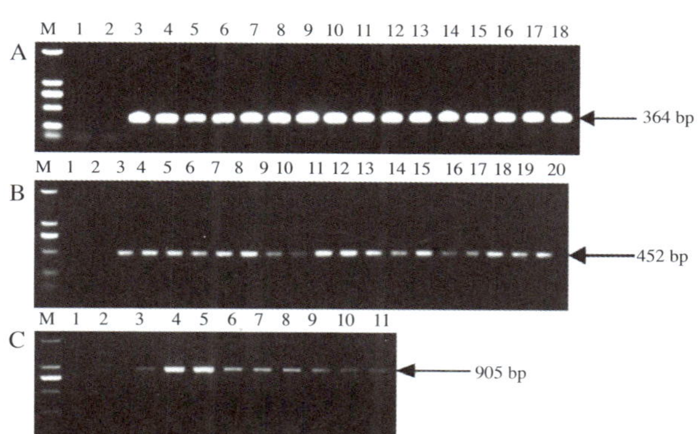

甘蔗黄叶病毒不同基因型的鉴定
A．BRA-PER基因型的鉴定
B．CUB基因型的鉴定
C．REU基因型的鉴定
（沈林波等，2018）

高粱蚜

自然条件下，甘蔗黄叶病只能通过蚜虫传播。高粱蚜、玉米蚜、水稻根蚜、甘蔗绵蚜均可携带甘蔗黄叶病毒侵染寄主。机械或摩擦接种都无法或者不能传播甘蔗黄叶病毒，远距离的病毒扩散则随着感病植株的无性繁殖材料传播。在田间，甘蔗黄叶病毒并不能通过甘蔗感病植株传染到邻近的杂草和谷类作物，即使有些谷类作物是实验寄主。

培育抗病品种和采用甘蔗脱毒种苗是防治甘蔗黄叶病的有效措施。感染甘蔗黄叶病毒的种茎并不能通过温汤浸种或化学试剂处理去除，但可通过顶端分生组织、心叶组织及腋芽组培脱毒，其中通过愈伤组织培养途径去除黄叶病毒的成功率最高。虽然对于甘蔗黄叶病的防治来说，并没有太好的化学药剂，但是由于甘蔗黄叶病只能通过蚜虫传播，因此通过对传播病毒的蚜虫的控制来降低黄叶病的危害就显得尤为重要，比如可以在甘蔗生长的前中期使用吡虫啉、吡蚜酮、啶虫脒等药剂对蚜虫进行化学防治，可有效降低甘蔗黄叶病的发生。

甘蔗叶变黄，高产就要黄。甘蔗黄叶病的抗性遗传研究仍处于起步阶段。培育具有高效、广谱、持久抗病毒能力的甘蔗新品系和新种质，是控制甘蔗黄叶病的重要途径。因此，发掘和利用抗病种质资源并通过转基因技术或抗病分子育种辅助手段培育抗病新种质材料，或是当务之急。此外，随着植物病毒与其宿主相互作用机制研究的深入，利用RNA干扰技术靶向甘蔗病毒RNA编码沉默抑制子，为甘蔗抗黄叶病分子育种提供了新的策略。

撰稿人：臧守建　王　婷　苏亚春　吴期滨　李大妹　许莉萍　阙友雄

螟虫钻蔗心 蔗农空伤心

虫害种类多、影响大、易发生，是农业的主要灾害之一。虫害往往又与病害相互作用，进一步加剧影响作物的生长和产量，给农业生产造成重大经济损失。我国农作物常见的虫害有玉米螟、棉铃虫、棉蚜、麦蚜、麦红蜘蛛和蝗虫等。我国甘蔗主要种植在山地和坡地，20世纪80年代分田到户导致地块小，工业经济快速发展推高农业用工成本，甘蔗栽培管理越发粗放，甘蔗生长过程中病虫害常得不到有效的控制，严重危害甘蔗的生产。

虫害是影响甘蔗产量、品质和宿根年限的主要限制因素之一。我国蔗区主要集中在亚热带的桂中南、滇西南、粤西和琼北等地区，这些地区年平均温度相对较高，冬季的温度不足以对害虫构成生存胁迫，甘蔗虫害的发生尤其严重，其中二点螟、黄螟、条螟等钻蛀性螟虫危害最为严重，给甘蔗生产造成巨大的经济损失。真可谓，螟虫钻的是“蔗”心，虫害后的“空”茎蔗伤的是蔗农心。

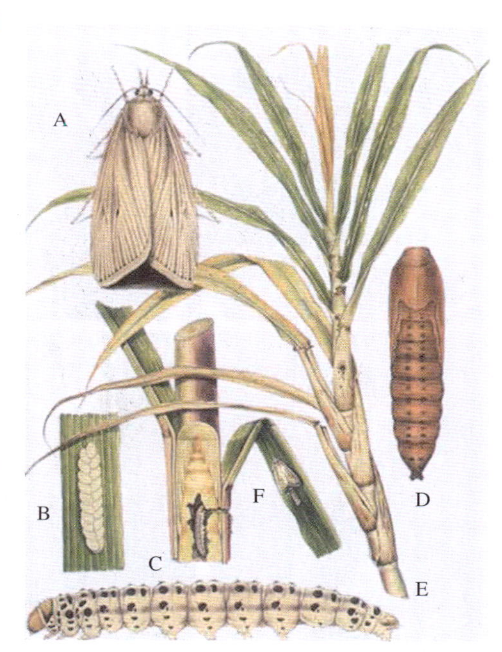

条螟生活史及危害甘蔗示意
A. 成虫　B. 卵块　C. 幼虫　D. 蛹
E. 甘蔗被害状　F. 成虫产卵及幼虫危害甘蔗部位
（周至宏等，1998）

世界上已知的甘蔗害虫有1 300多种，危害我国蔗区的虫害有300种之多，其中，广西蔗区发现有246种（其中有47种危害地下部分，14种危害蔗茎，185种危害叶片），云南蔗区发现有119种，海南蔗区发现有58种。危害甘蔗的虫害主要有甘蔗螟虫、甘蔗绵蚜、蔗茎红粉蚧、象鼻虫、白蚁、蔗蝗等。

螟虫是甘蔗生产上危害最严重的害虫，它可以影响甘蔗整个生长季，可导致缺株、有效茎数减少、风折茎，并影响后续宿根。其中，二点螟、黄螟、条螟、大螟等钻蛀性螟虫危害最为严重，导致甘蔗产量及蔗糖分的损失巨大，可致甘蔗减产10%～31%。螟虫种类多，常见的5种螟虫分属于3个科，即螟蛾科的二点螟、条螟和白螟，卷叶蛾科的黄螟和夜蛾科的大螟。甘蔗螟虫一年

可繁育3～7代且世代重叠，常混合发生，使甘蔗受损巨大。螟虫危害留下的蛀口易导致赤霉病菌的侵染使甘蔗发生赤霉病。此外，螟虫危害还会影响甘蔗宿根发株。我国甘蔗生产上通常采用“一新两宿”（即第一年采用蔗茎种植，而接下来两年利用甘蔗的宿根出苗发株进行生产收获的种植方式），在螟虫的危害下反而导致甘蔗收获物的减少。同时，螟虫危害在导致甘蔗减产的同时，还会导致还原糖和酚复合物增加及蔗汁减少，直接影响出糖率。研究显示，当螟害节率为20%时，每公顷甘蔗损失蔗糖高达约3吨；甘蔗产量损失严重的高达36%～70%。

螟虫危害甘蔗症状

A. 螟虫危害导致枯心苗　B. 螟虫危害的蔗节　C. 螟虫危害的蔗株

D、E. 螟虫危害的蔗茎　F. 收获的受螟虫危害的甘蔗

（李文凤等，2016）

生产上防治甘蔗螟虫的方法主要有化学农药防治、物理防治、生物防治和农业防治，但以化学农药防治为主，生物防治为辅。目前，我国蔗区基本上采用化学农药进行螟虫防治，如敌百虫、杀虫双等；也有在蔗田安装太阳能频振杀虫灯的，但只能诱杀成虫，推广难。在我国台湾地区采用红蚂蚁、赤眼蜂

等生物防治手段已有20年的历史，大陆蔗区进行了技术试验示范，如广西蔗区2018年以来积极推广赤眼蜂防治甘蔗螟虫技术，有效降低了化学农药使用量，取得了良好的经济效益和社会效益，但总的来说，我国蔗区迄今仍未大面积应用生物防治，甘蔗种植者仍然普遍选择化学农药来控制螟虫，甚至还在使用国家禁止使用的高毒有机磷农药，即便如此，甘蔗螟虫仍然没有得到实际有效的控制。因此，培育和栽培抗虫品种是减少经济损失的最有效方式，也是广大农户最乐意采用的轻简技术。特别需要强调的是，通过甘蔗有性杂交以及基因工程技术等手段培育抗螟虫甘蔗优良品种，对减少甘蔗生产成本的投入、促进蔗农增收以及保护环境等具有重要的应用价值和现实意义，改良后的抗虫品种具有广阔的应用前景。

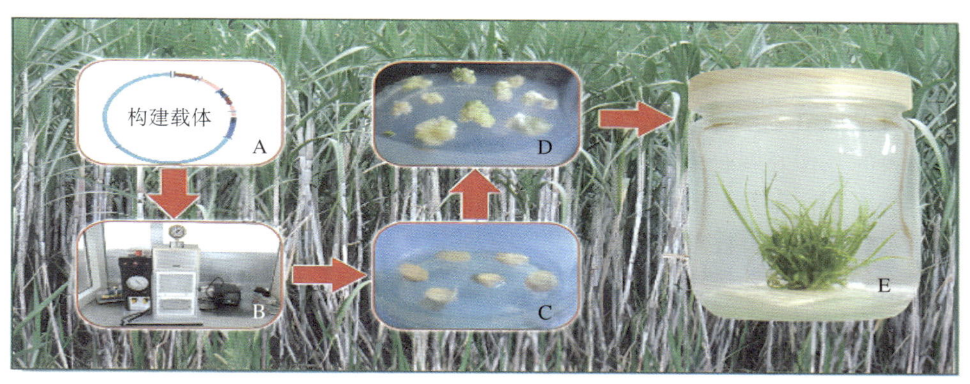

基因枪法获得*Bt*基因工程甘蔗的简要流程示意
A. 构建含*Bt*基因的载体质粒　B. 基因枪轰击甘蔗生长点细胞　C. 组织培养
D. 诱导产生愈伤组织　E. 愈伤组织成长为甘蔗幼苗后，进行筛选、鉴定

甘蔗是无性繁殖作物，基本不存在优良转基因植株在繁殖过程中发生变异和性状分离的情况。利用基因工程育种不仅是对杂交育种性状缺陷的改良，还能够缩短育种周期并减少育种费用。同时，由于甘蔗开花需要特殊的光、温条件诱导花芽分化，世界各国甘蔗育种都是采用光周期诱导和集中杂交的策略，栽培品种在生产上一般不开花，或者即便开花也表现为花粉败育，再加上甘蔗为工业原料作物，蔗糖在制备生产过程中要经过107 ℃的高温炼煮，即使存在外源基因表达的蛋白，在加工过程也会完全裂解，从转基因甘蔗炼制的蔗糖中，未能检测到转基因过程所导入的基因或基因所表达的蛋白。正由于上述原因，使得无论是在国际上还是在国内，甘蔗都被列为转基因安全风险等级最低（Ⅰ级）、安全等级最高的作物之一。因此，甘蔗界普遍认可基因工程技术不仅是一种有效的甘蔗品种改良途径，也是大幅度提升甘蔗抗逆性的有效手段，更是一种聚合育种的手段。

转*cry1Ac*甘蔗及其受体品种FN15的抗虫表现
A. 受体甘蔗品种FN15　B. 转*cry1Ac*甘蔗　C. 受体甘蔗品种FN15剖面图　D. 转*cry1Ac*甘蔗剖面图

甘蔗收获物为营养体，与环境的互作效应很大。研究人员大多围绕甘蔗与病害的互作开展研究，很少有人开展甘蔗与虫害的互作研究。前人针对甘蔗螟虫的研究，多数是围绕如何培育抗螟虫甘蔗新品种，然而，甘蔗遗传背景复杂以及螟虫的杂食性等，导致在甘蔗育种中无可用的螟虫抗性亲本。因此，通过传统的杂交育种培育抗螟虫甘蔗品种非常困难，抗螟虫性状育种相关研究仅国外有个别报道。通过基因工程技术培育抗螟虫的甘蔗品种已获得成功，外源抗虫基因整合和内源螟虫胁迫相关基因可能对甘蔗抗虫性的提高具有协同效应(Zhou et al., 2018)。巴西已经批准了抗虫转基因甘蔗商业化应用，且种植面积也逐年直线上升，预计在2022/2023年度，巴西境内抗螟虫转基因甘蔗种植面积，将从上年度的37 000公顷增加至70 000公顷。甘蔗转基因研究最早的报道可追溯到1987年，澳大利亚昆士兰大学首次利用基因枪获得转基因甘蔗；之后在国际甘蔗技师协会的积极倡导下，国外先后通过基因枪法或农杆菌法，成功培育出转*cry*、*gna*基因和蛋白抑制因子基因等一系列抗虫转基因甘蔗。国内转基因甘蔗研究较国外晚，但也取得了一系列进展。福建农林大学是国内开展转基因甘蔗研究最早的单位之一，并先后培育了转*cry*基因、转*ScMV-CP*基因、转*SrMV-P1*基因、转*SrMV-CP*基因的转基因甘蔗并获准进行中间试验安全性评价。同时、广西大学、中国热带农业科学院热带生物技术研究所、广州甘蔗糖业研究所也有一系列抗虫转基因的报道。目前，有关甘蔗螟虫危害机制的研究尚处于起步阶段。多数结果显示，在外源*Bt*基因导入受体组织后，由于整合的随机性及插入位点的不确定性而导致抗虫效果存在差异。此外，不同的转化事件抗虫性存在一定的差异，急需对其进行更深入的研究，明确不同株系间的抗虫性差异机制以及甘蔗与螟虫危害的互作机制。

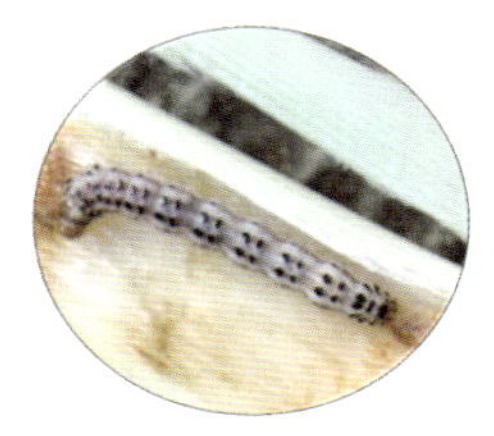

甘蔗抗虫育种研究

虫害的形态特征研究

虫害的发生规律

虫害防治方法研究

传统杂交育种

基因工程育种

甘蔗抗虫育种研究

螟虫危害长期以来给我国乃至世界糖业造成了巨大的经济损失。我国仅螟虫防治成本每公顷投入375～600元，全国蔗区每年需要投入5.5亿～8.8亿元。为了推动甘蔗螟虫的有效防治，减少螟虫的危害损失，促进我国蔗糖产业健康发展和农民持续增收，国家“七五”“八五”“九五”甘蔗科技攻关，“十五”“十一五”国家863计划，“十三五”“十四五”国家重点研发计划，以及2008年以来国家甘蔗或糖料产业技术体系和科学家们，从甘蔗虫害发生规律、虫害植保和栽培防控研究、挖掘抗虫基因资源、开展杂交抗虫育种、基于基因工程手段创制转*cry*基因抗虫甘蔗、基于多组学技术研究基因的协同抗虫机制等方面开展了大量的基础研究工作，取得了一系列成果（周定港，2016；zhou et al.，2018）。未来，我们需要加快甘蔗虫害防控、抗虫基因挖掘和抗虫育种的步伐，助力甘蔗产业发展。

撰稿人：周定港　高世武　苏亚春　吴期滨　郭晋隆　李大妹　许莉萍　阙友雄

相信读到这里，你们已经对我有了足够了解吧。

是啊，蔗宝！有你一路的陪伴，大家的知识肯定增长了不少呢。

多亏大家的帮助我才能在这里和大家玩耍。

虽然创作路上很辛苦，一想到大家可以获得知识，我们也不枉此行。

生活不易，蔗来陪伴。
——团队 寄
祝各位：
生活如蔗茎般，甜头甜尾。
人生如蔗芽般，渐入佳境。
——阚友雄

Fin.
少年辛苦真食蓼，老景清闲如啖蔗。
——苏东坡

杂谈…………甘蔗和糖的那些事

社会大众常常会认为农业工作者一定是“面朝黄土，背朝天”的朴素形象。毫不夸张地说，当我们刚进入科研团队时，家人都不解为什么要当个“农民”？明明农作物种到地里就自然长好了，为什么还需要一大帮教授带领一代又一代大学生、一批又一批研究生去田间做这些科研工作呢？这确实有点令人哭笑不得。其实这并不意外，毕竟我们的国家成长得太快，短短数十年就完成了诸多技术上的“大跨步”，甚至在某些领域已经走在了世界前列。因此，我们以甘蔗和糖为切入点，力图填补社会大众对农业的部分认知空白。我们共同竖立了一个目标，一定要向社会大众科普我们究竟是做什么的，我们究竟要达成什么目的。幸运的是，不久后，我们的系列科普文章计划就启动了，今天有缘在这里与大家见面！

天下没有不散的筵席，全书到这里注定迎来一个结尾。经历了甘蔗的甜，我们认识了它藏在坚硬外壳下的温柔；见识了甘蔗的各种小妙用，我们惊讶于它的利用价值之高；了解了甘蔗漫长的耕作史，我们感叹于科研工作者的聪明才智与艰苦奋斗；看过了甘蔗成片倒下后的荒芜，我们为蔗农触目惊心的损失而痛心……其中我们还解开了对甘蔗最大的误会——食用蔗糖和含糖饮料并不是糖尿病和肥胖症的罪魁祸首，好好锻炼放心吃糖，保持好作息，才是抵抗糖尿病和肥胖症的重要手段。想必阅读完全书后，你肯定对甘蔗和糖的故事有了一定的了解，而全书鲜少涉及的关于甘蔗背后的人们的故事，就让我们用这有限的篇章再做叙述。

“实验好难！做不下去了”是我们实验室最常听见的话。“休息一下吧，我来帮你”则是最普遍的回答。并不是所有实验都能一帆风顺，包括在写作这本科普书籍的过程中我们也遇到了很多困难。从写作内容的斟酌到系列标题的敲定，从写作风格的推敲到文章主旨的拟定，字里行间都凝结着老师与学生的心血。为了把科普文章写得更加亲切、贴近大众视野，我们团队也研读了很多前辈的著作，同时也得到了很多朋友的帮助。多少个夜晚的冥思苦想，多少次思想的激烈碰撞，团队的凝聚力就在这互相帮助、互相鼓励中持续生长，助力我们在科研道路上勇攀高峰。

很难说究竟是甘蔗养活了我们科研工作者还是我们的研究助力了甘蔗事业的发展，也许这是一个互相成就的关系，但可以肯定的是，一本书无法穷尽甘蔗与糖的故事，只言片语也不能断定行业的未来，我们期待着更多科研工作者去发掘其中的奥秘！我们与甘蔗的故事一定还会续写下去，我们与糖的关系必将源远流长！感谢团队的各位尽心尽力策划工作、编写文章，感谢中国农业出版社的倾力支持和帮助，感谢各位读者的陪伴！祝愿大家往后的日子在蔗糖的甜蜜滋润下，越过越开心！

黄廷辰执笔，团队全体成员共同酝酿

二〇二三年二月于福建农林大学甘蔗研究所

参考文献

陈如凯，林彦铨，张跃彬，等，2009. 甘蔗技术100问[M]. 北京：中国农业出版社.

陈如凯，许莉萍，林彦铨，等，2011. 现代甘蔗遗传育种[M]. 北京：中国农业出版社.

陈俊吕，2020. 甘蔗×斑茅远缘杂交后代及其亲本抗褐锈病*Bru1*基因的分子检测及抗病性鉴定[D]. 福州：福建农林大学.

陈万全，2020. 植物健康与病虫害防控[C]. 中国农业科学技术出版社：中国植物保护学会.

单红丽，李银煳，李婕，等，2022. 甘蔗褐条病与梢腐病病原菌快速大量产孢的培养方法[J]. 中国糖料，44(4): 55-58.

单红丽，王晓燕，杨昆，等，2021. 甘蔗新品种及主栽品种对甘蔗梢腐病的自然抗性[J]. 植物保护学报，48(4): 766-773.

淡明，李松，余坤兴，等，2011. 甘蔗健康种苗宿根矮化病的荧光定量PCR检测[J]. 中国农学通报，27(5): 372-376.

邓展云，刘海斌，李鸣，等，2004. 广西甘蔗宿根矮化病的PCR检测[J]. 西南农业学报，17(3): 324-327.

傅廷栋，喻树迅，冯中朝，等，2017. 经济作物可持续发展战略研究[M]. 北京：科学出版社.

傅华英，张婷，彭文静，等，2021. 甘蔗新品种(系)苗期白条病人工接种抗性鉴定与评价[J]. 作物学报，47(8): 1531-1539.

高三基，林艺华，陈如凯，2012. 甘蔗黄叶病及其病原分子生物学研究进展[J]. 植物保护学报，39(2): 177-184.

郭强，马文清，唐利球，等，2018. 甘蔗梢腐病研究现状与展望[J]. 广东农业科学，45(6): 78-83.

黄应昆，李文凤，2002. 甘蔗主要病虫草害原色图谱[M]. 昆明：云南科技出版社.

黄应昆，李文凤，卢文洁，等，2007. 云南蔗区甘蔗花叶病流行原因及控制对策[J]. 云南农业大学学报，22(6): 935-938.

贾宏昉，张洪映，刘维智，等，2014. 高等植物硝酸盐转运蛋白的功能及其调控机制[J]. 生物技术通报，6: 14-21.

罗俊，阙友雄，许莉萍，等，2014. 中国甘蔗新品种试验[M]. 北京：中国农业出版社.

李文凤，卢文洁，黄应昆，等，2011. 甘蔗宿根矮化病菌PCR检测体系的优化与应用[J]. 云南农业大学学报，26(5): 598-601.

李文凤，尹炯，黄应昆，等，2016. 甘蔗螟虫为害损失研究[J]. 植物保护，42(4): 205-210.

李银煳，李婕，覃伟，等，2022. 示范甘蔗新品种梢腐病病原的检测鉴定[J]. 中国植保导刊，42(7): 16-20.

林镇跃，2016. 中国甘蔗梢腐病病原镰刀菌的种类特异性鉴定及快速检测[D]. 福州：福建农林大学.

刘婧，2011. 甘蔗宿根矮化病菌（*Leifsonia xyli* subsp. *xyli*）检测技术研究[D]. 福州：福建农林大学.

刘玉姿，张绍康，田畅，等，2020. 甘蔗黄叶病毒运动蛋白的原核表达和抗血清制备[J]. 植物病理学报，50(6): 694-701.

孟建玉，张慧丽，林岭虹，等，2019. 甘蔗白条病及其致病菌*Xanthomonas albilineans*研究进展[J]. 植物保护学报，46(2): 257-265.

彭李顺，杨本鹏，曹峥英，等，2016. 甘蔗钾素吸收、累积和分配的动态变化特征[J]. 热带作物学报，37(10): 1872-1876.

钱双宏，沈林波，熊国如，等，2015. 甘蔗褐条病病原菌分离鉴定及其室内毒力的测定[J]. 热带作物学报，36(2): 353-357.

沈林波，何美丹，冯小艳，等，2018. 海南50个甘蔗品种黄叶病毒的分子鉴定[J]. 热带作物学报，39(2): 343-348.

沈万宽，刘睿，邓海华，2012. 甘蔗宿根矮化病菌巢式PCR检测[J]. 植物保护学报，39(6): 508-512.

沈万宽，周国辉，邓海华，等，2006. 甘蔗宿根矮化病菌PCR检测及目的片段核苷酸序列分析[J]. 中国农学通报，22(12): 413-416.

王助引，2008. 甘蔗病虫害防治图谱[M]. 南宁：广西科学技术出版社.

吴才文，张跃彬，2009. 甘蔗高产栽培与加工新技术[M]. 昆明：云南科技出版社.

王晓燕，李文凤，黄应昆，等，2009. 甘蔗花叶病研究进展[J]. 中国糖料(4): 61-64.

王泽平，刘璐，高轶静，等，2017. 我国甘蔗梢腐病2种主要病原菌孢子萌发特性及品种(系)抗性评价[J]. 西南农业学报，30(3): 595-601.

许东林，周国辉，沈万宽，等，2008. 侵染甘蔗的高粱花叶病毒遗传多样性分析[J]. 作物学报，34(11): 1916-1920.

许孚，汪洲涛，路贵龙，等，2022. 甘蔗遗传改良中的基因工程：适用、成就、局限和展望[J]. 农业生物技术学报，30(3): 580-593.

严晓妮，蒋洪涛，张木清，2022. 甘蔗梢腐病及其防治进展[J]. 中国糖料，44(3): 65-69.

张跃彬，2011. 中国甘蔗产业发展技术[M]. 北京：中国农业出版社.

张跃彬，王伦旺，卢文祥，等，2022. 现代甘蔗育种理论与品种选育：异质复合抗逆高产高糖

育种与实践[M]. 北京：科学出版社.

张华, 罗俊, 阙友雄, 等, 2021. 甘蔗农机农艺融合[M]. 北京：中国农业出版社.

张小秋, 2017. 宿根矮化病病原菌特性及其侵染后的甘蔗生理和基因差异表达[D]. 南宁：广西大学.

张玉娟, 2009. 甘蔗梢腐病病原分子检测及甘蔗组合、品种的抗病性评价[D]. 福州：福建农林大学.

周丹, 谢晓娜, 陈明辉, 等, 2012. 甘蔗宿根矮化病PCR检测技术优化分析[J]. 南方农业学报, 43(5): 616-620.

周定港, 2016. 转*cry1Ac*基因甘蔗的分子特征及生物学研究[D]. 福州：福建农林大学.

周可涌, 1959. 百年蔗[J]. 福建农学院学报(9-10): 59-70.

周凌云, 周国辉, 2006. 甘蔗宿根矮化病菌PCR检测技术研究[J]. 广西农业生物科学(2): 172-174.

周至宏, 王助引, 陈可才, 1999. 甘蔗病虫鼠草防治彩色图志[M]. 南宁：广西科学技术出版社.

Achkar N P, Cambiagno D A, Manavella P A, 2016. miRNA biogenesis: a dynamic pathway[J]. Trends Plant Sci, 21(12): 1034-1044.

Aslam M M, Rashid M A R, Siddiqui M A, et al., 2022. Recent insights into signaling responses to cope drought stress in rice[J]. Rice Sci, 2: 29.

Ayuningtyas R A, Wijayanti C, Hapsari N R P, et al., 2020. Preliminary study: the use of sugarcane juice to replace white sugar in an effort to overcome diabetes mellitus[J]. IOP Conf Ser Earth Environ Sci, 475: 012001.

Belintani N G, Guerzoni J T S, Moreira R M P, et al., 2012. Improving low-temperature tolerance in sugarcane by expressing the *ipt* gene under a cold inducible promoter[J]. Biol Plantarum, 56(1): 71-77.

Carvalho G, Silva T G E R, Munhoz A T, et al., 2016. Development of a qPCR for *Leifsonia xyli* subsp. *xyli* and quantification of the effects of heat treatment of sugarcane cuttings on *Lxx*[J]. Crop Prot, 80: 51-55.

Chatenet M, Mazarin C, Girard J C, et al., 2005. Detection of sugarcane streak mosaic virus in sugarcane from several Asian countries[J]. Sugar Cane Int, 23(4): 12.

Chen J Y, Khan Q, Sun B, et al., 2021. Overexpression of sugarcane *SoTUA* gene enhances cold tolerance in transgenic sugarcane[J]. Agron J, 113(6): 4993-5005.

Chen R S, Chai Y H, Olugu E U, et al., 2021. Evaluation of mechanical performance and water absorption properties of modified sugarcane bagasse high-density polyethylene plastic bag green composites[J]. Polym Polym Compos, 29(9_suppl): S1134-S1143.

Cheng W, Wang Z, Xu F, et al., 2022. Screening of candidate genes associated with brown stripe resistance in sugarcane via BSR-seq analysis[J]. Int J Mol Sci, 23(24): 15500.

Daugrois J H, Grivet L, Roques D, et al., 1996. A putative major gene for rust resistance linked with a RFLP marker in sugarcane cultivar ‘R570’ [J]. Theor Appl Genet, 92(8): 1059-1064.

Davis M J, Gillaspie A G, Vidaver A K, et al., 1984. Clavibacter: a new genus containing some phytopathogenic coryneform bacteria, including *Clavibacter xyli* subsp. *xyli* sp. nov., subsp.nov. and *Clavibacter xyli* subsp. *cynodontis* subsp. nov. pathogens that cause ratoon stunting disease of sugarcane and Bermudagrass stunting disease[J]. Int J Syst Bacteriol, 34(2): 107-117.

Davis M J, Rott P, Warmuth C J, et al., 1997. Intraspecific genomic variation within *Xanthomonas albilineans*, the sugarcane leaf scald pathogen[J]. Phytopath, 87(3): 316-324.

Duarte D V, Fernandez E, Cunha M G, et al., 2018. Comparison of loop-mediated isothermal amplification, polymerase chain reaction, and selective isolation assays for detection of *Xanthomonas albilineans* from sugarcane[J]. Trop Plant Pathol, 43: 351-359.

ElSayed A I, Komor E, Boulila M, et al., 2015. Biology and management of sugarcane yellow leaf virus: an historical overview[J]. Arch Virol, 160(12): 2921-2934.

Evtushenko L I, Dorofeeva L V, Subbotin S A, et al., 2000. *Leifsonia poae* gen. nov., sp. nov., isolated from nematode galls on *Poa annua*, and reclassification of “*Corynebacterium aquaticum*” Leifson 1962 as *Leifsonia aquatica* (ex Leifson 1962) gen. nov., nom. rev., comb. nov. and *Clavibacter xyli* Davis et al. 1984 with two subspecies as *Leifsonia xyli* (Davis et al. 1984) gen. nov., comb. Nov[J]. Int J Sys. Evol Microbiol, 50: 371-380.

Fageria N K, Baligar V C, 1993. Screening crop genotypes for mineral stresses[M]. INTSORMIL publication.

Falloon T, Henry E, Davis M J, et al., 2006. First report of *Leifsonia xyli* subsp. *xyli*, causal agent of ratoon stunting of sugarcane, in Jamaica[J]. Plant Dis, 90(2): 245.

Fegan M, Croft B J, Teakle D S, et al., 1998. Sensitive and specific detection of *Clavibacter xyli* subsp. *xyli*, causal agent of ratoon stunting disease of sugarcane, with a polymerase chain reaction-based assay[J]. Plant Pathol, 47(4): 495-504.

Feng M C, Yu Q, Chen Y, et al., 2022. *ScMT10*, a metallothionein-like gene from sugarcane, enhances freezing tolerance in *Nicotiana tabacum* transgenic plants[J]. Environ Exp Bot, 194: 104750.

Feng X, Wang Y, Zhang N, et al., 2020. Genome-wide systematic characterization of the HAK/KUP/KT gene family and its expression profile during plant growth and in response to low-K^+ stress in *Saccharum*[J]. BMC Plant Biol, 20(1): 20.

Ferreira T H S, Tsunada M S, Denis B, et al., 2017. Sugarcane water stress tolerance mechanisms and its implications on developing biotechnology solutions[J]. Front Plant Sci, 8: 1077.

Gao S W, Yang Y Y, Guo J L, et al., 2023. Ectopic expression of sugarcane *ScAMT1.1* has the

potential to improve ammonium assimilation and grain yield in transgenic rice under low nitrogen stress[J]. Int J Mol Sci, 24: 1595.

Gao S W, Yang Y Y, Yang Y T, et al., 2022. Identification of low-nitrogen-related miRNAs and their target genes in sugarcane and the role of *miR156* in nitrogen assimilation[J]. Int J Mol Sci, 23: 13187.

Garces F F, Gutierrez A, Hoy J W, 2014. Detection and quantification of *Xanthomonas albilineans* by qPCR and potential characterization of sugarcane resistance to leaf scald[J]. Plant Dis, 98(1): 121-126.

Ghai M, Singh V, Martin L A, et al., 2014. A rapid and visual loop-mediated isothermal amplification assay to detect *Leifsonia xyli* subsp. *xyli* targeting a transposase gene[J]. Lett Appl Microbiol, 59(6): 648-657.

Grisham M P, 1991. Effect of ratoon stunting disease on yield of sugarcane grown in multiple three-year plantings[J]. Phytopath, 81: 337-340.

Grisham M P, Pan Y-B, Richard E P, 2007. Early detection of *Leifsonia xyli* subsp. *xyli* in sugarcane leaves by real-time polymerase chain reaction[J]. Plant Dis, 91(4): 430-434.

Gupta A, Andrés R M, Cao-Delgado A I, 2020. The physiology of plant responses to drought[J]. Science, 368(6488): 266-269.

Hilton A, Zhang H, Yu W, et al., 2017. Identification and characterization of pathogenic and endophytic fungal species associated with pokkah boeng disease of sugarcane[J]. Plant Pathol J, 33(3): 238-248.

Hsieh W H, 1979. The causal organism of sugarcane leaf blight[J]. Mycologia, 71(5): 892-898.

Huang X, Song X, Chen R, et al., 2020. Genome-wide analysis of the DREB subfamily in *Saccharum spontaneum* reveals their functional divergence during cold and drought stresses[J]. Front Genet, 10: 1326.

Imran M, Sun X C, Hussain S, et al., 2019. Molybdenum-induced effects on nitrogen metabolism enzymes and elemental profile of winter wheat (*Triticum aestivum* L.) under different nitrogen sources[J]. Int J Mol Sci, 20: 3009.

Inthapanya P, Sipaseuth, Sihavong P, et al., 2000. Genotype differences in nutrient uptake and utilisation for grain yield production of rainfed lowland rice under fertilised and non-fertilised conditions[J]. Field Crop Res, 65(1): 57-68.

Kao J, Damann K E, 1978. Microcolonies of the bacterium associated with ratoon stunting disease found in sugarcane xylem matrix[J]. Phytopath, 68: 545-551.

Kao J, Damann K E, 1980. In situ localization and morphology of the bacterium associated with ratoon stunting disease of sugarcane[J]. Can J Bot, 58: 310-315.

Kearns C E, Schmidt L A, Glantz S A, 2016. Sugar industry and coronary heart disease research: a historical analysis of internal industry documents[J]. JAMA Intern Med, 176(11): 1680-1685.

Le Cunff L, Garsmeur O, Raboin L M, et al., 2008. Diploid/polyploid syntenic shuttle mapping and haplotype-specific chromosome walking toward a rust resistance gene (*Bru1*) in highly polyploid sugarcane ($2n$~$12x$~115)[J]. Genetics,180(1): 649-660.

Li L, Li D L, Liu S Z, et al., 2013. The maize *glossy13* gene, cloned via BSR-Seq and Seq-Walking encodes a putative ABC transporter required for the normal accumulation of epicuticular waxes[J]. PLoS One, 8(12): e82333.

Li P, Chai Z, Lin P, et al., 2020. Genome-wide identification and expression analysis of AP2/ERF transcription factors in sugarcane (*Saccharum spontaneum* L.)[J]. BMC Genom, 21: 685.

Li W F, He Z, Li S F, et al., 2011. Molecular characterization of a new strain of sugarcane streak mosaic virus (*SCSMV*)[J]. Arch Virol, 156(11): 2101-2104.

Li Y R, Yang L T, 2015. Sugarcane agriculture and sugar industry in China[J]. Sugar Tech, 17(1): 1-8.

Li Y R, Song X P, Wu J M, et al., 2016. Sugar industry and improved sugarcane farming technologies in China[J]. Sugar Tech, 18(6): 603-611.

Lin L H, Zheng Y B, et al., 2015. Multiple plasmonic-photonic couplings in the Au nanobeaker arrays: enhanced robustness and wavelength tunability[J]. Opt Lett, 40(9): 2060-2063.

Lin L-H, Ntambo M S, Rott P C, et al., 2018. Molecular detection and prevalence of *Xanthomonas albilineans*, the causal agent of sugarcane leaf scald, in China[J]. Crop Prot, 109: 17-23.

Lin Z, Wang J, Bao Y, et al., 2016. Deciphering the transcriptomic response of *Fusarium verticillioides* in relation to nitrogen availability and the development of sugarcane pokkah boeng disease[J]. Sci Rep, 6(1): 2045-2322.

Ling H, Fu X, Huang N, et al., 2022. A sugarcane smut fungus effector simulates the host endogenous elicitor peptide to suppress plant immunity[J]. New Phytol, 233(2): 919-933.

Liu C, Luan P C, Li Q, et al., 2020. Biodegradable, hygienic, and compostable tableware from hybrid sugarcane and bamboo fibers as plastic alternative[J]. Matter, 3: 2066-2079.

Lu G, Wang Z T, Xu F, et al., 2021. Sugarcane mosaic disease: characteristics, identification and control[J]. Microorganisms, 9(9): 1984.

Luo J, Pan Y-B, Que Y, et al., 2015. Biplot evaluation of test environments and identification of mega-environment for sugarcane cultivars in China[J]. Sci Rep, 5: 15505.

Ma J F, Yamaji N, 2006. Silicon uptake and accumulation in higher plants[J]. Trends Plant Sci, 11(8): 392-397.

Martin L A, Lloyd Evans D, Castlebury L A, et al., 2017. *Macruropyxis fulva* sp. nov., a new rust (*Pucciniales*) infecting sugarcane in southern Africa[J]. Australas Plant Path, 46(1): 63-74.

Martinez-Feria R A, Castellano M J, Dietzel R N, et al., 2018. Linking crop- and soil-based

approaches to evaluate system nitrogen-use efficiency and tradeoffs[J]. Agr Ecosyst Environ, 256: 131-143.

Matsumoto T, 1934. Three important leaf spot diseases of sugarcane in Taiwan (Formosa)[M]. Taihoku Teikoku Daigaku.

Naidoo N, Ghai M, Moodley K, et al., 2017. Modified RS-LAMP assay and use of lateral flow devices for rapid detection of *Leifsonia xyli* subsp. *xyli*[J]. Lett Appl Microbiol, 65(6): 496-503.

Nogueira F T, SchlÖgl P S, Camargo S R, et al., 2005. *SsNAC23*, a member of the NAC domain protein family, is associated with cold, herbivory and water stress in sugarcane[J]. Plant Sci, 169: 93-106.

Pan Y-B. Grisham M P, Burner D M, 1988. A polymerase chain reaction protocol for the detection of *Clavibacter xyli* subsp. *xyli*, the causal bacterium of sugarcane ratoon stunting disease[J]. Plant Dis, 82: 285-290.

Que Y X, Su Y C, Guo J L, et al., 2014a. A global view of transcriptome dynamics during *Sporisorium scitamineum* challenge in sugarcane by RNA-seq[J]. PLoS ONE, 9(8): e106476.

Que Y X, Xu L P, Lin J W, et al., 2012. Molecular variation of *Sporisorium scitamineum* in Mainland China revealed by RAPD and SRAP markers[J]. Plant Dis, 96 (10): 1519-1525.

Que Y X, Xu L P, Wu Q B, et al., 2014b. Genome sequencing of *Sporisorium scitamineum* provides insights into the pathogenic mechanisms of sugarcane smut[J]. BMC Genom, 15: 996.

Rajput M A, Rajput N A, Syed R N, et al., 2021. Sugarcane smut: current knowledge and the way forward for management[J]. J Fungi, 7(12): 1095.

Shukla D D, Frenkel M J, Mckern N M, et al., 1992. Present status of the sugarcane mosaic subgroup of potyviruses[M]. Springer.

Smith G R, Borg Z, Lockhart B E, et al., 2000. Sugarcane yellow leaf virus: a novel member of the *Luteoviridae* that probably arose by inter-species recombination[J]. J Gen Virol, 81(7): 1865-1869.

Snyman S J, Hajari E, Watt M P, et al., 2015. Improved nitrogen use efficiency in transgenic sugarcane: phenotypic assessment in a pot trial under low nitrogen conditions[J]. Plant Cell Rep, 34(5): 667-669.

Steindl D R L, Teakle D S, 1974. Recent developments in the identification of ratoon stunting disease[J]. Proc Qd Soc Sugar Cane Technol, 41st Conf: 101-104.

Su W, Ren Y, Wang D, et al., 2020. The alcohol dehydrogenase gene family in sugarcane and its involvement in cold stress regulation[J]. BMC Genom, 21: 521.

Su Y C, Xu L P, Wang Z Q, et al., 2016. Comparative proteomics reveals that central metabolism changes are associated with resistance against *Sporisorium scitamineum* in sugarcane[J]. BMC Genom, 17: 800.

Su Y C, Yang Y T, Peng Q, et al., 2016. Development and application of a rapid and visual loop-mediated isothermal amplification for the detection of *Sporisorium scitamineum* in sugarcane[J]. Sci Rep, 6: 23994.

Suez J, Cohen Y, Valdés-Mas R, et al., 2022. Personalized microbiome-driven effects of non-nutritive sweeteners on human glucose tolerance[J]. Cell, 185(18): 3307-3328.

Sun Y C, Sheng S, Fan T F, et al., 2018. Molecular identification and functional characterization of *GhAMT1.3* in ammonium transport with a high affinity from cotton (*Gossypium hirsutum* L.)[J]. Physiol Plant, 167(2): 217-231.

Surendran U, Ramesh V, Jayakumar M, et al., 2016. Improved sugarcane productivity with tillage and trash management practices in semiarid tropical agro ecosystem in India[J]. Soil Till Res, 158: 10-21.

Thiebaut F, Rojas C A, Almeida K L, et al., 2012. Regulation of *miR319* during cold stress in sugarcane[J]. Plant Cell Environ, 35(3): 502-512.

Vishwakarma S K, 2013. Pokkah boeng: an emerging disease of sugarcane[J]. J. Plant Pathol Microb, 4(3): 100-170.

Wang H B, Xiao N Y, Wang Y J, et al., 2020. Establishment of a qualitative PCR assay for the detection of *Xanthomonas albilineans* (Ashby) Dowson in sugarcane[J]. Crop Prot, 130: 105053.

Wang J G, Zheng H Y, Chen H R, et al., 2010. Molecular diversities of *Sugarcane mosaic virus* and *Sorghum mosaic virus* isolates from Yunnan province, China[J]. J. Phytopathol, 158(6): 427-432.

Wang M, Gao L M, Dong S Y, et al., 2017. Role of silicon on plant-pathogen interactions[J]. Front Plant Sci, 8: 701.

Wang X L, Cai X F, Xu CX, et al., 2018. Nitrate accumulation and expression patterns of genes involved in nitrate transport and assimilation in spinach[J]. Molecules, 23(9): 2231.

Wang Z T, Lu G L, Wu Q B, et al., 2022a. Isolating QTL controlling sugarcane leaf blight resistance using a two-way pseudo-testcross strategy[J]. Crop J, 10(4): 1131-1140.

Wang Z T, Ren H, Pang C, et al., 2022b. An autopolyploid-suitable polyBSA-seq strategy for screening candidate genetic markers linked to leaf blight resistance in sugarcane[J]. Theor Appl Genet, 135(2): 623-636.

Wang Z T, Ren H, Xu F, et al., 2021. Genome-wide characterization of lectin receptor kinases in *Saccharum spontaneum* L. and their responses to *Stagonospora tainanensis* infection[J]. Plants, 10: 322.

Wu L J, Zu X F, Wang S X, et al., 2012. Sugarcane mosaic virus–long history but still a threat to industry[J]. Crop Prot, 42: 74-78.

Wu Q B, Chen Y L, Zou WH, et al., 2023. Genome-wide characterization of sugarcane catalase gene family identifies a *ScCAT1* gene associated disease resistance[J]. Int J Biol Macromol, 232:123398.

Wu Q B, Pan Y-B, Zhou D G, et al., 2018. Comparative study of three detection techniques for *Leifsonia xyli* subsp. *xyli*, the causal pathogen of sugarcane ratoon stunting disease[J]. BioMed Res Int, 2018: 2786458.

Wu Q B, Su Y C, Pan Y-B, et al., 2022. Genetic identification of SNP markers and candidate genes associated with sugarcane smut resistance using BSR-Seq[J]. Front Plant Sci, 13:1035266.

Xu F, Li X X, Ren H, et al., 2022. The first telomere-to-telomere chromosome-level genome assembly of *Stagonospora tainanensis* causing sugarcane leaf blight[J]. J Fungi, 8: 1088.

Xu F, Wang Z T, Lu G L, et al., 2021. Sugarcane ratooning ability: research status, shortcomings, and prospects[J]. Biology, 10(10): 1052.

Xu G H, Fan X R, Miller A J, 2012. Plant nitrogen assimilation and use efficiency[J]. Annu Rev Plant Biol, 63(1): 153-182.

Yang Y T, Yu Q, Yang Y Y, et al., 2018. Identification of cold-related miRNAs in sugarcane by small RNA sequencing and functional analysis of a cold inducible *ScmiR393* to cold stress[J]. Environ Exp Bot, 155: 464-476.

Yang Y Y, Gao S W, Jiang Y, et al., 2019a. The physiological and agronomic responses to nitrogen dosage in different sugarcane varieties[J]. Front Plant Sci, 10: 406.

Yang Y Y, Gao S W, Su Y C, et al., 2019b. Transcripts and low nitrogen tolerance: regulatory and metabolic pathways in sugarcane under low nitrogen stress[J]. Environ Exp Bot, 163: 97-111.

Zhang C, Wang J, Tao H, et al., 2015. *FvBck1*, a component of cell wall integrity MAP kinase pathway, is required for virulence and oxidative stress response in sugarcane pokkah boeng pathogen[J]. Front Microbiol, 6(5): 1664-3020.

Zhang X Q, Chen M H, Liang Y J, et al., 2016. Morphological and physiological responses of sugarcane to *Leifsonia xyli* subsp. *xyli* infection[J]. Plant Dis, 100: 2499-2506.

Zhang Y, Huang Q X, Yin G H, et al., 2015. Genetic diversity of viruses associated with sugarcane mosaic disease of sugarcane inter-specific hybrids in China[J]. Eur J Plant Pathol, 143(2): 1-11.

Zhou D, Liu X, Gao S, et al., 2018. Foreign *cry1Ac* gene integration and endogenous borer stress-related genes synergistically improve insect resistance in sugarcane[J]. BMC Plant Biol, 18(1): 342.

《甘蔗和糖的那些事》系列科普文章正式集结出版，我很高兴有这个机会能给我们团队的第一部科普书籍作后记。从阙友雄老师提出与《植物研究进展》公众号联合打造甘蔗和糖的系列科普文章开始，我们团队的每个人都铆足了劲儿，在科普写作这一新的领域孜孜探索，一如我们科研人该有的开拓创新精神，所有的汗水和钻研最终都被凝成一滴滴新墨，编绘出这本别具一格的科普书籍。虽仍因文笔的稚嫩而忐忑，但本着热忱、分享的心，诚挚地向您推荐！

“甜”——舌尖的信号，生命的燃料

甜味一直是人们快乐的追求，也是舌尖最愉快的信号反馈，而糖是产生该信号的源泉。中国人在“甜蜜快乐”方面，深耕已久。《汉书》中写道“榨汁曝数日成饴”，《楚辞》中记载“胹鳖炮羔，有柘浆些”。宋朝年间，王灼出版了他的第一本制糖秘籍《糖霜谱》，书中详细记载了蔗糖工业炼制的一系列工艺，为行业立下了标杆。1190年和1191年，英国国王理查一世在西西里岛停留时第一次发现了糖，品尝过后，不亚于胜利的兴奋使他不远万里地引进这种“奢侈品”，可见世界各地人们对糖的喜爱。然而，追溯糖的起源，还得来到南亚次大陆的中心地带——印度。虽然科学家和史学家对甘蔗的起源尚有争论，但印度对于糖的传播和制作工艺的贡献是不可否认的。得益于高温多雨的气候，甘蔗在此地热情洋溢地生长，产出了源源不断的“蜜水”，供养着这片土地上人们的快乐。从严谨的角度说，甘蔗并不是唯一的制糖作物，但占有63%以上糖料作物生产面积的它，一直维持着不容挑战的霸权。时至今日，对一些农业国家，如巴西、古巴等而言，甘蔗都占据着举足轻重的经济地位。

除了制糖以外，甘蔗全身都是宝，不仅蔗汁可以制药、酿酒，制作

美食、药膳，渣滓还可以用来造纸、生产工业乙醇，甚至还是环保清洁燃料、家畜的喜爱饲料，这么全能的甘蔗难道不值得你我的喜欢吗？当然，我国人民的眼睛是雪亮的，对甜蜜的痴迷，一直以来让我国蔗糖都处于供不应求的状态，每年都要进口超过五百万吨的蔗糖，且缺口甚至还在逐渐扩大，这使得甘蔗科技工作者和蔗农都背负上了沉重的使命！

“苦”——耕作数十载，只为蔗蜜来

“苦”于甘蔗庞大且高度杂合的基因组，如何选育高产、稳产、高抗、适应机械化的优良品种，一直以来都是各国甘蔗育种家的头等心事。目前，甘蔗栽培种都是走高贵种育种路线，也就是从热带种和割手密的杂交后代中选育优良品系，这也导致了甘蔗遗传背景狭窄，且在一代代的筛选中，部分优良性状容易丢失，这使得长久以来的甘蔗品种选育都没有突破性的进展，甚至在分子技术非常发达的今天，转基因和基因编辑技术在甘蔗上的运用也十分有限。同时，作为大面积栽培作物，甘蔗如何适应机械化也十分重要，毕竟这些身高“八尺”的大家伙，可不是那么容易收获的。所以，还需要更多有志之士一齐出谋划策，共同画好甘蔗甜蜜事业的伟大“蓝图”。

听完甘蔗的这些身前身后事，您是否也对甘蔗提起兴趣了呢？别着急，让我们再多了解一下怎样才能培养出这高大强壮又甜心的甘蔗吧！

甘蔗作为C_4植物，高光合效率的同时，也要吸收大量养分，其中关键的三要素是氮、磷、钾。氮和磷作为细胞核酸、磷脂和蛋白质等物质的重要组成部分，在甘蔗的生长发育过程中有着不可替代的作用，钾则涉及蔗叶中糖分的合成及转运、储存等过程，是甘蔗糖分品质的重要影响因素。除了这些需要大量吸收的营养元素外，对于甘蔗来说，还有一些重要的微量元素，它们虽然用量少，但在甘蔗的生长发育以及糖分的形成中也发挥着大作用，如硒、硅等。当然，有了充足的肥料和合理的施肥方式，我们也不能忘了紧跟大数据时代，制订好科学的生产计划，照顾好甘蔗的土壤生态，保持其良好的宿根性，并且好好呵护这喜爱阳光的“大男孩”不被突如其来的寒潮冻坏身子骨。

“累”——警惕偷蜜贼，积极抗病虫

别看甘蔗又高又大，似乎很坚强，一旦有病害侵扰，甜蜜的甘蔗也会烦恼不堪。由于长期过度关注产量和糖分性状，尤其又大面积地推广个别感病品种，这使得一有容易流行的病害来袭，就会有甘蔗成片成片地“倒下”，不仅伤了蔗农的心，也白了育种家的发。甘蔗病害中有黑穗、花叶、叶枯“三天王”，以及梢腐、褐条、白条、锈斑“四大将”，个个都不是好惹的主，除此之外，还有害虫在啃咬和传播病害，可以说近代甘蔗育种栽培史就是一部不断与病虫害斗争的血泪史。为了有效抵抗病虫害的侵扰，不仅得靠蔗农在栽培过程中的悉心管理，更重要的还得靠育种家们为抗病育种做出的不懈努力。在抗病育种的道路上，育种家们已经将成熟的基因编辑技术和合理的育种路线无缝衔接，比如锁定某种病害，挖掘和应用“特效基因”或者提高甘蔗自身的抗性水平，由此进一步改良了不少品种的抗病性状，而这些进展，离不开一代又一代甘蔗科技工作者追求卓越、攻坚克难，主动服务食糖战略需求和蔗糖产业发展的努力和恒心。

“愿”——科普已先行，你我来共航

“苦已品、累已尝、甜已来、愿已至”，甜蜜甘蔗事业的每一个进步，离不开众多小小人物的付出。甘蔗与糖系列科普文章由中国热带农业科学院/福建农林大学阙友雄团队组织撰写。他们以生动的语言、丰富的知识，全方位科普了甘蔗文化、起源、育种、栽培、植保、收获、加工以及生活上的妙用，旨在向社会大众介绍甘蔗相关知识的同时，吸引更多能人志士加入与甘蔗相关的工作中，为中国甘蔗的甜蜜事业共同奋斗。我们坚信，未来一定会有越来越多优秀的科研人员加入这艘开拓未来的船，也一定会有更多优异的甘蔗种质被发掘、更多新颖的蔗糖产品被开发。甜蜜事业的进一步发展需要每个努力工作的你，就让我们共同托举起我国甘蔗糖业波澜壮阔的进步与崛起吧！

黄廷辰

二〇二三年二月于福建农林大学甘蔗研究所